ARISTOTELES TO GO

Der leichte Zugang zu komplexen Gedanken

MORTIMER J. ADLER

»Adler beweist einmal mehr, dass Philosophie, wahre Philosophie, tatsächlich nützlich sein kann.« – CHICAGO TRIBUNE

ARISTOTELES TO GO

Der leichte Zugang zu komplexen Gedanken

MORTIMER J. ADLER

Bibliografische Information der Deutschen Nationalbibliothek
Die Deutsche Nationalbibliothek verzeichnet diese Publikation in der Deutschen Nationalbibliografie. Detaillierte bibliografische Daten sind im Internet über https://dnb.de abrufbar.

Für Fragen und Anregungen
info@m-vg.de

Wichtiger Hinweis
Ausschließlich zum Zweck der besseren Lesbarkeit wurde auf eine genderspezifische Schreibweise sowie eine Mehrfachbezeichnung verzichtet. Alle personenbezogenen Bezeichnungen sind somit geschlechtsneutral zu verstehen.

1. Auflage 2024

Türkenstraße 89
80799 München
Tel.: 089 651285-0

Übersetzung: Kerstin Brömer
Redaktion: Silke Panten
Korrektorat: Anke Schenker
Umschlaggestaltung: Marc-Torben Fischer
Umschlagabbildung: AdobeStock/Ali
Satz: Bernadett Linseisen (schere.style.papier), München
Druck: GGP Media GmbH, Pößneck
Printed in Germany

ISBN Print 978-3-95972-762-4
ISBN E-Book (PDF) 978-3-98609-483-6
ISBN E-Book (EPUB, Mobi) 978-3-98609-484-3

Inhalt

Vorwort

Als mir die Idee für dieses Buch kam, wollte ich es zuerst *Aristoteles für Kinder* – nennen. Aber dieser Titel hätte die Leserschaft, für die diese einfache, leicht zu lesende Darstellung von Aristoteles' Philosophie (eben „Aristoteles to go“) bestimmt ist, nicht richtig getroffen. Meiner Meinung nach ist dieses Buch für *alle Menschen* geeignet – egal welchen Alters, von zwölf oder vierzehn Jahren an aufwärts. Daher habe ich den Titel gewählt, den Sie nun auf dem Buchcover sehen.

Mit »alle Menschen« meine ich alle *außer* Berufsphilosophen; oder anders ausgedrückt jeden mit normaler Erfahrung und Intelligenz, der über kein detailliertes und spezialisiertes akademisches Wissen auf diesem Gebiet verfügt. Ich habe jedoch ein Nachwort angefügt, das Philosophiestudenten, die auf dieses Buch stoßen, als Leitfaden dienen kann, welche von Aristoteles' eigenen Werken zu den in diesem Buch behandelten Themen sich zu lesen lohnen.

Meine beiden Söhne Douglas und Philip sind dreizehn beziehungsweise elf Jahre alt und haben Teile dieses Manuskripts gelesen, als ich es letzten Sommer in Aspen geschrieben habe. Ich bin ihnen dankbar für ihre Begeisterung und ihre Vorschläge.

Mein Dank gilt auch Rosemary Barnes, die damals das gesamte Manuskript gelesen und kritisch kommentiert hat, sowie meinen Kollegen am Institute for Philosophical Research, von deren Rat ich profitieren durfte – John Van Doren, Otto Bird und Charles Van

Doren. Zu einem späteren Zeitpunkt, kurz bevor das Manuskript in den Druck ging, hat meine Frau Caroline das gesamte Manuskript gelesen und Verbesserungsvorschläge gemacht, für die ich ihr sehr dankbar bin.

Wie immer bin ich meiner Redaktionssekretärin Marlys Allen für ihren unermüdlichen Einsatz in jeder Phase der Entstehung dieses Buches zu großem Dank verpflichtet.

Mortimer J. Adler

Chicago, 28. Dezember 1977

Einführung

Warum Aristoteles?

Warum „to go", für jedermann, für alle Menschen?

Und warum ist ein Werk über „Aristoteles to go" eine Einführung in den gesunden Menschenverstand?

Ich kann diese drei Fragen besser beantworten, wenn ich zunächst eine andere beantworte. Warum Philosophie? Warum sollte jeder Mensch lernen, philosophisch zu denken – die Art von forschenden Fragen zu stellen, wie Kinder und Philosophen sie stellen und wie Philosophen sie hin und wieder beantworten?

Ich bin seit Langem der Meinung, dass sich jeder mit Philosophie beschäftigen sollte – aber nicht, um dadurch mehr über die Welt, die Gesellschaft, in der man lebt, und sich selbst zu erfahren. Zu diesem Zweck sollte man sich eher den Natur- und Sozialwissenschaften und der Geschichte zuwenden. Die Philosophie ist in anderer Hinsicht nützlich – sie hilft uns, Dinge zu verstehen, die wir bereits kennen – sie besser zu verstehen, als wir sie aktuell verstehen. Aus diesem Grund bin ich der Ansicht, dass wir alle lernen sollten, philosophisch zu denken.

Dafür gibt es keinen besseren Lehrmeister als Aristoteles. Meiner Ansicht nach sollte man mit ihm beginnen. Der einzige andere Lehrmeister, der dafür infrage käme, ist Platon, aber nach meinem Dafürhalten ist er der zweitbeste. Platon hat fast alle Fragen aufgeworfen, mit denen sich jeder auseinandersetzen sollte; Aristoteles hat sie ebenfalls aufgeworfen und uns darüber hinaus klarere Antworten darauf geliefert. Platon hat Aristoteles gelehrt, wie man philosophisch denkt, aber Aristoteles hat die Lektion so gut gelernt, dass er für uns der bessere Lehrmeister ist.

Da wir lernen wollen, so zu denken wie Aristoteles, sind dessen Ansichten wichtiger als die Frage, wer er war oder wann und wie er lebte. Die Jahrhunderte und die Veränderungen, die ihn von uns trennen, mögen uns seine Lebensumstände und die Gesellschaft, in der er lebte, fremd erscheinen lassen; doch wie ich zu erklären versuchen werde, sind uns deshalb weder der Stil noch der Inhalt seines Denkens fremd.

Aristoteles wurde 384 v. Chr. in der makedonischen Stadt Stagira an der Nordküste des Ägäischen Meeres geboren. Sein Vater war Arzt am Hofe des Königs von Makedonien. Der Enkel dieses Königs war Alexander der Große, dessen Lehrer und auch Freund Aristoteles später wurde.

Im Alter von achtzehn Jahren ließ sich Aristoteles in Athen nieder und schrieb sich an Platons Akademie ein, um Philosophie zu studieren. Es dauerte nicht lange, bis Platon Aristoteles als lästigen Schüler empfand, der seine Lehren infrage stellte und ihm offen widersprach. Als Platon starb und Alexander die Herrschaft über Griechenland übernahm, eröffnete Aristoteles seine eigene Schule, das Lyzeum. Das war im Jahr 335 v. Chr.

Das Lyzeum verfügte über eine schöne Bibliothek, eine umfangreiche Kartensammlung und einen Zoo, in dem Aristoteles Exemplare aus der Tierwelt sammelte. Es heißt, dass ihm einige davon von Alexander dem Großen aus den von ihm eroberten Landstrichen geschickt wurden. Nach dem Tod von Alexander dem Großen im Jahr 323 v. Chr. zog Aristoteles sich aus Athen zurück auf eine der ägäischen Inseln. Er starb dort ein Jahr später im Alter von 63 Jahren.

Aristoteles lebte in einer Gesellschaft, in der die Bürger Zeit für Freizeitaktivitäten hatten, weil sie über Sklaven verfügten, die sich um ihre Ländereien kümmerten und niedere Arbeiten verrichteten. Es war auch eine Gesellschaft, in der Frauen eine untergeordnete Stellung zukam. Als Platon die Institutionen eines idealen Staates entwarf, schlug er vor, dass alle politischen Ämter, mit Ausnahme der militärischen Führung, Frauen offenstehen sollten, da er Männer und Frauen als im Wesentlichen ebenbürtig ansah. Aristoteles hingegen akzeptierte die zu seiner Zeit übliche Auffassung von der Unterlegenheit der Frau.

Ich werde in einem späteren Kapitel näher auf Aristoteles' Ansichten zu Sklaverei und Frauen eingehen. An dieser Stelle möchte ich jedoch gleich anmerken, dass meine Verwendung des generischen Maskulinums für Menschen aller Geschlechter und nicht nur für den männlichen Teil der Bevölkerung keinesfalls ein Hinweis darauf ist, dass ich Aristoteles' Ansicht über Frauen teile. Im Gegenteil, in diesem Punkt bin ich Platoniker.

Es mag Menschen geben, die es als Nachteil empfinden, dass Aristoteles in der Antike lebte und wirkte. Sie mögen der Ansicht sein, dass es deutlich besser wäre, einen Lehrmeister aus unserer heutigen Zeit zu wählen – jemanden, der mit der Welt, in der wir leben, vertraut ist; jemanden, dem die Erkenntnisse der modernen Wissenschaft über diese Welt geläufig sind. Ich sehe das anders.

Auch wenn Aristoteles vor 2500 Jahren in Griechenland lebte, so war er doch mit den Grundzügen unserer jetzigen Welt hinreichend vertraut, um über sie so sprechen zu können, als ob er heute leben würde. Aristoteles könnte uns nicht besser darin unterweisen, philosophisch zu denken, wenn er alles wüsste, was die moderne Wissenschaft hervorgebracht hat.

In seinem Bemühen, die Natur, die Gesellschaft und die Menschen zu verstehen, begann Aristoteles an dem Punkt, an dem jeder beginnen sollte – mit dem, was er aufgrund seiner gewöhnlichen, alltäglichen Erfahrung bereits wusste. Als Ausgangspunkt hat er sich auf Auffassungen gestützt, die uns allen gemeinsam sind – nicht weil sie uns in der Schule beigebracht wurden, sondern weil sie zum gewöhnlichen Bestand des menschlichen Denkens über alles und jedes gehören.

Wir bezeichnen diese Auffassungen manchmal als unseren gesunden Menschenverstand. Sie sind ein Ergebnis der üblichen Erfahrungen, die wir im Laufe unseres alltäglichen Lebens machen – Erfahrungen, die wir machen, ohne Nachforschungen anstellen zu müssen; Erfahrungen, die wir alle machen, schon allein dadurch, dass wir wach sind und Dinge bewusst wahrnehmen. Darüber hinaus können wir diese gewöhnlichen gemeinsamen Auffassungen in allgemein verständlichen Worten ausdrücken, die wir in der Alltagssprache verwenden.

Verzeihung, dass ich mehrfach wiederhole, dass diese Dinge »gewöhnlich«, allen Menschen »gemeinsam« und »allgemein« zutreffend sind. Das lässt sich nicht vermeiden. Ich muss diesen Sachverhalt betonen, weil er für meine Argumentation besonders wichtig ist. Nicht alles ist allen Menschen gemeinsam. Es gibt vieles, das wir nur uns selbst zuschreiben, aber es gibt auch anderes, von dem uns klar ist, dass nicht ausschließlich wir allein darüber verfügen. Solche Dinge teilen wir mit anderen, beispielsweise den Inhalt eines Buches, das auch unsere Freunde gelesen haben, oder den eines Films, den sich viele Menschen angesehen haben, oder ein Haus, in dem mehrere Familienmitglieder gemeinsam wohnen.

Was Menschen miteinander teilen, ist ihnen gemeinsam. Es gibt vieles, das verschiedenen Gruppen von Menschen gemeinsam ist. Weniger Dinge sind allen Menschen gemeinsam, nur weil sie allesamt Menschen sind. Diese letztgenannte, allumfassende Bedeutung des Wortes »gemeinsam« meine ich, wenn ich von den allen Menschen gemeinsamen Erfahrungen und gemeinsamen Auffassungen spreche, die den gesunden Menschenverstand ausmachen.

Unsere gemeinsamen Vorstellungen drücken wir durch Wörter wie »Sache«, »Körper«, »Geist«, »Veränderung«, »Ursache«, »Teil«, »Ganzes«, »einer«, »viele« und so weiter aus. Die meisten von uns verwenden diese Wörter und Begriffe schon seit langer Zeit – seit wir ganz jung waren. Wir benutzen sie, um über Erfahrungen zu sprechen, die wir alle gemacht haben – dass sich etwas bewegt oder ruht, dass Pflanzen wachsen, dass Tiere geboren werden und sterben, dass jemand sich hinsetzt und aufsteht; wir nutzen sie, um von Schmerz und Leid zu sprechen, vom Einschlafen, Träumen und Aufwachen, um mitzuteilen, dass wir unseren Körper mit Nahrung versorgen und trainieren und dass wir zu einem Entschluss gekommen sind.

Ich könnte diese Liste unserer gemeinsamen Erfahrungen fortführen, genauso wie ich die Liste der gebräuchlichen Wörter, die wir alle benutzen, und der Vorstellungen, die wir gemeinsam haben, fortführen könnte. Aber auch ohne diese Ergänzungen sollte klar sein, dass die Begriffe, Erfahrungen und Vorstellungen, die ich erwähnt habe, gewöhnlich und uns allen gemeinsam sind – sie gehören nicht ausschließlich Ihnen oder mir oder irgendjemand anderem.

Im Gegensatz dazu handelt es sich bei dem, was Wissenschaftler in ihren Labors oder Forscher auf ihren Expeditionen entdecken, um ganz besondere Erfahrungen. Zwar mögen auch wir durch Berichte Kenntnis davon erlangen, aber in der Regel erleben wir sie nicht selbst.

In den Jahrhunderten seit Aristoteles' Lebenszeit hat der Mensch viel gelernt, vor allem durch die Entdeckungen der modernen Wissenschaft. Die angewandte Wissenschaft hat großen Einfluss auf unsere Welt und unsere Lebensweise genommen, die sich stark von Aristoteles' Welt und seiner Lebensweise unterscheiden. Weder besaß er ein Auto noch die Möglichkeit zu telefonieren, er sah nie, was man durch ein Mikroskop oder ein Teleskop sehen kann, er konnte nicht die Mondoberfläche in riesiger Vergrößerung betrachten oder den Beschreibungen von Menschen lauschen, die darauf herumspaziert waren. Aber Aristoteles machte zu seiner Zeit die gleichen gewöhnlichen Erfahrungen wie wir in unserer Zeit. Seine Art, über sie nachzudenken, ermöglichte es ihm, sie besser zu verstehen, als es den meisten von uns gelingt.

Das – und nur das – ist der Grund dafür, dass er uns so gut dabei helfen kann, solche gewöhnlichen Erfahrungen besser zu verstehen, und dass er uns so gut dabei helfen kann, uns selbst und unser Leben sowie die Welt und die Gesellschaft, in der wir leben, zu verstehen, auch wenn unsere Lebensweise, unsere Welt und unsere Gesellschaft sich von seinen unterscheiden.

Am Anfang von Aristoteles' Denkprozess standen die allen Menschen gemeinsamen gewöhnlichen Erkenntnisse, die unseren gesunden Menschenverstand ausmachen, aber dabei beließ er es nicht. Er ging weit darüber hinaus. Er ergänzte Einsichten und Erkenntnisse, die alles andere als gewöhnlich sind. Sein Verständnis reicht tiefer als das unsere und übertrifft unseres bei Weitem. Er verfügte über einen *ungewöhnlichen* gesunden Menschenverstand, der sich doch normalerweise dadurch auszeichnet, gewöhnlich zu sein.

Darin besteht seine große Leistung, die uns allen zugutekommt. Ich werde in diesem Buch versuchen, seine ungewöhnlichen Erkenntnisse leichter verständlich zu machen. Wenn sie leichter zu verstehen sind, werden sie vielleicht sogar weniger ungewöhnlich.

Teil 1

Der Mensch als philosophisches Tier

1

Philosophische Spiele

Viele Menschen haben schon zwei Spiele gespielt, ohne dass ihnen bewusst war, dass sie sich dadurch philosophisch betätigten. Das eine Spiel heißt »Tier, Pflanze, Mineral«, das andere »Zwanzig Fragen«.

Beide Spiele bestehen darin, Fragen zu stellen. Aber nicht das macht sie zu philosophischen Spielen, sondern das, was hinter den Fragen steht – eine Reihe von Kategorien, ein Schema der Klassifizierung. Dinge zu klassifizieren, sie in diese oder jene Kategorie einzuordnen, ist uns vertraut. Jeder macht das irgendwann einmal – Ladenbesitzer, wenn sie eine Bestandsaufnahme ihrer Waren in den Regalen machen; Bibliothekare, wenn sie Bücher katalogisieren; Sekretärinnen, wenn sie Briefe oder Dokumente abheften. Wenn es sich bei den zu klassifizierenden Objekten jedoch um die Inhalte unserer physischen Welt oder des noch größeren Universums, das unter anderem unsere physische Welt enthält, handelt, dann kommt die Philosophie ins Spiel.

Die beiden Spiele – »Tier, Pflanze, Mineral« und »Zwanzig Fragen« – werden manchmal so gespielt, als würde es sich um dasselbe Spiel handeln. Das ist der Fall, wenn die erste der zwanzig Fragen »Tier, Pflanze oder Mineral?« lautet, um herauszufinden, ob der Gegenstand, an den jemand denkt, in eine dieser drei großen Kategorien oder Klassen von physikalischen Wesen beziehungsweise Gegenständen fällt. Aber nur manches von dem, an das wir denken können, ist etwas Physisches. Wenn es sich beispielsweise um eine geometrische Figur wie einen Kreis oder um eine Zahl wie die Quadratwurzel aus minus eins handeln würde oder wenn es um einen der griechischen Götter wie Zeus, Apollo oder Athene ginge, dann gäbe es keine bestätigende Antwort auf die Frage, ob das Objekt tierisch, pflanzlich oder mineralisch sei – zumindest sollte das nicht der Fall sein.

Das Spiel der zwanzig Fragen zielt darauf ab herauszufinden, an welches von allen möglichen Objekten jemand anderes gerade denkt. Es beschränkt sich nicht auf Gegenstände von physischer Natur. Von den beiden genannten Spielen verwickelt es uns am ehesten in philosophische Gedanken, ohne dass wir uns dessen bewusst wären. Damit wir uns dessen bewusst werden, brauchen wir die Hilfe von Aristoteles.

Die Klassifizierung von Objekten gehört mit zu den Fähigkeiten, in denen Aristoteles sich besonders auszeichnete. Eine andere war seine Fähigkeit, Fragen zu stellen. Philosophisches Denken hat damit begonnen, Fragen zu stellen – Fragen, die auf der Grundlage unserer gewöhnlichen, alltäglichen Erfahrung und mit einer gewissen Reflexion über diese Erfahrung, die zu einer Schärfung und Verfeinerung unseres gesunden Menschenverstands führt, beantwortet werden können.

Tier, Pflanze und Mineral ist eine grobe Dreiteilung all der Dinge, die wir in der physischen Welt vorfinden. Aber wir fassen den Begriff »Mineral« sehr weit, wenn wir ihn für jegliche leblose Materie nutzen, um sie von lebenden Organismen abzugrenzen – Stöcke und Steine von Rosenbüschen oder Mäusen. Nicht alles, was leblos ist, ist ein Mineral wie beispielsweise Gold oder Silber, das wir aus der Erde schürfen. Bei einigen dieser Dinge handelt es sich um Gesteinsformationen, die an der Erdoberfläche oder im Erdinneren zu finden sind, einige sind andere Formen von Materie in flüssigem oder gasförmigem Zustand.

In der Kategorie der leblosen beziehungsweise seelenlosen Objekte, die lose unter dem Begriff »Mineral« erfasst sind, würde Aristoteles uns zwischen elementaren und zusammengesetzten Körpern unterscheiden lassen. Ein elementarer Körper ist nach Aristoteles einer, der aus einer einzigen Art von Materie besteht – zum Beispiel Gold, Kupfer oder Zink. Im Gegensatz dazu besteht ein zusammengesetzter Körper aus zwei oder mehr verschiedenen Arten von Materie – zum Beispiel Messing, das eine Legierung aus Kupfer und Zink ist. Wichtiger ist für Aristoteles jedoch die Unterscheidung zwischen Lebendigem und Leblosem.

Was unterscheidet alle lebenden Organismen von den trägen leblosen Körpern, seien es nun elementare oder zusammengesetzte Körper? Aus unserer alltäglichen Erfahrung mit lebenden Organismen wissen wir, dass sie alle bestimmte gemeinsame Merkmale haben. Sie nehmen Nahrung auf, sie wachsen, sie pflanzen sich fort.

Und was unterscheidet innerhalb der Kategorie der lebenden Organismen die Pflanzen von den Tieren? Auch hier wissen wir aus unserer alltäglichen Erfahrung, dass Tiere bestimmte gemeinsame Merkmale haben, die den Pflanzen fehlen. Sie sind nicht wie Pflanzen in der Erde verwurzelt, sondern können mithilfe eigener Fortbewegungsmittel ihren Standort wechseln. Sie beziehen ihre Nahrung nicht wie Pflanzen aus der Luft und aus dem Boden. Darüber hinaus besitzen die meisten Tiere Sinnesorgane.

Es gibt jedoch keine feste Grenzlinie, die leblose Gegenstände von lebenden Organismen trennt, sodass wir uns manchmal fragen, zu welcher dieser Kategorien etwas gehört. Das gilt auch für die Trennung zwischen Pflanzen und Tieren. So scheinen einige Pflanzen auf Reize zu reagieren, obwohl sie keine Sinnesorgane wie Augen und Ohren besitzen. Einige Tiere, etwa Steckmuscheln, scheinen nicht in der Lage zu sein, sich fortzubewegen; wie Pflanzen scheinen sie fest an einem Ort verwurzelt zu sein.

Aristoteles war sich bewusst, dass seine Einteilung aller physischen Dinge in die drei großen Klassen »leblose Gegenstände«, »Pflanzen« und »Tiere« Grenzfälle nicht ausschloss – Dinge, die in einer bestimmten Hinsicht auf die eine Seite der Grenzlinie und in einer anderen Hinsicht auf die andere Seite zu gehören scheinen. Er erkannte, dass der Übergang von leblosen Dingen zu Lebewesen und von pflanzlichem zu tierischem Leben allmählich erfolgt und nicht immer eindeutig ist.

Dennoch hielt Aristoteles an seiner Auffassung fest, dass die Unterschiede zwischen lebendigen und leblosen Körpern sowie zwischen Pflanzen und Tieren diese in ganz unterschiedliche Arten von Dingen unterteilen. Er begründete diese Ansicht wie folgt.

Würden wir nicht zunächst den klaren Unterschied zwischen einem Stein und einer Maus erkennen und verstehen, würden wir uns nie fragen, ob etwas, das schwierig zu klassifizieren ist, ein Lebewesen oder etwas Lebloses ist. Ebenso würden wir uns nie fragen, ob es sich bei einem bestimmten lebenden Organismus um eine Pflanze oder ein Tier handelt, wenn wir den klaren Unterschied zwischen einem Rosenstock und einem Pferd nicht erkennen würden.

So wie Tiere eine besondere Art von Lebewesen sind, weil sie über Fähigkeiten verfügen, über die Pflanzen nicht verfügen, so ist der Mensch aus einem ähnlichen Grund eine besondere Art von Tier. Er verfügt über Fähigkeiten, über die kein anderes Tier verfügt, wie zum Beispiel allgemeine Fragen zu stellen und mithilfe von Beobachtung und Nachdenken Antworten zu suchen. Deshalb bezeichnete Aristoteles den Menschen als vernunftbegabtes Tier – als fragendes und denkendes Tier, das zu philosophischen Überlegungen fähig ist.

Manche Tiere scheinen die Grenze zwischen nichtmenschlichen Wesen und Menschen zu überschreiten. Schweinswale und Schimpansen, so hat man kürzlich herausgefunden, sind intelligent genug, um einfache Formen der Kommunikation anzuwenden. Aber wie es aussieht, stellen sie weder sich selbst noch einander Fragen über die Natur der Dinge und versuchen auch nicht, auf irgendeine Weise entsprechende Antworten zu entdecken. Wir können solche Tiere als nahezu menschlich bezeichnen, aber wir sehen sie nicht als dem Menschengeschlecht zugehörig an.

Jeder einzelnen Art von Dingen, so glaubte Aristoteles, wohnt eine Natur inne, die sie von allen anderen Dingen unterscheidet. Was eine Klasse von Dingen von allen anderen unterscheidet, definiert die Natur, die jedes einzelne Ding besitzt, das dieser Klasse angehört. Wenn wir zum Beispiel von der menschlichen Natur sprechen, meinen wir damit schlicht und ergreifend, dass alle Menschen bestimmte Eigenschaften haben und dass diese Eigenschaften sie von anderen Tieren, von Pflanzen und von leblosen Gegenständen unterscheiden.

Aristoteles' Klassifikationsschema ordnete die fünf Hauptklassen der physischen Dinge in aufsteigender Reihenfolge an. Die elementaren und zusammengesetzten Körper stehen am unteren Ende der Skala. Jede der höheren Klassen ist deshalb höher angesiedelt, weil sie die Eigenschaften der darunterliegenden Klasse besitzt und darüber hinaus bestimmte Unterscheidungsmerkmale aufweist, die die darunterliegende Klasse nicht hat.

Auf der Skala der natürlichen Dinge ist das Lebendige eine höhere Existenzform als das Leblose, Seelenlose; Tiere sind eine höhere Lebensform als Pflanzen; und das menschliche Leben ist die höchste Lebensform, die es auf der Erde gibt.

Alle lebenden Organismen nehmen ebenso wie alle leblosen Körper Raum ein und haben ein Gewicht, aber darüber hinaus nehmen sie, wie bereits erwähnt, Nahrung zu sich, wachsen und pflanzen sich fort. Da Tiere lebende Organismen sind, verfügen sie wie die Pflanzen auch über diese lebensnotwendigen Funktionen, aber sie verfügen darüber hinaus über bestimmte Funktionen beziehungsweise Fähigkeiten, über die Pflanzen nicht verfügen. An der Spitze der Skala stehen die Menschen, die über alle lebensnotwendigen Funktionen der anderen Tiere verfügen und darüber hinaus die Fähigkeit besitzen, durch das Stellen und Beantworten von Fragen nach Wissen zu streben und philosophisch zu denken.

Natürlich könnte man behaupten, dass viele der höher entwickelten Tierarten denken, ja sogar, dass Computer denken. Es stimmt auch nicht, dass nur der Mensch intelligent wäre. Intelligenz ist in unterschiedlichem Ausmaß in der gesamten Tierwelt zu finden, genauso wie sie in unterschiedlichem Ausmaß bei den Mitgliedern des Menschengeschlechts zu finden ist. Aber die besondere Denkweise, die dazu führt, philosophische Fragen zu stellen und zu beantworten, unterscheidet den Menschen von anderen Tieren. Kein anderes Tier spielt philosophische Spiele.

Bei den physischen Dingen, die Aristoteles in fünf große Klassen unterteilt, bezeichnet der Begriff »Körper« die alles umfassende Klasse. Es gibt keine übergeordnete Klasse, von der Körper eine Unterklasse wären. Alles in der physischen Welt ist ein *Körper* der einen oder anderen Art.

Ist es möglich, ins andere Extrem zu gehen und eine Unterklasse von Körpern zu finden, die sich nicht weiter in kleinere Unterklassen unterteilen lässt? Ist die menschliche Spezies eine solche Unterklasse der Tiere?

Vor diese Frage gestellt, denken die meisten von uns wahrscheinlich sofort an verschiedene Äußerlichkeiten, nach denen sich Menschen unterscheiden ließen – nach Hautfarbe, Gesichtsmerkmalen, Kopfform und so weiter. Warum also unterteilen solche Charakteristika die Menschen nicht in verschiedene Arten oder Unterklassen?

In diesem Zusammenhang traf Aristoteles eine wichtige Unterscheidung. Nicht alle Merkmale einer Sache, sagte er, definieren ihre Natur oder ihr Wesen. Wie wir bereits gesehen haben, war Aristoteles der Ansicht, dass der Mensch als vernunftbegabtes – oder philosophisches – Tier definiert werden sollte. Die Fähigkeit, Fragen nach dem Was, dem Warum und dem Wozu der Dinge zu stellen, macht einen Menschen zum Menschen, nicht die Hautfarbe, die Stupsnase, das glatte Haar oder die Kopfform.

Wir können die Menschen natürlich in eine unendliche Vielzahl von Unterklassen einteilen – groß oder klein, dick oder dünn, weiß oder schwarz, stark oder schwach und so weiter. Aber obwohl solche Unterschiede dazu dienen können, eine Untergruppe von Menschen von einer anderen zu differenzieren, können sie laut Aristoteles keine dieser Untergruppen aus dem Menschengeschlecht ausschließen. Und was noch wichtiger ist: Die Mitglieder einer Untergruppe sind weder mehr noch weniger menschlich als die Mitglieder einer anderen.

Anders ausgedrückt sind die Unterschiede zwischen einer Unterkategorie von Menschen und einer anderen nur oberflächlich beziehungsweise geringfügig verglichen mit den grundlegenden beziehungsweise bedeutsamen Unterschieden, die den Menschen von anderen Tieren unterscheiden. Aristoteles bezeichnete die oberflächlichen beziehungsweise geringfügigen Unterschiede als nebensächlich; die grundlegenden beziehungsweise bedeutsamen Unterschiede betrachtete er als wesentlich.

Menschen und nichtvernunftbegabte Tiere unterscheiden sich wesentlich voneinander; große Menschen und kleine, dicke Menschen und dünne unterscheiden sich dahingegen in nebensächlichen Belangen voneinander. Und nur in solchen nebensächlichen Belangen unterscheidet sich ein Mensch vom anderen. Alle Menschen sind Lebewesen der gleichen Art, aber der eine hat vielleicht mehr und der andere weniger von dieser oder jener menschlichen Eigenschaft. Solche individuellen Unterschiede sind längst nicht so bedeutsam wie das, was alle Männer und Frauen verbindet – das Menschsein, das ihnen gemeinsam ist und in dem alle Menschen gleich sind.

2

Die tiefe Kluft

Mit Aristoteles' Unterteilung alles Physischen in leblose Gegenstände und lebende Organismen und seiner Unterteilung der lebenden Organismen in Pflanzen, Tiere und Menschen ist sein Klassifikationsschema – beziehungsweise seine Liste an Kategorien – nicht erschöpft. Man denke nur an Wellingtons Pferd in der Schlacht von Waterloo oder an Julius Cäsar, wie er den Rubikon überquert. Man denke nur an Shakespeares Hamlet, das Ungeheuer von Loch Ness oder den Engel Gabriel. Man denke nur an den Duft blühender Rosen, die Farbe einer reifen Tomate, Newtons Gravitationstheorie oder Gott.

Nichts davon ist etwas Physisches, das im Hier und Jetzt als Tier, Pflanze oder Mineral existiert. Wellingtons Pferd und Julius Cäsar existierten in der Vergangenheit, aber nun existieren sie nicht mehr. Shakespeares Hamlet ist eine fiktive Figur, keine reale Person. Die Existenz des Ungeheuers von Loch Ness ist höchst zweifelhaft. Was den Duft blühender Rosen, den Engel Gabriel, Newtons Gravitationstheorie und Gott betrifft, so fällt nichts von alledem unter eine der Rubriken, die Körper umfassen, die entweder in der physischen Welt existieren oder darin existiert haben.

Die Gesamtheit der Objekte, an die ein Mensch denken kann, ist deutlich größer als die physische Welt – also die Welt der Körper, die entweder aktuell existieren oder in der Vergangenheit existiert haben. Es umfasst die Welt der Körper, aber auch vieles mehr. Was Körper von allem anderen trennt, ist nicht bloß eine simple Grenzlinie, sondern eine tiefe Kluft.

Was bleibt noch, wenn wir alles Physische auf einer Seite dieser Kluft platzieren? Was gehört zu der anderen Hälfte des allumfassenden Universums von Objekten, an die wir denken können? Ich werde nicht versuchen, alle möglichen Arten von Objekten aufzuzählen, die *keine* Körper sind, aber hier sind zumindest einige:

- mathematische Objekte wie Dreiecke und Quadratwurzeln
- imaginäre oder fiktive Figuren wie Shakespeares Hamlet oder Mark Twains Huckleberry Finn
- körperlose Wesen aller Art, einschließlich Geister und Engel
- Götter beziehungsweise der eine Gott, wenn göttliche Wesen als körperlos betrachtet werden
- mythologische Wesen wie Zentauren und Meerjungfrauen
- der Intellekt, der in der Lage ist, sich solche Fragen auszudenken
- Ideen und Theorien, mit denen der Verstand sich beschäftigt

Ich bin mir durchaus bewusst, dass diese Aufzählung möglicher Objekte, an die ein Mensch denken kann, viele Fragen aufwirft. Existieren solche Objekte in irgendeiner Weise? Wenn ja, wie unterscheidet sich ihre Existenz von der Existenz von Körpern? Was bedeutet es, sie als Möglichkeiten zu bezeichnen? Gibt es Objekte des Denkens, die unmöglich sind? Wenn der Verstand kein Körper ist, in welchem Verhältnis steht er dann zu Körpern?

Ich werde versuchen, einige dieser Fragen – mithilfe von Aristoteles – in späteren Kapiteln dieses Buches zu beantworten. Einige sind schwierige philosophische Fragen, die ich mir bis zum Schluss aufhebe. Im Moment dient das Aufwerfen dieser Fragen dem Zweck, die Aufmerksamkeit auf das größere Universum zu lenken, von dem die physische Welt nur ein Teil ist, auch wenn die Welt der Körper vielleicht die einzige ist, die tatsächlich existiert.

In Bezug auf diese Welt kommt eine weitere Unterscheidung von Aristoteles zum Tragen. Mit ihr können wir die Frage nach dem Geruch blühender Rosen oder der Farbe einer reifen Tomate beantworten. Rosen und Tomaten sind Körper, sie sind Pflanzen, aber für ihren Geruch und ihre Farbe gilt das nicht. In Bezug auf die physische Welt hat Aristoteles eine Grenzlinie gezogen, die ihre Bestandteile in zwei große Arten unterteilt. Auf der einen Seite der Grenzlinie ordnete er die *Körper* ein, auf der anderen Seite ihre *Eigenschaften* oder *Attribute*, etwa ihren Geruch oder ihre Farbe.

In unserer Alltagssprache treffen wir üblicherweise dieselbe Unterscheidung. Wir sprechen nicht von der Größe und dem Gewicht eines Steines, als handele es sich dabei um einen Körper. Ich würde Sie nicht bitten, mir die Größe oder das Gewicht des Steines zu reichen, denn ich weiß, dass Sie mir den Stein reichen müssen, damit ich dessen Größe oder Gewicht spüren kann.

Wir können an die Größe oder das Gewicht des Steines denken, ohne an den Stein selbst zu denken, aber wir können nicht die Größe oder das Gewicht des Steines verändern, ohne den Stein zu verändern. Wenn der Stein in einem Haufen von Steinen liegt, können wir ihn vom Haufen nehmen und die anderen Steine darin belassen, aber wir können nicht die Größe oder das Gewicht des Steines von diesem Haufen wegnehmen und gleichzeitig den Stein darin belassen.

Die Existenz von Eigenschaften oder Attributen, die zu einem Körper gehören – so wie die Größe oder das Gewicht des Steines zu ihm gehört –, hängt nach Aristoteles von diesem Körper ab (wie das Gewicht des Steines vom Stein abhängt), aber es existiert nicht von sich aus (wie etwa ein Stein existiert).

Etwas Physisches, ein Körper, kann zu einer Sammlung von Körpern gehören, aus der er entfernt werden kann – so wie ein Stein aus einem Steinhaufen genommen werden kann. Aber jeder der Steine in dem Haufen existiert per se, auch wenn er in einer Sammlung von Steinen existiert. Das gilt jedoch nicht für die Größe oder das Gewicht des Steines. Größe und Gewicht existieren nicht von sich aus. Sie sind immer die Größen und Gewichte von physischen Dingen, und sie hören auf zu existieren, wenn die Körper, in denen sie existieren, von denen sie also abhängen, nicht länger existieren.

Eine andere Möglichkeit, diesen grundlegenden Unterschied zwischen etwas Physischem und seinen Eigenschaften zu begreifen, besteht darin, sich anzusehen, wie Körper sich verändern. Einen Stein mit einer rauen Oberfläche kann man polieren und glätten. Einen Stein, der eine fast runde Form besitzt, kann man perfekt rund machen. Während wir die Eigenschaften eines Steins verändern, haben wir es doch immer noch mit ein und demselben Stein zu tun. Es handelt sich nicht um einen anderen Stein, sondern um denselben, nur veränderten Stein.

Wenn er nicht derselbe Stein bliebe, nur weil er sich auf die ein oder andere Weise verändert, könnte man nicht sagen, dass er sich von rau zu glatt oder von größer zu kleiner verändert habe. Wenn wir das verstehen, verstehen wir auch Aristoteles' Begründung für seine Aussage, dass etwas Physisches immer das bleibt, was es ist (dieser ganz bestimmte Stein), während es sich gleichzeitig auf die ein oder andere Weise verändern kann (in Größe oder Gewicht, Form, Farbe oder Beschaffenheit).

Die Eigenschaften von Körpern sind im Gegensatz zu den Körpern selbst niemals einem Wandel unterworfen. Rauheit wird nie zu Glätte, Grün wird nie zu Rot. Es ist der raue *Stein*, der glatt wird; die grüne *Tomate*, die rot wird, wenn sie reift. Physische Dinge sind, kurz gesagt, veränderbar. Die Eigenschaften von physischen Dingen sind nicht veränderbar; mit ihnen lässt sich jedoch bezeichnen, in welcher Hinsicht sich physische Dinge verändern.

Aristoteles hat versucht, eine vollständige Liste der Eigenschaften physischer Dinge aufzustellen. Die Vollständigkeit darf bezweifelt werden, aber die Eigenschaften, die er nennt, sind uns allen aus allgemeiner Erfahrung heraus bekannt, insbesondere diejenigen, die zu den wichtigsten Aspekten zählen, in denen Dinge sich verändern:

- die Quantität beziehungsweise die Masse, wenn sie an Gewicht oder Größe zu- oder abnehmen
- die Qualität beziehungsweise die Beschaffenheit, wenn sie sich in Form, Farbe oder Textur verändern
- der Ort oder die Stelle, wenn sie sich von A nach B bewegen

Darüber hinaus besitzt Physisches weitere Eigenschaften, wie die Beziehungen, in denen es zu anderen Dingen steht; die Handlungen, die es ausführt; die Ergebnisse von Handlungen, die an ihm vollzogen werden; den Zeitpunkt seines Entstehens; die Dauer seiner Existenz und den Zeitpunkt seines Vergehens.

Von allen Eigenschaften, die etwas Physisches besitzt, sind die wichtigsten diejenigen, die es während seiner gesamten Existenz innehat und in denen es sich nicht verändert, so lange es existiert. Diese dauerhaften Eigenschaften machen es zu der Art von Sache, die es ist. Zum Beispiel besitzt Salz die dauerhafte Eigenschaft, dass es sich in Wasser auflöst; bestimmte Metalle besitzen die dauerhafte Eigenschaft, dass sie Elektrizität leiten; Säugetiere besitzen die dauerhafte Eigenschaft, dass sie lebende Nachkommen gebären und ihre Jungen säugen.

Solche Eigenschaften machen etwas nicht nur zu der speziellen Art Ding, die es ist, sie unterscheiden auch eine Art von Ding von einer anderen. Die Fähigkeit, Fragen zu stellen, wie wir sie hier gestellt haben, ist eine dauerhafte Eigenschaft vernunftbegabter Tiere, etwas, das uns von anderen Säugetieren unterscheidet. Selbstverständlich sind auch vernunftbegabte Tiere Körper. Sie sind etwas Physisches, aber eben nicht nur etwas Physisches.

Diese Tatsache spiegelt sich in unserem Gebrauch des Wortes »Person« wider. Wir bezeichnen Menschen als Personen. Spinnen, Schlangen, Haie oder Vögel bezeichnen wir dagegen nicht als Personen. Manchmal mögen wir unsere Hauskatze oder unseren Hund so behandeln, als wären sie menschlich – oder beinahe menschlich. Objekte, die wir als bloße Dinge betrachten, behandeln wir nicht so.

Bis hierher wurde das Wort »Ding« zur Bezeichnung physischer Dinge – also Körper – verwendet. Jetzt habe ich das Wort »Ding« als Gegensatz zum Wort »Person« verwendet. Es ist ein problematisches Wort. Seine Bedeutung ist manchmal so weit gefasst, dass man damit jedes mögliche Objekt des Denkens bezeichnen kann – nicht nur existierende physische Dinge, sondern auch deren Eigenschaften, darüber hinaus Objekte, die nicht existieren, Objekte, die vielleicht nie existiert haben, und sogar Objekte, die unmöglich existieren können. Manchmal ist mit dem Wort »Ding« im engeren Sinne nur ein Körper gemeint, der aktuell in der physischen Welt existiert, oder ein Körper, der in der Vergangenheit existiert hat, oder ein Körper, der in der Zukunft existieren könnte.

Es ist oft unvermeidlich, ein und dasselbe Wort in verschiedenen Bedeutungen zu verwenden. Bei den wichtigsten Wörtern, die wir verwenden, insbesondere bei Wörtern, die wir in der Alltagssprache benutzen, ist es fast unmöglich, das zu umgehen. Aristoteles hat häufig auf die verschiedenen Bedeutungen hingewiesen, in denen er ein und dasselbe Wort verwenden musste. Wenn wir wie er über unsere Erfahrungen nachdenken, müssen wir auch auf die verschiedenen Bedeutungen der Wörter achten, die wir verwenden.

Der Mensch ist in einem Sinne dieses Wortes ein physisches »Ding« (etwas Physisches) und in einem anderen nicht, wenn wir ihn als Person und nicht als Ding (ein lebloser Gegenstand) bezeichnen. Als physische Dinge, als Körper, besitzen Menschen die drei Dimensionen, mit denen wir alle vertraut sind. Als Personen besitzen sie ebenfalls drei Dimensionen, die jedoch ganz andere sind.

3

Die drei Dimensionen des Menschen

Wenn wir uns einfach nur als Körper betrachten – oder als etwas Physisches – würde ich sagen, dass unsere drei Dimensionen, wie die drei Dimensionen eines jeden anderen Körpers auch, Länge, Breite und Höhe sind. Auf diese Art nimmt jeder Körper Raum ein.

Während wir als Körper also physische Dinge sind wie alle anderen Körper auch, so sind wir doch, wie wir eben gesehen haben, etwas Besonderes – etwas Einzigartiges –, nämlich Personen. Was sind unsere drei Dimensionen als Personen, nicht nur als Körper?

Im Raum ist eine Dimension eine Richtung, in die ich mich bewegen kann. Ich kann meine Hand von links nach rechts, von vorne nach hinten, von oben nach unten bewegen. Wie die räumlichen Dimensionen sind auch die persönlichen Dimensionen Richtungen –

Richtungen, in denen ich, eine Person, als Mensch handeln kann. Ich bin mir sicher, dass wir als physische Körper nur drei Dimensionen haben, aber ich kann mir nicht ebenso sicher sein, dass wir als handelnde Menschen nur drei Dimensionen haben – nur drei Richtungen, in die uns unsere Aktivitäten führen können.

Ich bin jedoch der Ansicht, dass die drei Dimensionen, die ich nennen werde, drei sehr wichtige Richtungen darstellen, die das menschliche Handeln einschlagen kann. Es mag zwar noch andere geben, aber ich bezweifle, dass sie ebenso wichtig sind. Diese drei Dimensionen sind das Erschaffen, das Tun und das Wissen.

In der ersten dieser drei Dimensionen, dem Erschaffen, ist der Mensch Künstler oder Handwerker – der Hersteller aller möglichen Dinge: Schuhe, Schiffe und Häuser, Bücher, Musik und Gemälde. Wir sollten Menschen nicht nur dann als Künstler bezeichnen, wenn sie Statuen oder Gemälde erschaffen, denn damit ist das Wort Kunst viel zu eng gefasst. Alles in der Welt, was nicht natürlich, sondern künstlich ist, ist ein Kunstwerk – etwas von Menschen Erschaffenes.

In der zweiten dieser Dimensionen, dem Tun, haben wir den Menschen als moralisches und soziales Wesen – jemand, der richtig oder falsch handeln kann; jemand, der durch sein Handeln oder Nichthandeln entweder Glück erlangt oder es nicht erlangt; jemand, der es für notwendig erachtet, sich mit anderen Menschen zusammenzuschließen, um das zu tun, wozu er sich als menschliches Wesen getrieben fühlt.

In der dritten Dimension, dem Wissen, ist der Mensch ein Lernender, der sich Wissen jeglicher Art aneignet – nicht nur über die Natur, nicht nur über die Gesellschaft, deren Teil der Mensch ist, nicht nur über die menschliche Natur, sondern auch über das Wissen selbst.

In all diesen drei Dimensionen ist der Mensch ein Denker, aber die Art des Denkens, die er anwendet, um etwas zu erschaffen, unterscheidet sich von der Art des Denkens, die er anwendet, um moralisch und sozial zu handeln. Beide Arten des Denkens unterscheiden sich wiederum von der Art des Denkens, die der Mensch betreibt, um etwas einfach nur zu wissen – zu wissen um des Wissens willen.

Aristoteles war sehr an den Unterschieden interessiert, die diese drei Arten des Denkens ausmachen. Er verwendete den Begriff »produktives Denken«, um die Art des Denkens zu beschreiben, die der Mensch als Schöpfer ausübt, also als jemand, der etwas erschafft; »praktisches Denken«, um die Art zu beschreiben, die er als Handelnder ausübt; und »spekulatives« oder »theoretisches Denken«, um die Art zu beschreiben, die er als Wissender ausübt.

Diese Einteilung des Denkens in drei verschiedene Arten findet sich auch in Aristoteles' Büchern. Einige davon, wie seine Bücher über Moral und politische Philosophie, befassen sich mit dem praktischen Denken und mit dem Menschen als jemandem, der handelt – als Individuum, das sein eigenes Leben lebt und versucht, es so gut wie möglich zu gestalten, und auch als Mitglied der Gesellschaft, als das er eine Verbindung zu anderen Menschen hat und mit ihnen zusammenarbeitet. Einige dieser Bücher, wie die über Naturphilosophie, befassen sich mit dem theoretischen Denken, mit dem Nachdenken über die gesamte physische Welt, einschließlich des Menschen als Teil dieser Welt, und auch mit dem menschlichen Geist und Wissen.

Er schrieb eine Abhandlung über den Menschen als Schöpfer, aber dieses Buch thematisiert den Menschen nur als Schöpfer von Poesie, Musik und Gemälden. Er nannte es *Poetik*, weil das griechische Wort »erschaffen« beziehungsweise »hervorbringen« bedeutet – und zwar alles Mögliche erschaffen, nicht nur die Art von Dingen, die uns unterhalten und uns Freude bereiten. Männer und Frauen stellen eine außerordentliche Vielfalt an nützlichen Dingen her, Dinge, die wir in unserem Alltag benutzen, wie die Kleidung, die wir tragen, die Häuser, in denen wir leben, die Möbel in diesen Häusern und die Geräte, die zur Herstellung dieser Dinge benötigt werden.

Dass der Mensch als Schöpfer weiter gefasst und insbesondere auch als Schöpfer nützlicher physischer Dinge betrachtet wird, findet sich in den Büchern, die Aristoteles über die Natur geschrieben hat – in seinen Büchern zur Naturphilosophie. In seinem Bemühen, die Phänomene der Natur zu verstehen, griff Aristoteles häufig auf Vergleiche zwischen der Art und Weise, wie der Mensch Dinge herstellt, und der Art und Weise, wie die Natur funktioniert, zurück. Sein Verständnis dessen, was beim menschlichen Erschaffen eine Rolle spielt, half ihm – und wird auch uns helfen –, die Funktionsweise der Natur zu verstehen.

Deshalb behandele ich in Teil 2 dieses Buches als Erstes das Erschaffen als Dimension menschlichen Handelns. Danach, in Teil 3, werde ich mich mit der Dimension befassen, in der der Mensch als moralisches und soziales Wesen agiert. Und schließlich werde ich in Teil 4 auf den Menschen als nach Wissen Strebendem zu sprechen kommen, wobei ich die schwierigsten Fragen, mit denen wir uns zu befassen haben – Fragen über den menschlichen Geist und das Wissen selbst –, bis zum Schluss aufhebe.

Die größte Herausforderung im Wortschatz eines jeden Menschen stellen drei Wörter dar, die die allgemeingültigen Werte benennen, die Respekt hervorrufen und ehrfürchtiges Staunen auslösen. Sie lauten Wahrheit, Güte und Schönheit – oder das Wahre, das Gute und das Schöne. Diese drei Werte hängen unmittelbar mit den drei Dimensionen des menschlichen Handelns zusammen.

Im Bereich des Erschaffens geht es uns um die Schönheit oder zumindest um den Versuch, Dinge herzustellen, die gut gemacht sind. Im Bereich des Handelns geht es uns als Individuen und als Mitglieder der Gesellschaft um Gut und Böse, um Richtig und Falsch. Im Bereich des Wissens geht es uns um die Wahrheit.

Teil 2

Der Mensch als Schöpfer

4

Aristoteles' Crusoe

Hätte Aristoteles die Geschichte von Robinson Crusoe geschrieben, hätte diese Erzählung eine andere Moral gehabt.

Die Geschichte, die die meisten von uns gelesen haben dürften, rühmt Crusoes Einfallsreichtum, als er herauszufinden versucht, wie er auf der Insel, auf der er als Schiffbrüchiger gestrandet ist, sicher und komfortabel leben kann. Sie würdigt zudem seine Tugenden – seinen Mut und seinen Weitblick. Die Geschichte handelt davon, wie der Mensch sich die Natur Untertan macht, von seiner Beherrschung und Kontrolle über sie.

Für Aristoteles hätte die Insel die Natur dargestellt, die reine und vom Menschen unberührte Natur. All das, was die Natur vollbringt – die Aussaat von Bäumen und Sträuchern, das Wachstum von Pflanzen, die Geburt und das Sterben von Tieren, die Verschiebung von Sand, die Abtragung von Felsgestein, die Bildung von Höhlen –, hat es schon lange vor Crusoes Ankunft gegeben. Aristoteles hätte die Veränderungen, die Crusoe herbeiführte, als eine Möglichkeit gesehen, die Veränderungen zu verstehen, die ohne ihn stattgefunden hätten. Bei ihm hätte sich die Geschichte nicht um das Thema Mensch *gegen* Natur gedreht, sondern sie hätte die Zusammenarbeit des Menschen *mit* der Natur beschrieben.

Wenn wir versuchen, etwas zu verstehen, das nur schwer zu verstehen ist, ist es im Allgemeinen eine gute Idee, mit etwas zu beginnen, das einfacher zu verstehen ist, um zu sehen, ob es uns dabei hilft, die Schwierigkeiten zu überwinden. Was verständlicher ist, kann dazu beitragen, etwas zu erhellen, das weniger verständlich ist. Menschen sollten in der Lage sein zu verstehen, was genau passiert, wenn sie etwas erschaffen oder etwas verändern. Das ist einfacher zu verstehen als das, was in der Natur vor sich geht, wenn der Mensch nicht mit im Spiel ist. Das Verständnis von Kunstwerken kann uns daher helfen, die Funktionsweise der Natur zu verstehen.

Im vorangegangenen Kapitel habe ich den Schluss nahegelegt, dass der Begriff »Kunstwerk« in seiner weitesten Bedeutung alles umfasst, was von Menschenhand erschaffen wurde. Lassen Sie uns das noch einmal überdenken. Ist alles, was von Menschen hergestellt wird, künstlich und nicht natürlich? Wenn Eltern Kinder zeugen, sind die Kinder dann künstlich? Sind sie Kunstwerke? Wenn Sie das verneinen, wie ich es übrigens auch tun würde, dann ist es uns noch nicht gelungen, die Grenze zwischen dem Künstlichen und dem Natürlichen richtig zu ziehen.

Mal angenommen, ein Blitz schlägt in einen Baum ein, der in einem dichten Wald steht. Der Baum wird in zwei Hälften geteilt, Äste werden abgetrennt. Einige davon sind in Brand geraten, was einen Waldbrand auslöst. Der Waldbrand und alle anderen Veränderungen, die sich aus dem Blitzschlag ergeben, sind doch ganz natürlich, oder nicht?

Nun nehmen wir einmal an, dass ein Mann durch den Wald geht und achtlos eine brennende Zigarette wegwirft. Sie setzt die trockenen Blätter des Unterholzes in Brand, und der Wald geht in Flammen auf. Dieser Waldbrand wurde von einem Menschen verursacht, während der erste durch einen Blitzschlag verursacht wurde. Der erste Brand war ein Werk der Natur. War der zweite ein Werk des Menschen – etwas Künstliches, nicht Natürliches?

Nehmen wir nun jedoch an, dass der Mann keine brennende Zigarette im Wald fallen gelassen hat. Nehmen wir einmal an, er sammelt trockene Zweige und Blätter und schichtet sie zu einem kleinen Haufen auf, den er mit kleinen Steinen umgibt. Dann zündet er ein Streichholz an und setzt den Haufen in Brand, um sich sein Mittagessen zu kochen. Normalerweise würden wir sagen, dass er ein Feuer *gemacht* hat, richtig? Wäre das Feuer, das er gemacht beziehungsweise erschaffen hat, ein Kunstwerk im Gegensatz zu dem Feuer, das durch das achtlose Fallenlassen einer brennenden Zigarette ausgelöst wird?

Bevor Sie diese Frage vorschnell beantworten, denken Sie daran, dass das Feuer an sich etwas Natürliches ist. Es braucht keinen Menschen, um es entstehen zu lassen. Wenn der Mensch Feuer macht, was genau macht er dann eigentlich – erschafft er das Feuer selbst oder sieht er nur zu, dass es zu einem bestimmten Zeitpunkt und an einem bestimmten Ort entsteht, so wie der Mann, der durch den Wald geht, das Feuer an dem Ort entstehen lässt, an dem er sein Mittagessen kochen will?

Ein weiteres Beispiel: Ein Blitz spaltet einen Baum und trennt einige seiner Äste ab. Menschen können mit Äxten und Sägen das Gleiche erreichen, und genau das tun sie, wenn sie Holz fällen, das sie brauchen, um Häuser zu bauen oder um Stühle und Tische herzustellen. Es ist klar, dass die Häuser, die Menschen bauen, künstliche Produkte sind, keine natürlichen, da sie nicht von der Natur erschaffen werden. Ein Haus zu erschaffen ist also nicht ganz dasselbe, wie ein Feuer zu erschaffen, denn beim Feuer, das ein Mensch macht, ist nicht ganz klar, ob es künstlich und nicht natürlich ist.

Worin besteht der Unterschied zwischen dem von Menschen erschaffenen Haus – oder dem von Menschen erschaffenen Stuhl oder Tisch – und dem von Menschen erschaffenen Feuer? Oder zwischen den Ästen, die vom Blitz abgetrennt werden, und den Ästen, die von Holzfällern abgesägt werden? Oder zwischen dem Feuer, das ein Picknicker macht, um sich sein Mittagessen zu kochen, und dem Feuer, das der Wanderer verursacht, der unachtsam eine brennende Zigarette fallen lässt?

Beginnen wir mit der einfachsten Frage. Das Feuer, das durch die brennende Zigarette verursacht wurde, entstand eher zufällig als vorsätzlich. Niemand hat es zu einem bestimmten Zweck erschaffen. Es resultierte aus menschlicher Unachtsamkeit – sogar Gedankenlosigkeit – und nicht aus sorgfältiger Planung und Voraussicht. Da jegliche menschliche Absicht, Planung oder Voraussicht fehlt, steht es auf der Seite des Natürlichen, wenn man zwischen dem Natürlichen und dem Künstlichen eine Grenzlinie zieht.

Dieses Feuer wurde zwar vom Menschen verursacht, aber nicht absichtlich vom Menschen erschaffen. Es resultiert aus etwas, das ein Mensch getan hat, aber der Mensch ist genauso Teil der Natur wie ein Blitz. Nicht alles, was aus menschlichem Verhalten resultiert, ist ein menschliches Produkt oder ein Kunstwerk.

Was ist nun mit dem von Menschen erschaffenen Feuer, das absichtlich gemacht wurde, um sich Essen zu kochen, und dem von

Menschen erschaffenen Haus, das wohlüberlegt gebaut wurde, damit es als Unterkunft dient? In diesen beiden Beispielen entsteht keines der von Menschen herbeigeführten Ergebnisse zufällig. In beiden Fällen sind sicherlich Absicht und Planung im Spiel. Insofern gehören zumindest bis hierher beide auf die Seite des Künstlichen, wenn man zwischen dem Natürlichen und dem Künstlichen eine Grenzlinie zieht. Und worin besteht nun der Unterschied zwischen ihnen?

Ein Unterschied ist sofort ersichtlich. Brände entstehen auch dann in der Natur, wenn kein Mensch anwesend ist, das gilt aber nicht für Häuser. Der Mensch kann die Natur dabei unterstützen, Feuer zu erschaffen, indem er Streichhölzer anzündet und trockene Blätter und Zweige in Brand setzt. Aber wenn Menschen Häuser bauen, statt Feuer zu entzünden, helfen sie der Natur nicht, diese zu erschaffen. In dem einen Fall, so wurde es bereits gesagt, erschafft der Mensch nicht das Feuer an sich, sondern er sorgt nur dafür, dass es zu einer bestimmten Zeit und an einem bestimmten Ort brennt. Im anderen Fall bauen die Menschen Häuser, sie erschaffen sie also.

Das Haus, das Robinson Crusoe baute, nachdem er einige Werkzeuge aus dem Schiffswrack gerettet hatte, war etwas, das er und nur er selbst erschuf, und nicht etwas, das er einfach zu einer bestimmten Zeit und an einem bestimmten Ort geschehen ließ. Wenn er nicht auf der Insel gewesen wäre, hätte es dort auf keinen Fall Häuser gegeben, anders als beim Feuer, denn Brände hätten auch durch Blitze entstehen können.

Eine Frage ist noch nicht beantwortet. Wir haben bisher entschieden, dass Crusoes Haus, das zu einem bestimmten Zweck geplant und errichtet wurde, ein Kunstwerk ist, das nicht von der Natur erschaffen wurde, dass es etwas Künstliches ist, nicht Natürliches. Aber ist es etwas vollkommen Künstliches – eine rein menschliche

Schöpfung? Die Bibel besagt, dass vor der Erschaffung der Welt durch Gott nichts existierte und dass Gott bei der Erschaffung der Welt etwas aus dem Nichts geschaffen hat. Hat Crusoe etwas aus dem Nichts erschaffen, als er sein Haus baute?

Wohl kaum. Er baute es aus Holz, das er gewann, indem er Bäume mit seiner Axt fällte, Äste mit seiner Säge abtrennte und die Stämme mit seinem Hobel glättete. Das Holz, das er zum Bau des Hauses verwendete, stammte aus der Natur. Es war bereits da. Ebenso wie das Eisen, aus dem die Nägel geformt wurden, die Crusoe zusammen mit den Werkzeugen in der Tischlerkiste fand, die nach dem Schiffbruch an Land gespült wurde. Das Haus aus Holz und Nägeln wurde zwar von Crusoe erschaffen, nicht von der Natur, aber es wurde aus natürlichen Materialien hergestellt. Das gilt auch für alle Werkzeuge, die Crusoe glücklicherweise nutzen konnte.

Vergessen wir auch nicht die Kinder, die Eltern in die Welt setzen, die sie also erschaffen. Wir haben bereits beschlossen, dass Kinder etwas Natürliches sind, nichts Künstliches – also keine Kunstwerke. Ist das so, weil sie manchmal eher aus Zufall als gewollt entstehen?

Manchmal, so viel ist klar, sind Kinder das Ergebnis von Unachtsamkeit oder Gedankenlosigkeit. Dann kommen sie ebenso unerwartet wie ungeplant. Aber selbst wenn Kinder gewollt und geplant sind, selbst wenn man sich etwas dabei gedacht hat, sie zu zeugen, und selbst wenn die Eltern mit etwas Glück die Natur dabei unterstützen, zu einer bestimmten Zeit und an einem bestimmten Ort Kinder hervorzubringen, sind sie nicht wie das Feuer, das zu erschaffen der Picknicker die Natur unterstützt hat, oder wie das Haus, das Crusoe aus den von der Natur bereitgestellten Materialien gebaut hat.

Warum nicht? Begnügen wir uns vorerst mit der weiter vorn gegebenen Antwort. Kinder, wie auch die Nachkommenschaft anderer Tiere, können sicherlich ohne jegliche Überlegung, Planung oder Absicht entstehen. Das trifft auf nichts zu, das wir als Kunstwerk oder als etwas Künstliches bezeichnen würden. Aber so wie der Mensch Feuer machen kann, indem er etwas darüber weiß, wie Feuer in der Natur entsteht, so kann der Mensch auch Kinder entstehen lassen, indem er etwas darüber weiß, wie die Zeugung von Nachkommen in der Natur geschieht.

Wenn Menschen darüber rein gar nichts wissen, entstehen ihre Nachkommen rein zufällig. Wenn sie aber über ein solches Wissen verfügen, ist das Entstehen von Nachkommen zumindest teilweise das Ergebnis von Planung und Absicht.

Wir haben nun viele Ereignisse und Entstehungsprozesse untersucht und die Unterschiede zwischen ihnen miteinander verglichen, um zu sehen, ob wir sie auf der einen oder anderen Seite der Grenzlinie zwischen dem Natürlichen und dem Künstlichen einordnen können. Bevor wir weitermachen, ist es bestimmt eine gute Idee, zusammenzufassen, was wir bis hierher erfahren haben.

Erstens haben wir bestimmt, dass Feuer an sich etwas absolut Natürliches ist. Das konkrete Feuer, das ein Mensch absichtlich zu einer bestimmten Zeit und an einem bestimmten Ort erzeugt, ist ein künstliches Ereignis – etwas, das nicht entstanden wäre, wenn nicht ein Mensch es zu diesem Zeitpunkt und an diesem Ort verursacht hätte.

Zweitens unterscheidet sich die Künstlichkeit des Feuers, das der Picknicker entfachte, um sein Mittagessen zuzubereiten, von der Künstlichkeit des Hauses, das Crusoe baute, um sich eine Unterkunft zu verschaffen. Obwohl beide von Menschen absichtlich erschaffen wurden, kommen Häuser, anders als Feuer, in der Natur niemals vor, wenn nicht der Mensch seine Hände im Spiel hat. Betrachten wir also das Feuer des Picknickers als ein künstliches *Ereignis* und das Haus von Crusoe als ein künstliches *Produkt.*

Drittens ist Crusoes Haus zwar ein künstliches Produkt, aber nicht etwas völlig Künstliches. Es wurde aus natürlichen Materialien hergestellt, nicht aus dem Nichts. Es ist also anders als die Welt selbst, die – wenn es nach der Bibel geht – von Gott aus dem Nichts erschaffen wurde. Es wäre daher besser, etwas, das der Mensch aus natürlichen Materialien herstellt, immer als seine *Produkte* und nicht als seine *Schöpfung* zu bezeichnen.

Viertens haben wir menschliche Kinder und die Nachkommen anderer Tiere betrachtet. Bezeichnen wir diese üblicherweise als Produkte oder als Schöpfungen? Nein, stattdessen beschreiben wir ihren Entstehungsprozess mit Wörtern wie »Fortpflanzung« und »Zeugung von Nachkommen«.

Das ist bedeutsam. Die Ergebnisse der biologischen Fortpflanzung oder Zeugung von Nachkommen sind nicht wie das Feuer, das durch einen Blitz verursacht wird – ein *natürliches Ereignis*; auch nicht wie das Feuer, das von Menschen erzeugt wird – ein *künstliches Ereignis*; auch nicht wie das Haus, das Crusoe errichtete – ein *künstliches Produkt*; und auch nicht wie die Welt, die Gott aus dem Nichts erschaffen hat.

Wenn wir jedoch verstehen, wie Menschen Häuser bauen, hilft uns das dabei zu verstehen, wie Tiere sich fortpflanzen oder Nachkommen zeugen. Wenn wir verstehen, wie Menschen Feuer machen, hilft uns das dabei zu verstehen, wie Brände als natürliche Ereignisse entstehen. Wenn wir den Unterschied zwischen von Menschen gemachten Feuern und dem Bau von Häusern verstehen, hilft uns das dabei, auch den Unterschied zwischen natürlich entstandenen Bränden und der Fortpflanzung von Tieren zu verstehen.

Fragen Sie jetzt nicht, ob das Verständnis all dessen uns auch dabei helfen wird zu verstehen, wie Gott die Welt erschaffen hat. Diese Frage muss warten, bis wir sehen, ob unser Verständnis der Werke der Natur und der Kunst uns zurück zur biblischen Schöpfungsgeschichte führt – einer Geschichte, die Aristoteles nie gelesen hat.

5

Wandel und Beständigkeit

Aristoteles besaß eine vernünftige Einstellung gegenüber den Philosophen, die vor ihm gelebt hatten. Er hielt es für klug, ihren Aussagen Aufmerksamkeit zu schenken, um herauszufinden, welche davon zutrafen und welche nicht. Indem man das Wahre vom Unwahren trenne, so meinte er, könne man Fortschritte erzielen.

Zwei frühere Philosophen – Heraklit und Parmenides – vertraten äußerst extreme Ansichten über die Welt. Heraklit erklärte, dass sich alles, absolut alles, ständig verändere. Nichts, absolut nichts, bleibe jemals gleich. Einer seiner Anhänger, Kratylos, ging sogar so weit zu sagen, dass es deshalb unmöglich sei, sich mithilfe der Sprache zu verständigen, da die Wörter ständig ihre Bedeutung änderten. Die einzige Möglichkeit, sich zu verständigen, sei per Fingerzeig.

Parmenides vertrat ein anderes Extrem, nämlich dass uneingeschränkt Beständigkeit herrsche. Was auch immer existiere, existiere; was auch immer nicht existiere, existiere nicht; nichts würde jemals entstehen oder vergehen; nichts sich verändern, nichts sich bewegen. Der Anschein von Veränderung und Bewegung, den Parmenides als Teil unserer täglichen Erfahrung anerkennt, sei eine Illusion. Wir würden von unseren Sinnen getäuscht. In Wahrheit bleibe alles immer gleich.

Nun fragen Sie sich vielleicht, wie Parmenides jemanden dazu bringen konnte, einer solch extremen Ansicht zuzustimmen, die doch im krassen Widerspruch zu unserer alltäglichen Erfahrung steht. Einer seiner Anhänger, ein Mann namens Zenon, versuchte, Argumente zu erfinden, die uns davon überzeugen sollten, dass unsere Wahrnehmung, etwas bewege sich, uns nur täusche. Wir litten unter einer Illusion.

Eine dieser Argumentationen ging in etwa so: Sie wollen einen Ball von einem Ende des Tennisplatzes zum anderen schlagen. Um dorthin zu gelangen, muss der Ball zunächst die Hälfte der Strecke zurücklegen. Er muss das Netz erreichen. Um dorthin zu gelangen, muss er zunächst die halbe Strecke bis dorthin zurücklegen – zumindest bis zum Ende des Aufschlagfeldes. Um dorthin zu gelangen, muss er erst einmal die halbe Strecke bis dorthin zurücklegen; und so geht es unendlich weiter, durch eine ständige Halbierung der verbleibenden Strecken. Folgt man Zenons Gedankengang, so kommt man zu dem Schluss, dass der Ball sich gar nicht erst in Bewegung setzen könnte – er könnte Ihren Schläger niemals verlassen.

Aristoteles war mit solchen Ansichten und Argumentationen vertraut. Sowohl sein gesunder Menschenverstand als auch seine Erfahrung sagten ihm, dass sie falsch waren. Wenn Wörter immer wieder ihre Bedeutung ändern, wie konnten Heraklit und seine Anhänger dann immer wieder behaupten, dass sich alles ständig ändere, und dabei offensichtlich annehmen, dass sie jedes Mal das Gleiche sagten anstatt des Gegenteils? Wenn die Bewegung der Himmelskörper eine Illusion ist, dann ist auch der Wechsel von Tag und Nacht eine Illusion. Wenn nichts entsteht oder vergeht, dann stirbt auch niemand, aber wo sind Parmenides und sein Freund Zenon jetzt?

Heraklit und Parmenides lagen falsch, aber nicht vollkommen falsch. Tatsächlich hatte jeder von ihnen teilweise recht, und die ganze Wahrheit, so Aristoteles, müsse in der Kombination zweier Teilwahrheiten bestehen.

Einerseits finden Bewegung und Veränderung, Entstehen und Vergehen in der gesamten Natur statt, und zwar schon lange bevor der Mensch auf der Bildfläche erschien. Unsere uns allen gemeinsame Erfahrung der Natur ist weit davon entfernt, eine Illusion zu sein, sondern erfasst vielmehr die Realität des Wandels. Es ist genau so, wie es zu sein scheint – die Dinge verändern sich.

Andererseits verändert sich nicht immer alles in jeder Hinsicht. Bei jeder Veränderung muss es etwas Beständiges geben – etwas, das fortbesteht oder gleich bleibt –, während etwas in der ein oder anderen Hinsicht anders wird als zuvor. Der Tennisball zum Beispiel, den Sie über den Platz zu schlagen versucht haben, hat sich zwar von einem Ort zum anderen bewegt, aber als er die Grundlinie Ihres Gegners erreichte, war es noch immer derselbe Tennisball, den Sie in diese Richtung geschlagen haben. Wäre es ein anderer Tennisball gewesen, der von einem Zauberer am Spielfeldrand heraufbeschworen worden wäre, wäre es als Regelverletzung gewertet worden.

Die Bewegung von A nach B (die Aristoteles als Ortsbewegung oder Ortswechsel bezeichnete) ist die offensichtlichste aller Veränderungen, bei denen etwas an sich gleich bleibt. Das, was sich bewegt, ist das unveränderliche Subjekt derjenigen Veränderung, die der Ortswechsel darstellt. Wenn es »Ihr Tennisball« war, als er Ihren Schläger verließ, ist er immer noch »Ihr Tennisball«, wenn Ihr Gegner ihn zurückschlägt – derselbe, identische Ball, kein anderer Ball.

Da wir gerade von Ortsbewegung sprechen, möchte ich eine Unterscheidung erwähnen, die Aristoteles zwischen zwei Arten von Ortsbewegung trifft. Wenn Sie aus Versehen einen Tennisball loslassen, fällt er aufgrund seines Gewichts zu Boden (Sie und ich würden sagen: wegen der Schwerkraft). Sie haben ihn nicht hinuntergeworfen. Er ist ganz natürlich gefallen. Es handelte sich um eine natürliche, keine künstlich herbeigeführte Bewegung.

Aber wenn Sie den Tennisball mit Ihrem Schläger treffen, ist das eine vom Menschen herbeigeführte Bewegung, keine natürliche. Die Kraft Ihres Schlages übertrumpft die natürliche Tendenz des Balls, aufgrund seines Gewichts zu Boden zu fallen, und diese Kraft schickt ihn auf einen Weg, den er nicht genommen hätte, wenn Sie ihn nicht durch Ihren Schlag in diese Richtung getrieben hätten. Das Gleiche gilt, wenn wir eine Rakete zum Mond schießen. Das ist keine natürliche Bewegung für einen schweren Körper wie eine Rakete. Ohne die treibende Kraft, die wir ihr mitgeben, würde sie das Gravitationsfeld der Erde nicht auf natürliche Weise verlassen.

Von Tennisbällen bis zu Raketen, von Aufzügen bis zu Kanonenkugeln bewegen sich eine Vielzahl von Körpern von Ort zu Ort, die sich nicht so bewegen würden, hätte der Mensch nicht in die Natur eingegriffen. Sollten wir diese Bewegungen künstlich nennen, da sie nicht natürlich sind? Das wäre durchaus gerechtfertigt, schließlich handelt es sich um Bewegungen, die von Menschen verursacht werden. Aristoteles nannte sie gewaltsame Bewegungen – gewaltsam in dem Sinne, dass sie die natürliche Tendenz der betreffenden Körper aushebeln und damit verletzen.

Welche anderen Veränderungen, die in der Natur vorkommen, lassen sich auch künstlich herbeiführen beziehungsweise indem der Mensch eingreift? Die Wärme der Sonne lässt eine Tomate reifen und färbt sie von Grün zu Rot. Das ist keine Veränderung des Ortes, sondern eine Veränderung der Farbe. Es handelt sich nicht um eine Ortsbewegung, sondern um die Veränderung eines Attributs der Tomate.

Die Tomate, die zu einem bestimmten Zeitpunkt grün war, ist zu einem anderen Zeitpunkt rot geworden, so wie der Tennisball, der zu einem bestimmten Zeitpunkt an einem bestimmten Ort war, zu einem anderen Zeitpunkt an einem anderen Ort ist. Was diese beiden Veränderungen gemeinsam haben, ist die Zeit, nicht der Ort oder Raum. Wenn eine Tomate reift, verändert sich nicht der Standort, sondern nur eine Eigenschaft; aber keine der beiden Veränderungen – sei es die Veränderung des Ortes oder die der Eigenschaft – fand statt, ohne dass die Zeit verging und sich damit veränderte.

Menschen malen grüne Dinge rot oder rote Dinge grün an – Häuser, Tische, Stühle und so weiter. Die Reifung von Tomaten ist eine natürliche Veränderung, das Anmalen von Gegenständen führt bei ihnen dahingegen eine künstliche Veränderung herbei. Das Haus, der Tisch oder der Stuhl, die einmal grün waren, sind nicht ohne menschliches Zutun zu einem anderen Zeitpunkt rot geworden.

Neben der Ortsbewegung (oder der Ortsveränderung beziehungsweise dem Ortswechsel) und der Veränderung in einer Eigenschaft oder Beschaffenheit gibt es noch eine dritte Art der Veränderung, die sowohl natürlich als auch künstlich ist. Diesmal wollen wir mit der künstlichen Form beginnen.

Nehmen Sie sich einen Luftballon und blasen Sie ihn auf. Dabei verändert er sowohl seine Größe als auch seine Form. Er wird größer, und zwar so lange, wie Sie weiterhin Luft in ihn hineinblasen. Und wenn Sie die Luft ablassen, wird er kleiner und nimmt wieder seine ursprüngliche Form an.

Würde der Ballon auf dem Tisch herumliegen und niemand würde sich um ihn kümmern, würde er nicht größer werden. Aufgeblasen, mit zusammengedrehtem und verknotetem Endstück, wird der Ballon nicht wieder kleiner. Die Veränderung der Größe, begleitet von einer Veränderung der Form, ist Ihr Werk. Sie haben zwei künstliche Veränderungen gleichzeitig herbeigeführt – eine qualitative (die Form des Ballons hat sich geändert) und eine quantitative (der Ballon ist größer oder kleiner geworden).

Quantitative Veränderungen können sowohl natürlich auftreten als auch künstlich herbeigeführt werden. Beispielsweise werden Felsen an einer Meeresküste abgetragen, wenn sie ständig von Wellen umspült werden. Sie werden kleiner. Wellen können auch dazu führen, dass Höhlen an der Küste größer werden. Noch vertrauter ist uns diese natürliche Zunahme – in Größe und Gewicht – bei den Lebewesen. Pflanzen und Tiere wachsen. Ihr Wachstum ist selbstverständlich mit zahlreichen Veränderungen verbunden, aber eine davon ist die Veränderung der Quantität beziehungsweise Masse – die Zunahme von Größe und Gewicht.

Obwohl ein Aspekt des Wachstums eines lebenden Körpers sicherlich eine Vergrößerung beziehungsweise Veränderung der Masse ist, kommt dabei eine besondere Eigenschaft zum Tragen, die wir bei der Vergrößerung lebloser Körper nicht finden. Wenn Sie ein Feuer machen, können Sie es größer werden lassen, indem

Sie weitere Holzscheite hinzufügen. Wenn immer mehr und mehr Holzscheite zur Verfügung stehen, gibt es scheinbar keine Grenze für die Größe des Feuers, das man machen kann. Wenn man ein Kaninchen mit Karotten füttert, wird das Kaninchen größer, aber egal wie viele Karotten man ihm gibt, sind dem Wachstum des Kaninchens doch Grenzen gesetzt.

Man kann kleinere oder größere Pyramiden bauen, und mit genügend Steinen und menschlicher Arbeitskraft kann man eine Pyramide errichten, die größer ist als alle Pyramiden, die je gebaut wurden. Aber egal, wie viel Futter man Tieren gibt, kann man sie doch nicht dazu bringen, eine bestimmte Größe zu überschreiten. Man kann eine Hauskatze nicht so groß werden lassen wie einen Löwen oder einen Tiger.

Auch das Gegenteil trifft zu. Der Luftballon, den Sie aufgeblasen haben, wird kleiner, wenn Sie die Luft herauslassen, und das kann so lange weitergehen, bis der Ballon vollständig entleert ist und in sich zusammenfällt. Wenn Tiere aufhören zu wachsen, werden sie zwar nicht länger größer, aber sie werden auch nicht wieder kleiner, solange sie am Leben bleiben.

Aber Tiere und Pflanzen sterben. Und wenn man zu viel Luft in Ballons hineinbläst, platzen sie und sind nicht länger Ballons. Damit kommen wir zu einer vierten Art der Veränderung – die sowohl natürlich auftritt als auch künstlich herbeigeführt werden kann –, die sich so sehr von den anderen drei unterscheidet, dass Aristoteles sie scharf von den anderen trennt.

Alle anderen Veränderungen brauchen, wie wir gesehen haben, Zeit. Jedes Mal, wenn Körper sich von A nach B bewegen, ihre Farbe oder Form verändern, größer oder kleiner werden, vergeht Zeit. Aber wenn der Ballon platzt, hört er augenblicklich auf, ein Ballon zu sein. Diese Veränderung scheint keine Zeit in Anspruch zu nehmen, jedenfalls keine nennenswerte Zeitspanne. Sie vollzieht sich innerhalb eines Augenblicks; oder vielleicht sollten wir besser sagen: Im einen Augenblick existiert der Ballon, und im nächsten Augenblick existiert er nicht mehr. Alles, was bleibt, sind Fetzen oder Fragmente von Gummi, aber kein Ballon, den wir aufblasen könnten.

Das Gleiche gilt für ein Kaninchen, das stirbt. Im einen Augenblick ist es noch lebendig, im nächsten existiert es nicht mehr. Alles, was bleibt, ist der Kadaver, der ab diesem Zeitpunkt allmählich verwesen und sich zersetzen wird.

Diese besondere Art der Veränderung (die Aristoteles als Entstehen und Vergehen bezeichnet) ist nicht nur aus dem Grund besonders, weil sie augenblicklich stattfindet. Sie ist sogar so besonders, dass sie uns vor ernsthafte Probleme stellt.

Bisher haben wir gesagt, dass bei jeder Veränderung etwas fortdauert und unveränderlich bleibt. Ein Körper bleibt derselbe Körper, auch wenn er sich von einem Ort zum anderen bewegt, seine Farbe ändert oder wenn er größer wird. Aber was bleibt gleich, wenn der Luftballon platzt? Was bleibt gleich, wenn das Kaninchen stirbt? Der verwesende, sich zersetzende Kadaver ist nicht das Kaninchen, das wir mit Karotten gefüttert haben. Die Gummifetzen sind nicht der Luftballon, den wir aufgeblasen haben.

Dennoch gibt es auch in dieser besonderen Art von Veränderung eine fortdauernde Komponente. Was diese ist, lässt sich leichter an der Produktion oder Zerstörung von Dingen durch den Menschen erkennen als an der Geburt und dem Tod von Pflanzen und Tieren.

Holzstücke, Nägel und Leim fügen sich nicht von selbst zusammen, um einen Stuhl zu erschaffen. Stattdessen stellen Menschen Stühle her, indem sie diese Materialien auf eine bestimmte

Weise miteinander verbinden. *Bevor* diese Materialien zusammengefügt werden und einen Stuhl formen, sind sie dieselben Materialien wie *danach*, also ab dem Moment, als der Stuhl fertig ist und man darauf sitzen kann.

Nun finden Sie den Stuhl unbequem oder Sie besitzen bereits andere Stühle und wollen lieber einen Tisch anstelle dieses Stuhls. Wahrscheinlich können Sie nicht alle Nägel oder den Leim wiederverwenden, aber Sie können den Stuhl auseinandernehmen und mit den Holzstücken und einigen Nägeln einen kleinen Tisch aus fast denselben Materialien bauen. Hätten Sie von vornherein keinen Leim verwendet und wäre es Ihnen gelungen, alle Nägel so herauszuziehen, dass sie weiterhin verwendbar gewesen wären, wären die Materialien im Stuhl, der nicht mehr existiert, und im Tisch, der inzwischen entstanden ist, identisch. Sie würden sich nur in der Art und Weise unterscheiden, wie sie zusammengefügt wurden.

Es sieht also so aus, als bliebe bei künstlich Erschaffenem oder Zerlegtem nicht die produzierte beziehungsweise zerlegte Sache bestehen oder gleich, sondern nur die Materialien, die der Mensch bei der Herstellung verwendet hat, oder die Materialien, die nach dem Auseinandernehmen übrig bleiben.

So ähnlich ist es auch beim Tod des Kaninchens. Auch als lebender Körper besteht das Kaninchen schließlich aus Materie, so wie der Stuhl oder der Tisch aus Materie besteht. Und diese Materie bleibt bestehen – natürlich nicht in derselben Form, aber dennoch bleibt sie bestehen –, wenn das Kaninchen sich zersetzt – wenn es stirbt, verwest, zerfällt. Und so wie die anorganischen Materialien eines Stuhls in die Zusammensetzung eines Tisches eingehen können, so kann die organische Materie eines Kaninchens in die Zusammensetzung eines anderen Lebewesens eingehen.

Sagen wir einmal, das Kaninchen wurde von einem Schakal getötet und verschlungen, um ihm als Nahrung zu dienen. Soweit der Schakal in der Lage ist, das, was er frisst, zu verwerten, gehen die organischen Stoffe des Kaninchens in die Knochen, das Fleisch und die Muskeln des Schakals ein.

Die moderne Wissenschaft hat einen Namen für das, was hier vor sich geht – einen Namen, den Aristoteles nicht verwendet hat. Wir nennen es die Erhaltung der Materie (auch: Erhaltung der Masse). Aber egal, wie man es nennt, der entscheidende Punkt ist, dass auch in der besonderen Art der Veränderung, die Entstehen und Vergehen darstellen, etwas bestehen bleibt. Im Fall von künstlichen Dingen wie Tischen und Stühlen besteht dieses Etwas aus den Materialien, aus denen sie hergestellt sind.

Bei den von Menschen hergestellten Produkten können wir in der Regel bestimmen, um welche Materialien es sich handelt – diese konkreten Holzstücke, diese konkreten Nägel. Dahingegen ist es nicht immer so einfach, die konkrete Komponente oder die konkreten Komponenten der Materie zu identifizieren, die fortbestehen, wenn ein Tier ein anderes frisst oder wenn Lebewesen sterben. Aber es besteht kein Zweifel daran, dass in allen Fällen des Entstehens und Vergehens, ob natürlich oder künstlich, entweder die Materie selbst oder Materialien einer bestimmten Art eine Transformation durchlaufen.

Was ist mit »die Materie selbst« im Gegensatz zu »Materialien einer bestimmten Art« gemeint? Wenn der Mensch künstliche Dinge herstellt oder auseinandernimmt, arbeitet er nie mit der Materie selbst, sondern nur mit Materialien einer bestimmten Art. Arbeitet die Natur, im Gegensatz zum Menschen, mit der Materie selbst? Wenn ja, dann ist das, was bei der künstlichen Herstellung und Zerlegung bestehen bleibt oder Gegenstand der Veränderung ist, nicht dasselbe wie das, was beim natürlichen Entstehen und Vergehen bestehen bleibt oder Gegenstand der Veränderung ist.

Ähnlich, aber nicht identisch. Die Transformation bestimmbarer Materialien in der menschlichen Produktion und Zerlegung ist nur ähnlich, aber nicht identisch mit der Transformation von Materie im natürlichen Entstehen und Vergehen. Dennoch kann uns die Ähnlichkeit oder Gleichartigkeit zu verstehen helfen, was in der Natur geschieht, wenn Dinge entstehen und vergehen. Wir werden uns dies in den folgenden Kapiteln genauer ansehen.

6

Die vier Ursachen

Mit den »vier Ursachen« beantwortet Aristoteles vier Fragen, die man zu den Veränderungen stellen könnte und sollte, die wir alle aus unserer gewöhnlichen Erfahrung heraus kennen. Diese Fragen wirft schon allein der gesunde Menschenverstand auf, und mit ihm lassen sie sich auch beantworten. Betrachten wir sie zunächst in Bezug auf die Veränderungen, die durch den Menschen hervorgerufen werden, insbesondere die Dinge, die er herstellt oder erschafft. Das wird uns bei der Betrachtung der vier Ursachen helfen, wie sie bei Vorgängen in der Natur zum Tragen kommen.

Die erste Frage bei allem, was der Mensch herstellt, lautet: Woraus wird es hergestellt? Würde man diese Frage einem Schuhmacher bei der Arbeit stellen, hieße die Antwort womöglich »Leder«. Würde man sie einem Juwelier stellen, der Armbänder oder Ringe aus Edelmetallen fertigt, könnte die Antwort »Gold« oder »Silber«

lauten. Würde man einen Büchsenmacher fragen, der ein Gewehr herstellt, lautete die Antwort wahrscheinlich »Holz und Stahl«. Das jeweils genannte Material, mit dem der Handwerker arbeitet und aus dem er ein bestimmtes Produkt herstellt, ist die *Materialursache* der Herstellung. Es ist einer von vier unverzichtbaren Faktoren – Faktoren, ohne die die Produktion nicht stattfinden würde und auch gar nicht erst stattfinden könnte.

Die zweite Frage lautet: Wer hat es hergestellt? Das scheint die einfachste Frage von allen zu sein, zumindest wenn es sich um von Menschen gemachte Erzeugnisse handelt. Doch sie kann auch nicht ganz so einfach zu beantworten sein, wenn es um die Veränderungen geht, die in der Natur stattfinden, und um die Dinge, die von der Natur und nicht von Menschen erschaffen werden. Was Erzeugnisse von Menschen betrifft, so wurde die Frage bereits in der Antwort auf die erste Frage beantwortet: Der Schuhmacher ist der Hersteller des Schuhs, der Juwelier des Armbands oder Rings, der Büchsenmacher des Gewehrs. Der Hersteller ist in allen Fällen die *Wirkursache* der Produktion.

Die dritte Frage lautet: Was wird eigentlich hergestellt? Auf den ersten Blick ist diese Frage so einfach, dass Sie vielleicht mit Ungeduld darauf reagieren, überhaupt darüber nachdenken zu sollen. Es ist doch offensichtlich, sagen Sie dann, dass etwas, das der Schuhmacher herstellt, ein Schuh ist, etwas vom Juwelier ein Ring und so weiter. Wenn ich Ihnen jedoch verrate, dass Aristoteles die Antwort auf diese Frage die *Formursache* der Veränderung oder der Produktion nannte, dann wundern Sie sich vielleicht über dieses Wort, obwohl es, wie Sie bald sehen werden, perfekt mit der »Materialursache«, der ersten der vier Ursachen, einhergeht. Ich werde es genauer erklären, nachdem wir uns die letzte der vier Ursachen angesehen haben.

Die vierte Frage lautet: Weswegen wird es hergestellt? Welchen Zweck soll es erfüllen? Welches Ziel oder welchen Nutzen hatte der Hersteller im Sinn? In ihrer einfachsten Form lautet die Frage: Warum wird es hergestellt? Und die Antwort auf diese Frage ist bei den Produkten, über die wir gerade gesprochen haben, schnell gegeben. Wir alle wissen, wofür Schuhe, Ringe und Waffen da sind – welche Funktion sie erfüllen oder welchem Zweck sie dienen.

Diesen vierten Faktor bei Produktionen durch den Menschen bezeichnet Aristoteles als *Zweckursache,* weil er sich auf ein Ziel bezieht. Wenn Sie oder ich etwas herstellen, haben wir dabei ein Ziel vor Augen, etwas, das wir schlussendlich erreichen wollen. Es ist die letzte der vier Ursachen, denn wir müssen mit der Herstellung fertig werden, bevor wir das Produkt für den Zweck verwenden können, den wir im Sinn hatten.

Ich habe vorhin ausgeführt, dass die vier Ursachen unverzichtbare Faktoren sind, die vorhanden und wirksam sein müssen, wenn der Mensch etwas herstellt. Unverzichtbar heißt, dass ohne sie – alle zusammengenommen – die Produktion nicht stattfinden könnte. Jeder einzelne der vier Faktoren ist notwendig, aber für sich allein genommen reicht keiner von ihnen aus.

Alle vier müssen gemeinsam vorhanden sein und auf eine bestimmte Weise in gegenseitiger Wechselbeziehung auf den Prozess einwirken. Der Handwerker muss Material haben, das er bearbeiten kann, und er muss es tatsächlich bearbeiten. Dabei muss er es in etwas umwandeln, das aus den vorhandenen Materialien hergestellt werden kann. Und das Produkt muss für denjenigen, der es herstellt, von Nutzen sein. Mit anderen Worten, er muss einen Grund für die Herstellung gehabt haben, denn ohne diesen Grund hätte er sich wahrscheinlich nicht die Mühe gemacht, es herzustellen.

Es mag sein, dass Sie diese letzte Aussage anzweifeln. Sie fragen sich vielleicht, ob die Zweckursache – der Grund, etwas herzustellen – tatsächlich immer vorhanden sein und eine Rolle spielen muss. Wäre es nicht möglich, dass jemand etwas herstellt, ohne einen Grund dafür zu haben – ohne im Voraus ganz bewusst einen Zweck im Kopf zu haben, dem gedient werden soll?

Diese Frage ist mit Sicherheit nicht leicht zu beantworten, aber Sie müssen zugeben, dass Menschen sich in den meisten Fällen deshalb die Mühe machen, etwas herzustellen, weil sie es brauchen oder wollen. Es kann aber auch vorkommen, dass jemand mit Materialien herumexperimentiert und dadurch etwas Unerwartetes produziert – ohne besondere Absicht dahinter oder, sagen wir, spielerisch.

Wenn dies geschieht, scheint keine Zweckursache vorzuliegen, kein angestrebtes Endergebnis. Einen Zweck für den hergestellten Gegenstand, eine Funktion, die er erfüllen soll, kann der Hersteller sich in diesem Fall noch nach Abschluss der Produktion ausdenken, aber er hatte sie dann nicht bereits im Voraus im Sinn. Dieser Faktor kann daher wohl kaum unverzichtbar – oder eine Ursache – für das Geschehene gewesen sein.

Wenn wir die Herstellung durch Menschen hinter uns lassen und uns den Abläufen in der Natur zuwenden, drängt sich die Frage nach dem Vorhandensein und dem Einwirken von Zweckursachen immer stärker auf. Wir kommen nicht umhin, uns dieser Frage zu stellen, denn wir können sicherlich nicht behaupten, die Natur habe dieses oder jenes als Endresultat im Sinn, ohne uns dabei komisch vorzukommen. Wenn ich jedoch erklären kann, warum Aristoteles die dritte der vier Ursachen als *Formursache* bezeichnet, kann ich vielleicht auch die Frage nach dem Einwirken von Zweckursachen bei Vorgängen in der Natur beantworten.

Bevor ich das tue, möchte ich die vier Ursachen kurz zusammenfassen, indem ich sie in möglichst einfachen Worten beschreibe. Weil diese Aussagen über die vier Ursachen so einfach gehalten sind, kann es sein, dass sie schwer zu verstehen sind. Daher müssen wir genau auf die Schlüsselwörter achten, die in jeder Aussage *kursiv* gedruckt sind.

1. Materialursache: *woraus* etwas gemacht wird.
2. Wirkursache: *durch wen oder was* etwas gemacht wird.
3. Formursache: *zu was* etwas gemacht wird.
4. Zweckursache: *weswegen* etwas gemacht wird.

Was ist mit »*zu was* etwas gemacht wird« gemeint? Das Leder, aus dem der Schuhmacher den Schuh gemacht hat, war kein Schuh, bevor der Schuhmacher es bearbeitet hat. Es wurde erst zu einem Schuh durch die Arbeit, die er verrichtete, und die es von einem bloßen Stück Leder in einen Schuh aus Leder verwandelte. Das, was vorher Leder war und nicht die Form eines Schuhs hatte, ist nun zu einem späteren Zeitpunkt zu einem Schuh geformtes Leder. Deshalb sagt Aristoteles, die »Schuhhaftigkeit« sei die Formursache für die Herstellung von Schuhen.

Die Einführung dieses Wortes »Schuhhaftigkeit« bewahrt uns vor dem schlimmsten Fehler, den wir bei Formursachen begehen können. Wir könnten nämlich versucht sein, die Form einer Sache mit ihrem äußeren Erscheinungsbild gleichzusetzen – das wir beispielsweise auf einem Blatt Papier skizzieren könnten. Aber Schuhe gibt es in einer Vielzahl von Designs, Farben und Größen. Wenn Sie mit einem Zeichenblock in der Hand vor dem Schaufenster eines Schuhgeschäfts stehen würden, wäre es sehr schwierig oder gar unmöglich, das zu zeichnen, was das Gemeinsame an der verschiedenartigen Gestalt der Schuhe im Schaufenster ist.

Man kann sich vorstellen, was ihnen gemeinsam ist, aber man kann es nicht zeichnen. Wenn man eine Vorstellung von dem hat, was allen Schuhen in jeder Kontur, Größe und Farbe gemeinsam ist, dann hat man die Form – oder die grundsätzliche Struktur – erfasst, die Aristoteles *Schuhhaftigkeit* nennt. Ohne eine solche Form könnten keine Schuhe hergestellt werden; die Rohstoffe, aus denen Schuhe gemacht werden, könnten niemals in Schuhe transformiert werden.

Bitte beachten Sie das Wort »transformieren«. Es enthält das Wort »Form«. Wenn man Rohmaterialien in etwas transformiert, das sie zuvor nicht sind – Leder in Schuhe, Gold in Armbänder und so weiter –, gibt man ihnen eine Form, die sie vorher nicht besaßen. Ein Schuhmacher transformiert Rohstoffe durch deren Bearbeitung in etwas, zu dem sie werden können, was sie vorher jedoch nicht waren.

Wir können weiterhin vermeiden, dem Irrtum aufzusitzen, die Formursache würde mit der Gestalt einer Sache übereinstimmen, indem wir andere Arten von Veränderungen betrachten, die wir schon angesprochen haben – Veränderungen, die nicht die Produktion von Dingen wie Schuhen, Ringen und Waffen betreffen.

Der Tennisball, den Sie in Bewegung setzen, bewegt sich von Ihrem Schläger über das Spielfeld zur Grundlinie Ihres Gegners. Sie sind die Wirkursache dieser Bewegung, indem Sie den Ball durch die Kraft, mit der Sie Ihren Schlag ausführen, vorwärtstreiben. Der Ball ist die Materialursache – das, worauf eingewirkt wird. Aber was ist die Formursache? Sie muss ein anderer Ort sein als der, von dem der Ball gestartet ist, als Sie ihn mit Ihrem Schläger getroffen haben. Nehmen wir einmal an, der Ball landet auf der anderen Seite des Netzes, wird von Ihrem Gegner verfehlt und kommt am hinteren Zaun zum Liegen. Der Ort, an dem er zur Ruhe kommt, ist die Formursache für diese spezielle Bewegung, die dort endete. Von *hier,* auf Ihrer Seite des Netzes, hat sich seine Position oder sein Ort in *dort drüben,* am hinteren Zaun, transformiert.

Der grüne Stuhl, den Sie rot anmalen, wird in ähnlicher Weise in seiner Farbe transformiert. Das Gleiche gilt für den Luftballon, den Sie aufgeblasen haben; er wurde in seiner Größe transformiert. *Röte* ist die Formursache für die Veränderung, die Sie durch das Streichen des Stuhls herbeigeführt haben, genauso wie die *Dortdrübenheit* die Formursache für die Veränderung ist, die Sie durch das Schlagen des Tennisballs herbeigeführt haben. Bei jeder dieser Veränderungen sind Sie die Wirkursache. Im einen Fall ist der grüne Stuhl die Materialursache, das, worauf Sie eingewirkt haben, indem Sie ihn rot angestrichen haben. Im anderen Fall ist der geplatzte Luftballon die Materialursache, auf die Sie eingewirkt haben, als Sie ihn aufbliesen.

Die drei soeben betrachteten Arten von Veränderungen treten auch auf natürliche Weise auf, ohne dass der Mensch als Wirkursache ins Spiel kommt. Wenn wir uns ihr natürliches Auftreten ansehen, ist es schwieriger, die vier Ursachen zu identifizieren, und es ergeben sich einige neue Probleme. Das, was bereits über die vom Menschen verursachten Veränderungen gesagt wurde, wird uns jedoch eine gewisse Hilfe sein.

Die Sonne lässt eine Tomate reifen und verwandelt sie von Grün in Rot. Die Sonnenstrahlen sind die Wirkursache dieser Veränderung, und die Tomate selbst, die diese Veränderung durchmacht, ist die Materialursache dafür. In diesem Fall, wie auch bei der Rotfärbung eines grünen Stuhls durch einen Menschen, ist die Röte die Formursache. Die Tomate, die vorher grün war, wird zu dieser Farbe. Aber hier gibt es keine Zweckursache, die sich von der eben genannten Formursache unterscheidet.

Die Person, die den grünen Stuhl rot gestrichen hat, hat dies vielleicht getan, damit der Stuhl zu anderen Stühlen in einem Raum passt. Der Zweck oder das Ziel, das derjenige im Sinn hatte, unterschied sich von der Röte, die die Formursache für die Veränderung der Farbe des Stuhls war. Aber wir würden wohl kaum sagen, dass die Sonne die Tomate rot färben wollte, um zu zeigen, dass sie endlich zum Verzehr geeignet ist. Soweit es ihre Oberflächenfarbe betrifft, besteht das Endergebnis der Reifung der Tomate darin, dass sie rot ist. Dass sie rot ist, ist also sowohl die Form- als auch die Zweckursache der Veränderung.

Ähnlich verhält es sich mit dem Felsen, der durch die Brandung der Wellen erodiert und dadurch kleiner wird. Dieser Prozess kann sich über eine lange Zeitdauer erstrecken, aber zu jedem Zeitpunkt ist die Größe des Felsens zu diesem Zeitpunkt sowohl die Form- als auch die Zweckursache der Veränderung – die bis dahin eingetretene Verkleinerung.

Was ich soeben über die natürliche Veränderung der Farbe und die natürliche Verkleinerung gesagt habe, gilt auch für den natürlich auftretenden Ortswechsel. Ein Tennisball, der versehentlich fallen gelassen wird, fällt zu Boden und bleibt schließlich dort liegen. Diese Ortsbewegung endet an der Stelle, an der der Ball zur Ruhe kommt, und diese Stelle beziehungsweise dieser Ort ist sowohl die Form- als auch die Zweckursache der Bewegung.

Würde man in diesem Fall nach der Wirkursache fragen, fiele wahrscheinlich der Begriff Schwerkraft, denn so haben es die meisten von uns in der Schule gelernt. Aristoteles hätte dies allerdings vor ein Rätsel gestellt. Das hat jedoch keinen Einfluss auf unser Verständnis des Unterschieds zwischen einer Wirkursache einerseits und Material-, Zweck- und Formursachen andererseits. Als was auch immer die Wirkursache bezeichnet wird, sie ist stets das, was in einem Veränderungsprozess auf einen veränderlichen Gegenstand einwirkt oder einen Einfluss auf ihn ausübt, was dazu führt, dass dieser veränderliche Gegenstand in einer bestimmten Hinsicht anders wird – rot, nachdem er zuvor grün war; kleiner, nachdem er zuvor größer war; dort, nachdem er zuvor hier war.

Betrachten wir nun eine andere Art der Veränderung – das Wachstum eines Lebewesens, das Vergrößerung bedeutet, aber noch viel mehr beinhaltet. Aristoteles verwendet das bekannte Beispiel der Eichel, die von einer Eiche auf den Boden fällt, dort Wurzeln schlägt, von Sonnenschein, Regen und den Nährstoffen im Boden versorgt wird und sich schließlich zu einer anderen, ausgewachsenen Eiche entwickelt.

Die Eichel, sagt er, ist eine Eiche im Prozess des Werdens. Was es heißt, eine Eiche zu sein, ist sowohl die Zweck- als auch die Formursache dafür, dass die Eichel zur Eiche wird. Die Form, die die Eichel annimmt, wenn sie durch Wachstum ihre volle Entfaltung erreicht, ist das Ziel, das die Eichel allein durch ihre Eigenschaft erreichen sollte, eine Eichel zu sein.

Wäre der Sämling keine Eichel, sondern ein Korn von einer Ähre gewesen, hätten unser Einpflanzen und unsere Pflege zu einem anderen Endprodukt geführt – zu einem Halm mit Ähren. Laut Aristoteles sind das Ziel, das erreicht werden soll, und die Form, die im Wachstumsprozess entwickelt werden soll, auf gewisse Weise bereits ganz zu Anfang vorhanden – im Samen, der bei richtiger Pflege zur voll entwickelten Pflanze heranwächst.

Sie sind aber nicht tatsächlich vorhanden, würde er einräumen, denn sonst wäre die Eichel bereits eine Eiche und das Korn ein

Halm mit Ähren. Aber sie sind potenziell vorhanden, was schlicht und ergreifend das Gegenteil von ihrem tatsächlichen Vorhandensein ist. Es ist der Unterschied zwischen der Potenzialität, die in der Eichel vorhanden ist, und der Potenzialität, die im Getreidekorn vorhanden ist, der bewirkt, dass sich der eine Samen auf die eine Weise und der andere Samen auf eine andere Weise entwickelt.

Heutzutage drücken wir das Gleiche auf andere Art aus. Aristoteles sagte, dass die »Entelechie« des einen Samens sich von der »Entelechie« des anderen unterscheidet. Mit diesem griechischen Wort meinte er einfach nur, dass jedes Samenkorn eine Potenzialität in sich trägt, die es dazu bestimmt, durch Wachstum und Weiterentwicklung eine andere endgültige Form beziehungsweise ein anderes Endergebnis zu erreichen. In der Sprache der modernen Wissenschaft ausgedrückt heißt das, dass der genetische Code des einen Samenkorns ihm einen Bauplan für Wachstum und Weiterentwicklung liefert, der sich von dem des genetischen Codes des anderen Samenkorns unterscheidet.

Aus unserer Sicht programmiert der genetische Code das Wachstum und die Entwicklung eines Lebewesens von dem Moment an, in dem dieser Prozess beginnt. Aristoteles sah es so, dass die einem Lebewesen innewohnende Potenzialität das, wozu es in seinem Wachstums- und Entwicklungsprozess wird, steuert und kontrolliert. Bis zu einem gewissen Punkt sind diese beiden Beschreibungen des Geschehens nahezu austauschbar. Die beobachtbaren Tatsachen, die es zu berücksichtigen gilt, bleiben dieselben. Eicheln werden niemals zu Getreidestängeln.

Dass dies so ist, muss daran liegen, dass etwas in der Materie, aus der die Eichel besteht, sich von etwas in der Materie, aus der das Getreidekorn besteht, unterscheidet. Es Gene zu nennen, die das Wachstum und die Entwicklung bereits vorprogrammiert haben, oder es Potenzialitäten zu nennen, die das Wachstum und die Entwicklung steuern und kontrollieren, macht keinen großen Unterschied für unser Verständnis des Geschehens. Wie die meisten von uns wissen, macht es jedoch einen Unterschied, inwiefern der Mensch in natürliche Prozesse eingreifen kann.

Unser wissenschaftliches Wissen über die DNS (die Abkürzung für den Begriff »Desoxyribonukleinsäure« aus der Biochemie, oft auch als DNA abgekürzt) ermöglicht es uns, mit dem genetischen Code eines Organismus zu experimentieren und vielleicht bedeutende Veränderungen in dem von ihm vorgegebenen Bauplan vorzunehmen. Aristoteles' philosophisches Verständnis der Rolle, die Potenzialitäten spielen, ermöglichte es weder ihm noch uns, in die Abläufe der Natur einzugreifen.

Im nächsten Kapitel werde ich näher auf Potenzialität und Aktualität sowie auf Materie und Form als grundlegende Faktoren für Veränderungen aller Art – sowohl natürliche als auch künstliche – eingehen. Diese vier Faktoren stehen in enger Beziehung zu den vier Ursachen, sind aber nicht mit ihnen identisch.

Um Ihnen Appetit auf das zu machen, was als Nächstes kommt, möchte ich Sie bitten, noch einmal über eine weitere Veränderung nachzudenken, die bereits erwähnt wurde – die besondere Art der Veränderung, die Aristoteles als Entstehen und Vergehen bezeichnete. Als Beispiel für diese besondere Art der Veränderung nehme ich einen Vorgang, der uns im Alltag äußerst vertraut ist.

Wir sitzen beim Essen und nehmen dabei ein Stück Obst zu uns. Der Apfel auf unserem Teller hatte, als er vom Baum gepflückt wurde, sein Wachstum beendet. Aber er ist immer noch etwas Lebendiges, das Samen enthält, die eingepflanzt werden könnten, um weitere Apfelbäume hervorsprießen zu lassen. Er zeigt keine Anzeichen von Zerfall oder Fäulnis. Wir essen ihn, vollständig bis auf das Kerngehäuse. Was ist aus dem Apfel geworden?

Wir haben ihn nicht nur gegessen, zerkaut und verdaut, sondern wir haben auch Nährstoffe daraus gezogen, was bedeutet, dass er irgendwie ein Teil von uns geworden ist. Bevor wir mit dem Verzehr begannen, hatte die organische Materie dieses Obststücks die Form eines Apfels. Nachdem wir mit dem Verzehr, der Verdauung und der Nährstoffaufnahme fertig sind, ist die Materie, die einst die Form eines Apfels hatte, irgendwie mit unserer eigenen Materie, die die Form eines menschlichen Wesens hat, verschmolzen.

Der Apfel ist nicht zu einem Menschen geworden. Vielmehr scheint es, als sei die Materie selbst transformiert worden – zuvor hatte sie die Form eines Apfels, nun besitzt sie die Form eines Menschen. Sie hat aufgehört, Apfelmaterie zu sein, und wurde zu menschlicher Materie.

Was ist hier mit »die Materie selbst« im Gegensatz zu »Apfelmaterie« und »menschlicher Materie« gemeint? Ließe sich sagen, dass die Materie selbst das ist, was der permanent zugrunde liegende Gegenstand der Veränderung bleibt in dieser bemerkenswerten Art von Veränderung, die jedes Mal stattfindet, wenn wir Lebensmittel essen, die uns nähren?

Ich hoffe, dass ich im nächsten Kapitel etwas Licht in diese Angelegenheit bringen kann.

7

Sein und Nichtsein

Für gewöhnlich meinen wir, bei der Geburt eines lebenden Organismus würde etwas entstehen, das zuvor nicht existierte. Und wir bezeichnen den Tod eines Menschen oft als sein Dahinscheiden.

In Aristoteles' Überlegungen zu den Veränderungen in der Natur und zu den Veränderungen, die der Mensch herbeiführt, wird die besondere Art der Veränderung, die er als Entstehen und Vergehen bezeichnet, von allen anderen Arten der Veränderung – beispielsweise Ortswechsel, Veränderung der Qualität und Zunahme oder Abnahme der Quantität – unterschieden.

Diese besondere Art der Veränderung in der Natur ist schwieriger zu verstehen als andere Arten der Veränderung. Warum eigentlich? Um das herauszufinden, beginnen wir mit etwas, das leichter zu verstehen ist – die Herstellung oder Zerstörung von Dingen durch den Menschen.

Wenn Menschen Dinge von einem Ort zum anderen bewegen, wenn sie sie verändern oder vergrößern, bleibt der jeweilige Gegenstand, den sie bewegen, verändern oder vergrößern, derselbe Gegenstand. Er ändert sich nur in Bezug auf seine Eigenschaften – seinen Ort, seine Farbe, seine Größe. Er bleibt nicht nur die gleiche Art von Gegenstand, die er war, bevor er sich verändert hat; nachdem er verändert wurde, bleibt er auch als dieser eine, einzigartige, individuelle Gegenstand bestehen.

Die dauerhafte Gleichartigkeit oder Beständigkeit des einzelnen Gegenstands, der diese Veränderungen durchläuft, wird uns dadurch deutlich, dass seine Identität vor und nach der Veränderung auf dieselbe Weise benannt werden kann: *dieser* Ball, *jener* Stuhl. Es ist nicht ein anderer Ball oder ein anderer Stuhl, sondern dieser beziehungsweise jener.

Wenn jemand Rohmaterialien, wie zum Beispiel Holzstücke, nimmt und diese Rohmaterialien in einen Stuhl verwandelt, entsteht etwas Künstliches – etwas, das es vorher nicht gab. Was vorher mehrere Holzstücke waren, ist nun zu diesem speziellen Stuhl geworden. Wenn aus Holzstücken ein Stuhl wird, ist das sicher nicht dasselbe, wie wenn dieser grüne Stuhl rot wird. Der Grund dafür ist, dass nach dem Entstehen des Stuhles die einzelnen Holzstücke nicht länger existieren, zumindest nicht als einzelne Holzstücke, während dieser Stuhl genau dieser Stuhl bleibt, auch wenn er seine Farbe ändert.

Bevor wir von der künstlichen Herstellung zur natürlichen Erzeugung übergehen (was nur ein anderer Name für den Prozess des Entstehens ist), dürfte es für uns hilfreich sein, wenn wir uns ein wenig genauer ansehen, was in dem leichter zu verstehenden Prozess der künstlichen Herstellung geschieht. Konkret wird es uns helfen, die Bedeutung von vier Wörtern zu verstehen, die bereits im vorangegangenen Kapitel vorkamen. Dabei handelt es sich um »Materie«, »Form«, »Potenzialität« und »Aktualität«. Zwar lässt sich ihre Bedeutung mithilfe der üblichen Lebenserfahrung und des gesunden Menschenverstands verstehen, doch die Wörter selbst kommen in der Alltagssprache nur selten vor.

Holzstücke, die kein Stuhl sind, werden zu Holzstücken, die ein Stuhl sind. Wenn die Holzstücke kein Stuhl sind, ist ihr Nicht-Stuhl-Sein ein Mangel an »Stuhlhaftigkeit« ihrerseits. Es fehlt ihnen die Form eines Stuhles – sie entbehren dieser Form. Ab jetzt verwenden wir das Wort »Entbehrung« für diesen Mangel an einer bestimmten Form.

In diesen Holzstücken steckt mehr als nur die Entbehrung, ein Stuhl zu sein. Wenn das alles wäre, könnten diese Holzstücke niemals zu einem Stuhl gemacht werden. Diesen Holzstücken fehlt also die Stuhlhaftigkeit, aber sie besitzen darüber hinaus die Fähigkeit, Stuhlhaftigkeit zu erlangen. Ihre Fähigkeit ist untrennbar mit ihrer Entbehrung verbunden, denn wenn es diesen Holzstücken nicht an der Form eines Stuhls mangeln würde, hätten sie auch nicht die Fähigkeit, sich diese Form anzueignen, denn wenn sie nicht fehlen würde, besäßen sie sie bereits. Nur wenn bestimmte Materialien, wie zum Beispiel Holzstücke, einer bestimmten Form entbehren, können sie die Fähigkeit haben, sie zu erwerben.

Nennen wir diese Fähigkeit eine Potenzialität der betreffenden Materialien. *Potenzialität* lässt sich auch durch »sein können« ausdrücken. Es macht einen großen Unterschied, ob man sagt, dass etwas ein Stuhl *ist* oder ein Stuhl *sein kann*. Diese Holzstücke *sind kein* Stuhl, aber sie *können* ein Stuhl *sein*. Wie ich gerade sagte: Wenn sie ein Stuhl wären, könnten sie nicht zu einem Stuhl werden.

Es trifft jedoch nicht zu, dass bestimmte Materialien, denen eine bestimmte Form fehlt, immer die Potenzialität – oder Möglichkeit – haben, diese zu erlangen. Wasser und Luft zum Beispiel besitzen nicht die Form eines Stuhls, aber im Gegensatz zu Holz sind Wasser und Luft Materialien, die nicht die Potenzialität haben, die Form eines Stuhls zu erlangen. Auch wenn die Potenzialität, eine bestimmte Form zu erlangen, niemals in Materialien vorhanden ist, es sei denn, diese Form fehlt, bedeutet das bloße Fehlen der Form – oder die Entbehrung der Form – nicht notwendigerweise, dass die Materialien die Potenzialität haben, sie zu erlangen. Menschen können Stühle aus Holz machen, aber nicht aus Luft oder Wasser.

Wenn die Holzstücke, denen die Form eines Stuhls fehlt und die zudem die Potenzialität besitzen, diese Form zu erlangen, diese Form mithilfe des Fachkönnens und der Anstrengung eines Tischlers annehmen, sagen wir, dass die Holzstücke, die potenziell ein Stuhl waren, nun tatsächlich ein Stuhl geworden sind, sie sind nun in Wirklichkeit ein Stuhl. Während des gesamten Entstehungsprozesses bis hin zu dem Moment, in dem der Stuhl endlich fertig ist, waren die Holzstücke, die eine Transformation durchliefen, immer noch nur potenziell ein Stuhl. Erst wenn ihre Transformation abgeschlossen ist, besitzen sie tatsächlich die Form eines Stuhls.

Wenn die Holzstücke tatsächlich ein Stuhl sind, ist aus ihrer Potenzialität, ein Stuhl zu werden, Wirklichkeit geworden; und so bleibt sie natürlich nicht mehr als Potenzialität bestehen. Die Form, die die Holzstücke angenommen haben, ist die *Aktualität*, die die Potenzialität aufhebt, die mit dem Fehlen dieser Form im Holz einherging, nicht aber mit dem Fehlen dieser Form im Wasser oder in der Luft.

Nun lässt sich schon gut erkennen, wie diese vier wichtigen Begriffe – Materie, Form, Potenzialität und Aktualität – zusammenhängen. Die Materie kann eine bestimmte Form besitzen oder nicht. Fehlt sie, kann die Materie die Fähigkeit haben, sie zu erlangen, was ihrer Potenzialität entspricht, diese Form zu haben. Aber sie besitzt nicht immer eine solche Potenzialität, wenn ihr eine bestimmte Form fehlt, wie wir am Beispiel von Wasser und Luft im Vergleich zu Holz gesehen haben. Wenn sie die Form erlangt, für die sie eine Potenzialität besitzt, ist diese Potenzialität verwirklicht worden und ist damit zur Aktualität geworden. Mit der erworbenen Form hat sich die Materie von einem potenziellen Stuhl in einen tatsächlichen Stuhl verwandelt.

Ich habe die Begriffe »Materie« und »Materialien« synonym verwendet. Aber wenn wir von Holz einerseits und Wasser andererseits sprechen, ist von verschiedenen Arten von Materie die Rede. Holz ist nicht einfach nur Materie, es ist eine bestimmte Art von Materie – Materie, die die Form von Holz besitzt, die sich von Materie unterscheidet, die die Form von Wasser besitzt.

Eine Art von Materie, Holz, versorgt den Menschen mit Materialien, aus denen er Stühle herstellen kann; eine andere Art, Wasser, tut dies nicht. Die Form, die eine Materie besitzt und die sie zu einer bestimmten Art von Materie (Holz) macht, verleiht ihr auch eine bestimmte Potenzialität (ein Stuhl zu werden). Materie mit der Form von Wasser besitzt diese Potenzialität nicht.

Wenn uns dieser simple Umstand klar ist, können wir durch eine einfache logische Schlussfolgerung einen weiteren wichtigen Punkt begreifen. Holz kann zu einem Stuhl werden, aber nicht zu einer Glühbirne; Wasser kann zu einer Fontäne werden, aber nicht zu einem Stuhl.

Materie, die eine bestimmte Form hat, besitzt ein begrenztes Potenzial, andere Formen anzunehmen. Das gilt für jede Art von Materie, für all die verschiedenen Arten von Materialien, die der

Mensch bearbeiten kann, um Dinge herzustellen – Stühle, Glühbirnen und Springbrunnen.

Nehmen wir nun an, es gäbe eine Materie, die jeglicher Form entbehrt – eine absolut formlose Materie. Tatsächlich wäre sie keinerlei Art von Materie. Aber sie wäre auch potenziell jede Art von Materie, da sie, weil ihr alle Formen fehlen, die Fähigkeit hätte, jede Form anzunehmen. Sie besäße eine unbegrenzte Potenzialität für Formen.

Sie hätten recht, wenn Sie daraufhin sagen würden: »Moment mal, Materie ohne jede Form besitzt zwar eine unbegrenzte Potenzialität, eine unbegrenzte Möglichkeit, Formen zu erlangen, aber indem sie jeglicher Form entbehrt, wäre sie in Wirklichkeit nichts. Was in Wirklichkeit nichts ist, existiert nicht. Von formloser Materie zu sprechen bedeutet also, von etwas zu sprechen, das nicht existieren kann.« Warum, so werden Sie sich fragen, habe ich mir dann überhaupt die Mühe gemacht, es zu erwähnen? Welchen Sinn hat es, darüber nachzudenken?

Aristoteles würde antworten, dass Sie, wenn man es aus diesem Blickwinkel betrachtet, recht haben, wenn Sie meinen, dass reine Materie, formlose Materie, in Wahrheit nichts ist. Sie haben also auch recht, wenn Sie meinen, dass formlose Materie nicht existiert. Aber Aristoteles würde hinzufügen, dass formlose Materie, obwohl sie in Wirklichkeit nichts ist, potenziell alles ist. Sie ist potenziell jede Art von Ding, das es nur geben kann.

Sie bleiben jedoch bei Ihrer Frage: Wenn es formlose Materie weder gibt noch geben kann, wozu sie dann erwähnen oder über sie nachdenken? Aristoteles' Antwort darauf lautet, dass es nicht nötig wäre, sie zu erwähnen oder über sie nachzudenken, wenn wir uns darauf beschränken würden, künstliche Produktion und Zerstörung zu verstehen – das Herstellen und Zunichtemachen von Dingen wie

Stühlen. Aber die Geburt und der Tod von Tieren sind nicht so einfach zu verstehen.

Betrachten wir zunächst den Tod eines Tieres. Das Kaninchen, das wir uns als Haustier halten, stirbt – es verwest, zersetzt sich und verschwindet schließlich. Die Materie, die die Form eines Kaninchens hatte, hat diese Form nicht mehr. Sie hat nun eine andere Form angenommen, wie es ebenfalls geschehen würde, wenn das Kaninchen von einem Wolf getötet und gefressen würde. Wenn so etwas geschieht, ist die Materie einer Art von Ding (Kaninchen) nun die Materie einer anderen Art von Ding (Wolf) geworden.

Wenn Sie einen Moment darüber nachdenken, werden Sie erkennen, dass hier etwas anderes passiert ist, als wenn Holz, das eine bestimmte Art von Materie ist, zu einem Stuhl wird. Wenn es ein Stuhl wird, hört es nicht auf, Holz zu sein. Es hört nicht auf, eine bestimmte Art von Materie zu sein. Eine bestimmte Art von Materie ist während dieser Veränderung bestehen geblieben. Sie lässt sich als Gegenstand der Veränderung bestimmen. Diese Holzstücke, die einst kein Stuhl waren, sind nun zu einem Stuhl geworden – was einst Potenzialität war, ist nun Aktualität.

Aber bei der Transformation, die stattfand, als der Wolf das Kaninchen tötete und verschlang, blieb eine bestimmte Art von Materie nicht bis zum Ende des gesamten Veränderungsprozesses bestehen. Die Materie einer bestimmten Art von etwas (Materie mit der Form eines Kaninchens) wurde zur Materie einer anderen Art von etwas (Materie mit der Form eines Wolfes). Der einzige bestimmbare Gegenstand dieser Veränderung ist Materie – nicht die Materie einer bestimmten Art, da die Materie einer *bestimmten Art* nicht während der gesamten Veränderung fortbesteht.

Lassen wir nun den Tod thematisch hinter uns und wenden uns der Geburt zu. Das Kaninchen, das Sie als Haustier haben, ist durch geschlechtliche Fortpflanzung entstanden. Aristoteles war mit den Fakten des Lebens ebenso gut vertraut wie Sie und ich. Der Prozess, der zur Geburt eines lebenden Kaninchens führt, beginnt, wenn die Eizelle eines weiblichen Kaninchens durch das Sperma eines männlichen Kaninchens befruchtet wird.

Vom Zeitpunkt der Befruchtung an beginnt sich ein neuer Organismus zu entwickeln, auch wenn er sich noch in der Gebärmutter des weiblichen Kaninchens befindet und kein eigenständiges Lebewesen ist. Die Geburt des Kaninchens ist nur eine Phase in dessen Entwicklungsprozess. Es hat sich bereits vor der Geburt in der Kaninchenmutter entwickelt und entwickelt sich auch nach der Geburt weiter, bis es ausgewachsen ist.

Die Geburt ist nichts anderes als die Separierung eines lebenden Körpers von einem anderen – des Kaninchenbabys von der Kaninchenmutter. Und diese Separierung ist eine Ortsbewegung, eine Bewegung des Kaninchenbabys von einem Ort zu einem anderen – von innerhalb der Kaninchenmutter zu außerhalb der Kaninchenmutter.

Widmen wir uns dem Anfang des Kaninchenbabys – dem Moment, als es entstand. Vor diesem Moment gab es die Eizelle des weiblichen Kaninchens und das Sperma des männlichen Kaninchens. Weder die Eizelle noch das Sperma waren ein wirkliches Kaninchen, obwohl beide zusammen die Potenzialität hatten, ein Kaninchen zu werden. Die Verwirklichung dieser Potenzialität fand im Moment der Befruchtung statt, als die Materie des Spermas mit der Materie der Eizelle verschmolz.

Stehen die Materie der Eizelle und die Materie des Spermas, wenn sie getrennt voneinander sind, in der gleichen Beziehung zur

Materie des Kaninchenbabys nach der Befruchtung wie die Materie des Kaninchens zur Materie des Wolfes, nachdem das Kaninchen vom Wolf getötet und verschlungen worden ist? Wenn ja, dann ist so etwas wie das, was Aristoteles im Sinn hatte, als er uns aufforderte, über formlose Materie nachzudenken, der Gegenstand der Veränderung beim Entstehen und Vergehen von lebenden Organismen. Genau das ist es, was wir bei dieser besonderen Art von Veränderung als fortbestehend oder beständig identifizieren.

Damit habe ich mich der Erklärung, weshalb Aristoteles es für notwendig hielt, formlose Materie zu erwähnen, so weit wie möglich angenähert. Nun denken Sie vielleicht, dass er es zu weit trieb – dass natürliche Erzeugung auf die gleiche Weise erklärt werden kann wie künstliche Produktion. Wenn das Ihre Ansicht ist, möchte ich Sie bitten, ein weiteres Beispiel zu betrachten.

Mit diesem Beispiel hat sich auch Aristoteles selbst befasst. Er sagte, dass »die Natur allmählich vom Leblosen zum Lebendigen fortschreitet, und zwar in einer Weise, dass es unmöglich ist, die genaue Grenzlinie zu bestimmen«. Er war durchaus in der Lage, sich vorzustellen, dass die Grenze zwischen dem Leblosen und dem Lebendigen überschritten wurde, als die ersten lebenden Organismen auf der Erde aus lebloser Materie hervorgingen. Können wir bei der Entstehung der ersten lebenden Organismen die Materie, die Gegenstand dieser bemerkenswerten Veränderung ist, als Materie einer bestimmten Art identifizieren? Ist sie sowohl vor als auch nach der Entstehung der ersten Lebewesen dieselbe Art von Materie geblieben?

Sie möchten sie vielleicht nicht gleich als formlose Materie bezeichnen. Andererseits mag es Ihnen aber auch schwerfallen, sie als Materie einer bestimmten Art zu bezeichnen, was bedeuten würde, dass sie eine bestimmte Form besitzt und behält. Wenn das mit Ihrer Ansicht übereinstimmt, dann verstehen Sie, warum Aristoteles die natürliche Erzeugung für schwieriger zu erklären hielt als die künstliche Produktion; und Sie verstehen auch, warum er es für notwendig hielt, reine beziehungsweise formlose Materie zu erwähnen und Sie aufzufordern, über sie nachzudenken, wobei formlose Materie – selbstverständlich – nicht existiert.

8

Schöpferische Ideen und Know-how

Derjenige, der sich als Erster Holz nahm und daraus einen Stuhl – oder ein Bett oder ein Haus – herstellte, musste eine Vorstellung davon gehabt haben, was er machen oder bauen wollte, bevor er sich an die Arbeit machte. Er musste wissen, welche Form das Holzstück annehmen musste, um zu einem Stuhl zu werden. Diese Vorstellung konnte er nicht aus der Erfahrung mit Stühlen gewinnen, weil es noch gar keine Stühle gab, bevor er diesen Stuhl baute. Eine Möglichkeit wäre, dass er durch seine Erfahrungen mit Felsformationen, die seinem Körper beim Sitzen Halt boten, auf diese Idee kam. Dann wäre der erste Stuhl also eine Nachahmung von etwas, das sein Erfinder in der Natur vorgefunden hatte, so wie das erste Haus vielleicht eine Nachahmung von natürlichen Höhlenformationen war, die Schutz boten.

Wo auch immer oder wie auch immer der erste Stuhlmacher auf die Idee für einen Stuhl kam, die Idee an sich genügte nicht. Wie wir in einem vorherigen Kapitel bereits festgestellt haben, ist die Form eines Stuhls – die Stuhlhaftigkeit – Stühlen jeder Größe, jedes Designs und jeder möglichen Anordnung der einzelnen Elemente gemeinsam. Hätte der erste Schreiner nur eine Idee von Stühlen im Allgemeinen im Kopf gehabt, hätte er keinen individuellen Stuhl herstellen können, der in jeder Hinsicht, in der sich ein einzelner Stuhl von anderen unterscheiden kann, besonders ist. Um das von ihm bearbeitete Holzmaterial zu transformieren, indem er ihm die Form eines Stuhls gab, musste er auch eine Vorstellung von dem besonderen Stuhl haben, den er herstellen wollte.

Zum schöpferischen Denken gehören kreative Ideen, wie wir sie zu bezeichnen versucht sein mögen. Da es in Aristoteles' Wortschatz kein griechisches Äquivalent für das Wort »kreativ« gab, sollten wir dieser Versuchung widerstehen und stattdessen von schöpferischen Ideen sprechen. Schöpferische Ideen beruhen auf einem gewissen Verständnis der Formen, die Materie annehmen kann, ergänzt durch fantasievolles Denken im Hinblick auf solche Details wie Größen, Design und Ausgestaltung. Ohne eine schöpferische Idee in diesem umfassenden Sinne kann der Handwerker Rohmaterialien nicht in diesen individuellen Gegenstand transformieren – sei es ein Stuhl, ein Bett, ein Haus oder irgendetwas anderes, das aus den von der Natur bereitgestellten Materialien hergestellt werden kann.

Es gibt zwei Arten, wie eine schöpferische Idee dargestellt werden kann. Wer als Erster überhaupt einen Stuhl oder ein Haus gebaut hat, hat wahrscheinlich kein Konzept und auch keinen Entwurf von der Sache angefertigt, die er herstellen wollte. Er hatte eine schöpferische Idee im Kopf und stellte diese Sache einfach her. Die Materialisation dieser Idee – ihre Verkörperung in Materie – stellte die schöpferische Idee dar, die er gehabt hatte. Wenn Sie ihn gefragt hätten, welche Idee er im Kopf hatte, bevor er den Stuhl herstellte oder das Haus baute, hätte er es Ihnen vielleicht nicht mit Worten darlegen können. Aber nachdem er den Stuhl oder das Haus erschaffen hätte, hätte er darauf zeigen und sagen können: »Das ist es, was ich im Sinn hatte.«

Erst viel später in der Geschichte der Menschheit erwarben Handwerker aller Art die Fähigkeit, Pläne für die Herstellung von Dingen zu entwerfen. Nun konnten sie ihre schöpferischen Ideen ausdrücken, bevor sie sie durch die Transformation von Materie verwirklichten. Aber selbst dann haben Handwerker nicht immer erst ihre schöpferischen Ideen auf irgendeine Weise zu Papier gebracht. Manchmal behalten sie auch heute noch die Idee einfach im Kopf und lassen sich bei jedem Arbeitsschritt von ihr leiten, bis das fertige Produkt entsteht und die Idee, die sie ursprünglich hatten, zum Ausdruck bringt.

Diese Unterscheidung zwischen zwei Arten, wie schöpferische Ideen ausgedrückt werden können, lenkt unsere Aufmerksamkeit auf zwei Phasen bei der Herstellung von Dingen, Phasen, die getrennt voneinander ablaufen können. Eine Person kann die Idee haben, ein bestimmtes Haus zu bauen, und kann die Pläne für den Bau dieses Hauses entwerfen. Eine andere Person oder mehrere andere Personen können diesen Plan ausführen. Heutzutage unterscheiden wir zwischen diesen verschiedenen Mitwirkenden, die zum Bau eines Hauses beitragen, indem wir den einen als Architekten und den anderen als Bauarbeiter bezeichnen (oder Bauträger, wenn er andere Personen mit dem Bau des Hauses beauftragt).

Derjenige, der die Pläne ursprünglich entwirft, ist auch derjenige mit der schöpferischen Idee. Diejenigen, die die Pläne ausführen, müssen über Know-how verfügen. Bei der Herstellung von was auch immer, sei es ein Stuhl oder ein Haus, reichen schöpferische Ideen nicht aus. Um diese umzusetzen, muss man wissen, wie man die Rohstoffe so handhabt, dass ihre Potenzialität, ein Stuhl oder ein Haus zu werden, verwirklicht wird. Solange dieses Endergebnis nicht erreicht ist, wird die schöpferische Idee nicht in Materie zum Ausdruck kommen. Sie wird nicht realisiert, keine konkrete Form annehmen.

Natürlich kann ein und dieselbe Person sowohl die schöpferische Idee als auch das Know-how haben, einen Stuhl oder ein Haus zu bauen. Wir müssen nur bedenken, dass schöpferische Ideen und Know-how unterschiedliche Faktoren bei der Herstellung von Dingen sind. Was fließt in das Know-how des Handwerkers ein?

Zunächst einmal muss er wissen, wie er die geeigneten Rohstoffe für die Herstellung der Sache, die ihm vorschwebt, auswählt, und zwar auch unter Berücksichtigung der Werkzeuge, die ihm zur Verfügung stehen – oder auch nicht, sodass er nur auf seine bloßen Hände zurückgreifen kann. Wenn er beispielsweise nur Hammer und Säge zur Verfügung hat, kann er weder einen Stuhl aus Eisen oder Stahl noch ein Haus aus Steinen herstellen. Und es versteht sich von selbst, dass der Handwerker unabhängig von den ihm zur Verfügung stehenden Werkzeugen weder aus Luft noch aus Wasser einen Stuhl oder ein Haus bauen kann.

Der Handwerker muss nicht nur wissen, wie er die geeigneten Materialien auswählt, um sie mit den ihm zur Verfügung stehenden Werkzeugen zu bearbeiten, er muss auch wissen, wie er diese Werkzeuge effizient einsetzt und wie er Schritt für Schritt beim Bau des

Objekts, das er herstellen möchte, vorgeht. Beim Bau eines Hauses muss zuerst das Fundament gelegt werden, bevor der Dachstuhl errichtet werden kann, und der wiederum muss vorhanden sein, bevor das Dach gedeckt werden kann.

Der Intellekt, die Hände und die Werkzeuge des Handwerkers sind zusammengenommen die Wirkursache für das, was hergestellt wird. Sie wirken auf die Rohmaterialien ein, um die Potenzialitäten dieser Materialien zu verwirklichen und sie in das Produkt zu transformieren, das der Hersteller im Sinn hatte.

Von diesen drei Faktoren (die zusammen die Wirkursache bilden) ist der Intellekt der wichtigste Faktor. Schließlich ist es der Intellekt des Erschaffers, der die schöpferische Idee und das Know-how hat, ohne die weder Hände noch Werkzeuge etwas herstellen könnten. Die Hände des Herstellers und seine Werkzeuge sind lediglich Instrumente, die sein Intellekt benutzt, um seine schöpferische Idee und sein Know-how in Handlungen umzusetzen, die erforderlich sind, um so auf die Rohstoffe einzuwirken, dass ihre Potenzialitäten verwirklicht werden.

Der menschliche Intellekt – der menschliche Geist – ist der wichtigste Faktor bei menschlichen Herstellungsprozessen. Alles andere dient nur als Mittel zum Zweck.

Zu wissen, wie etwas gemacht wird, bedeutet, über diese Fertigkeit zu verfügen. Selbst bei den einfachsten Tätigkeiten, die wir manchmal als Hilfsjobs für ungelernte Arbeitskräfte bezeichnen, sind ein gewisses Know-how und damit eine gewisse Fertigkeit vonnöten. Von den einfachsten bis hin zu den komplexesten Tätigkeiten, die Menschen ausüben – wenn Kinder Spielzeugmodelle bauen bis hin zum Bau von Brücken, Dämmen und Schulen durch Fachkräfte –, entsprechen die Ebenen des Know-hows den Ebenen des Könnens.

Ein anderes Wort für »Fertigkeit« lautet »Technik«. Wer über das erforderliche Know-how verfügt, etwas herzustellen, besitzt die Technik, um es herzustellen. Ich erwähne das, weil das Wort »Technik« vom griechischen Wort *technikos* abstammt, das Aristoteles für die erworbene Fähigkeit benutzte, Dinge herzustellen, eine Fähigkeit, die manche Menschen haben mögen und andere nicht. Aus dem verwandten griechischen *techné* wird im Lateinischen *ars*, im Englischen *art* und im Deutschen *Kunst*. Ein Künstler ist jemand, der über die Technik, die Fähigkeit oder das Know-how verfügt, etwas zu erschaffen. Wenn so jemand nicht nur über das Know-how verfügt, sondern auch die schöpferische Idee hat, die die unverzichtbare primäre Quelle ist, aus der das zu Erschaffende entsteht, dann bezeichnen wir ihn als kreativen Künstler.

Manchmal verwenden wir das Wort »Kunst« für etwas, das ein Künstler geschaffen hat. Wir verwenden dieses Wort als Abkürzung für »Kunstwerke«. Da aber Kunstwerke nicht erschaffen werden können, ohne dass jemand das nötige Wissen erworben hat, wie sie erschaffen werden können, muss Kunst im Sinne von Know-how zunächst in einem Menschen existieren, bevor sie sich in einem Kunstwerk zeigen kann.

Sie würden sicherlich Köche, Schneider, Schreiner und Schuhmacher ohne Weiteres als kunstfertig bezeichnen, weil Sie anerkennen, dass sie über die Fertigkeit beziehungsweise das Know-how verfügen, etwas zu erschaffen, doch Ärzte, Apotheker oder Lehrer würden Sie wahrscheinlich nicht als kunstfertig oder als Künstler bezeichnen. Aristoteles erkannte dahingegen an, dass sie über ein bestimmtes Können oder Wissen verfügten, das es rechtfertigte, sie als Künstler zu bezeichnen. Aber er wies auch darauf hin, wie sehr sich ihre Kunst von der Kunst der Köche, Schreiner und Schuhmacher unterscheidet.

Letztere stellen Dinge her – Kuchen, Stühle und Schuhe –, die ohne die schöpferischen Ideen, das Know-how und die Anstrengungen des Menschen niemals zustande kommen würden. Die Natur bringt solche Dinge nicht hervor. Sie sind immer ein Kunstwerk. Aber die Natur bringt ohne menschliches Know-how und menschliche Anstrengung Früchte und Getreidekörner hervor. Warum also sollten wir Landwirte, die Äpfel oder Getreide anbauen, als Künstler bezeichnen? Was haben sie erschaffen?

An sich nichts. Die Landwirte haben der Natur lediglich geholfen, Äpfel und Getreide zu produzieren, die die Natur ohnehin hervorgebracht hätte. Sie besitzen die Fertigkeit oder das Know-how, mit der Natur bei der Produktion von Obst oder Getreide zusammenzuarbeiten, und können dadurch möglicherweise eine bessere Versorgung mit den Produkten der Natur erreichen, als wenn sie nicht ihre Finger im Spiel gehabt hätten.

So wie die Landwirte, die über landwirtschaftliches Know-how beziehungsweise Fertigkeiten verfügen, bei der Produktion von Obst, Getreide und Gemüse mit der Natur zusammenarbeiten, so arbeiten Ärzte, die über medizinisches Know-how beziehungsweise Fertigkeiten verfügen, bei der Erhaltung oder Wiederherstellung der Gesundheit eines lebenden Organismus mit der Natur zusammen. Da die Gesundheit – ebenso wie Äpfel und Gemüse – auch ohne Ärzte existieren würde, sind die Ärzte, wie auch die Landwirte, lediglich mitwirkende Künstler, keine schöpferischen Künstler wie Schuhmacher und Schreiner.

Das Gleiche gilt für Lehrer. Der Mensch kann sich auch ohne die Hilfe von Lehrern Wissen aneignen, so wie auch ohne die Hilfe von Landwirten Äpfel und Getreide gedeihen. Aber Lehrer können Menschen darin unterstützen, sich Wissen anzueignen, so wie Landwirte Äpfel und Getreide darin unterstützen können, in der gewünschten Qualität und Quantität zu wachsen. Lehren ist wie Landwirtschaft und Heilen eine mitwirkende, keine schöpferische Kunst.

Die schöpferischen Künste unterscheiden sich in vielerlei Hinsicht voneinander. Der Mensch bringt eine Vielzahl von Produkten hervor – von Stühlen, Schuhen und Häusern bis hin zu Gemälden, Statuen, Gedichten und Liedern. Gemälde und Statuen bestehen wie Schuhe und Stühle aus Materialien, die der Schöpfer ändert, das heißt transformiert. Und wie Schuhe und Stühle existieren auch Gemälde und Statuen an einem bestimmten Ort und zu einer bestimmten Zeit.

Anders verhält es sich bei einem Musikstück: Ein Lied, das immer wieder gesungen wird, existiert nicht nur an einem Ort und zu einer Zeit. Es kann an vielen verschiedenen Orten und zu vielen verschiedenen Zeiten gesungen werden. Außerdem braucht es Zeit, ein Lied zu singen oder ein Musikstück zu spielen, genauso wie es Zeit braucht, ein Gedicht aufzusagen oder eine Geschichte zu erzählen. Das Lied und die Geschichte besitzen in einer zeitlichen Abfolge einen Anfang, eine Mitte und ein Ende, was bei einer Statue oder einem Gemälde nicht der Fall ist.

Es besteht ein weiterer Unterschied zwischen einem Lied oder einer Geschichte und einem Gemälde oder einer Statue. Geschichten können in Worten niedergeschrieben werden; Lieder können in Noten niedergeschrieben werden. Die Worte der Sprache und die Noten der Musik sind Symbole, die gelesen werden können. Derjenige, der sie lesen kann, kann die Geschichte, die sie erzählen, verstehen, das Lied singen oder hören. Aber das Gemälde und die Statue muss man unmittelbar sehen. Um sich an dem Werk eines Malers oder Bildhauers zu erfreuen, muss man das materielle Produkt, das er geschaffen hat, aufsuchen.

Ein Gemälde oder eine Statue ist zwar ebenso wie ein Schuh oder Stuhl ein materielles Produkt, aber darüber hinaus wie eine Geschichte oder ein Lied etwas, an dem man sich erfreuen kann, und nichts, das man benutzt wie einen Schuh oder Stuhl. Natürlich kann man auch ein Bild benutzen, um einen Fleck an der Wand zu verdecken, so wie man sich an einem Stuhl erfreuen kann, indem man ihn ansieht, anstatt sich daraufzusetzen.

Dennoch sind Gebrauch und Genuss unterschiedliche Arten, wie Menschen an Kunstwerke herangehen. Sie benutzen sie, wenn sie sie zu einem bestimmten Zweck einsetzen. Sie genießen sie beziehungsweise erfreuen sich an ihnen, wenn sie allein das Vergnügen zufriedenstellt, das ihnen diese Kunstwerke bereiten – sei es durch Sehen, Hören oder Lesen.

Wenn uns ein Kunstwerk Vergnügen bereitet, liegt das daran, dass wir es als *schön* bezeichnen würden. Aber es gehört noch mehr dazu. Es ist auch möglich, einen Stuhl, einen Tisch oder ein Haus schön zu nennen, einfach weil es gut gemacht ist. Dass es gut gemacht ist, ist ein Faktor, der zur Schönheit eines von Menschen erschaffenen Produkts beiträgt, egal ob es sich um einen Stuhl oder eine Statue handelt. Das Vergnügen, das wir beim Betrachten empfinden, ist ein weiterer Faktor.

Aristoteles' Ansicht, dass diese beiden Faktoren zusammenhängen, scheint durchaus Sinn zu ergeben. Das Vergnügen, das wir beim Betrachten einer Statue oder eines Hauses oder beim Anhören einer Geschichte oder eines Liedes empfinden, hängt auf eine gewisse Weise damit zusammen, dass sie gut gemacht sind. Eine schlecht gemachte Statue, ein schlecht gebautes Haus, eine schlecht erzählte Geschichte würde uns nicht so viel Freude bereiten.

Wir alle kennen den Unterschied zwischen einem Kleidungsstück, das von einem fachlich versierten Schneider hergestellt wurde, oder einer Suppe, die von einem erfahrenen Koch gekocht wurde, und Hemden oder Suppen, die von Personen mit sehr wenig Fachkönnen gemacht wurden. An dem gut gemachten Hemd und der gut gemachten Suppe erfreuen wir uns mehr – sie bereiten uns mehr Vergnügen als schlecht gemachte.

Darüber hinaus besitzen diejenigen, die die Kunst des Kochens oder des Schneiderns beherrschen, das Know-how, mit dem sie beurteilen können, ob ein Hemd oder eine Suppe gut gemacht ist. Nun würde man erwarten, dass erfahrene Köche oder Schneider in ihren Urteilen übereinstimmen. Es würde uns sehr überraschen, wenn ein versierter Koch eine Suppe für gut gemacht hielte und ein anderer, der die gleichen Fertigkeiten besitzt, sie für schlecht gemacht hielte.

Allerdings würde es uns nicht so überraschen, wenn von zwei Personen, die ein Gemälde betrachten, das nach Meinung bewanderter Künstler gut gemacht ist, eine es mag und die andere nicht. Wir gehen nicht davon aus, dass jeder Mensch die gleichen Dinge mag oder das gleiche Maß an Vergnügen aus ihnen zieht. Was dem einen Freude bereitet, muss einem anderen deshalb noch lange keine Freude bereiten.

So wie ein Mensch über bessere Fertigkeiten oder größeres Wissen verfügt als ein anderer, so kann auch ein Mensch einen besseren Geschmack haben als ein anderer. Es bietet sich eher an, jemand Erfahrenen zu fragen, ob ein bestimmtes Kunstwerk gut gemacht ist, als diese Frage jemandem zu stellen, der keine Ahnung davon hat, wie solche Dinge gemacht werden sollten. Genauso könnte es sich eher anbieten, jemanden mit besserem Geschmack zu fragen, ob ein Kunstwerk Vergnügen bereitet. Es ist davon auszugehen, dass jemand mit besserem Geschmack ein Kunstwerk mag, das besser ist – nicht nur weil es besser gemacht ist, sondern auch weil es mehr Vergnügen bereitet.

Die Frage, ob wir alle in der Lage sein sollten, die Schönheit eines Kunstwerkes einheitlich zu bewerten, oder ob man von uns erwarten können sollte, uns darin einig zu sein, ist nie zufriedenstellend beantwortet worden. Es gibt einige gute Argumente dafür, sie mit Ja zu beantworten, und einige gute Argumente dafür, sie mit Nein zu beantworten. Wenn die Schönheit eines Kunstwerkes nur darin bestünde, dass es gut gemacht ist, wäre die Frage leichter zu beantworten. Wir erwarten, dass diejenigen, die über das nötige Know-how verfügen, ein solches Werk zu erschaffen, sich darin einig sein können sollten, ob es gut oder schlecht gemacht ist.

Woher stammt dieses so wichtige Know-how? Wie erwirbt man es?

Darauf gibt es zwei Antworten. Als der Mensch begann, Dinge herzustellen, beruhte das erforderliche Know-how auf dem gesunden Menschenverstand und dem Wissen über die Natur – dem Wissen über die Rohstoffe, die die Natur dem menschlichen Produzenten lieferte, und dem Wissen über die Verwendung der Werkzeuge, mit denen am besten gearbeitet werden sollte.

Später, insbesondere in der Neuzeit, stützt sich das benötigte Know-how auf die wissenschaftliche Kenntnis der Natur. Nun besteht es aus der Technologie – wie wir es nennen –, die uns die wissenschaftliche Kenntnis vermittelt. »Technologie« ist nur eine andere Bezeichnung für wissenschaftliches Know-how im Vergleich zu dem des gesunden Menschenverstandes.

Liefert uns Aristoteles' ungewöhnlicher gesunder Menschenverstand nützliches Know-how? Hilft uns das philosophische Denken – das Verständnis natürlicher Prozesse, das wir in den vorangegangenen Kapiteln betrachtet haben – bei der Herstellung von Dingen?

Nein, das tut es nicht. Man kann wissenschaftliche Kenntnisse nutzbringend einsetzen. Wissenschaftliche Kenntnisse geben uns – durch die Technologie – die Fähigkeit und die Macht, Dinge herzustellen. Aber die philosophische Reflexion oder ein besseres Verständnis der physischen Welt, in der wir leben, gibt uns weder die Fähigkeit noch die Macht, etwas herzustellen.

In diesem Zusammenhang möchte ich gern an etwas erinnern, das in einem früheren Kapitel gesagt wurde. Aristoteles' philosophisches Verständnis darüber, warum sich Eicheln zu Eichen und Samenkörner zu Getreidehalmen entwickeln, ermöglicht es uns nicht, in diese natürlichen Prozesse einzugreifen. Aber unsere wissenschaftlichen Kenntnisse über die DNS und den genetischen Code ermöglichen es uns, das Entwicklungsmuster durch Manipulation der Gene zu verändern.

Ist die Philosophie also im Gegensatz zur Wissenschaft völlig nutzlos? Ja, das ist sie, wenn wir uns darauf beschränken, Wissen zur Herstellung von Dingen zu verwenden. Die Philosophie backt weder Kuchen, noch baut sie Brücken.

Aber Wissen und Verständnis besitzen einen anderen Nutzen. Wir können sie dazu verwenden, unser Leben so zu steuern, dass es besser statt schlechter wird, und unsere Gesellschaft so zu gestalten, dass sie besser statt schlechter wird. Im Gegensatz zur herstellungsorientierten handelt es sich hierbei um eine eher praktische Anwendung von Wissen und Verständnis – eine Anwendung, die auf das Handeln ausgerichtet ist und nicht auf das Erschaffen.

In diesem Bereich des menschlichen Lebens ist die Philosophie äußerst nützlich – nützlicher als die Wissenschaft.

Teil 3

Der Mensch als Macher

9

Über Ziele und Mittel nachdenken

Ich besitze kein Auto, möchte aber gern eines haben. Das Auto, das ich gern hätte, kostet mehr Geld, als mir zur Verfügung steht. Ich muss mir also das Geld beschaffen, das ich für den Kauf des Autos brauche. Es gibt eine Reihe von Möglichkeiten, wie ich an das benötigte Geld gelangen kann, ohne gegen das Gesetz zu verstoßen. Zum Beispiel kann ich es mir zusammensparen, indem ich das Geld, das ich verdiene, nicht für etwas anderes ausgebe, oder ich kann versuchen, zusätzliches Geld zu verdienen, oder ich kann es mir leihen.

In diesem Beispiel – es gäbe noch unzählige andere dieser Art – ist der Erwerb des Autos der angestrebte Zweck. Die Beschaffung des Geldes, das für den Kauf des Autos benötigt wird, ist ein Mittel zu diesem Zweck. Es ist aber auch selbst ein Zweck, zu dem es, wie soeben dargelegt, eine Reihe von Mitteln gibt.

Wie entscheide ich mich für eine dieser Möglichkeiten? Vielleicht ist ja eine einfacher oder führt mich schneller zum Ziel als die anderen. Von den verschiedenen Mitteln, die alle dazu dienen, das angestrebte Ziel zu erreichen, wählt man normalerweise dasjenige, das einfacher, schneller, erfolgversprechender und so weiter zu sein scheint.

Wenn wir auf diese Weise handeln, handeln wir zielgerichtet. Wir verfolgen mit unserem Handeln einen Zweck, das heißt, unser Handeln dient einem Ziel, das wir vor Augen haben.

Manchmal handeln wir ziellos – wie ein Boot, das einfach von der Strömung davongetragen wird, ohne dass jemand am Steuer sitzt, um es zu lenken. Wenn wir auf diese Weise handeln, handeln wir zudem gedankenlos. Wir haben keinen Plan im Kopf, der unserem Handeln eine Richtung gäbe. Ziellos zu handeln erfordert kein Denken unsererseits.

In den meisten Fällen handeln wir jedoch zielgerichtet, und dann können wir nicht handeln, ohne vorher nachzudenken. Wir müssen darüber nachdenken, welchen Zweck wir verfolgen – welches Ziel wir zu erreichen versuchen. Wir müssen über die verschiedenen Mittel nachdenken, die wir einsetzen können, um es zu erreichen. Wir müssen darüber nachdenken, welches der alternativen Mittel besser geeignet sein könnte und warum das eine besser ist als das andere. Und wenn das Mittel, für das wir uns entscheiden, eines ist, das wir nicht einsetzen können, ohne zuvor etwas anderes zu tun, um es in die Hände zu bekommen, dann ist dieses Mittel selbst ein Ziel und wir müssen über die Mittel nachdenken, mit denen wir es erreichen können.

Diese Art des Denkens, wie ich es gerade beschrieben habe, ist praktisches Denken. Es ist ein Nachdenken über Ziele und Mittel – ein Nachdenken über das Ziel, das man erreichen möchte, und ein Denken darüber, was getan werden muss, um dorthin zu gelangen. Diese Art des Denkens ist für zielgerichtetes Handeln absolut notwendig.

Wie im vorigen Kapitel angesprochen, ist herstellungsorientiertes Denken ein Nachdenken über Dinge, die erschaffen werden sollen. Praktisches Denken hingegen ist das Nachdenken darüber, was zu tun ist. Für gutes herstellungsorientiertes Denken muss man über schöpferische Ideen, wie wir sie genannt haben, und Know-how verfügen. Für gutes praktisches Denken, das Lösungen bieten soll, wie man mit dem, was man tut, etwas Bestimmtes erreichen kann, muss man eine Idee von einem angestrebten Ziel haben sowie Ideen, wie man es erreichen kann. Und man muss auch über die Gründe nachdenken, weshalb eine Art, das Ziel zu verfolgen, besser ist als eine andere.

Allein durch das herstellungsorientierte Denken beziehungsweise das Denken mit dem Ziel, etwas zu erschaffen, wird noch nichts tatsächlich hergestellt. Ein solches Denken kann zu einer tatsächlichen Herstellung führen, aber die Produktion beginnt erst dann, wenn der Hersteller sich an die Arbeit macht und die Rohmaterialien so transformiert, dass die schöpferische Idee, die ihm vorschwebte, verwirklicht wird.

Auch das praktische Denken, das heißt das Denken, das eine Voraussetzung ist, um zielgerichtet zu handeln beziehungsweise das Nötige zu tun, um einen bestimmten Zweck oder ein bestimmtes Ziel zu erreichen, ist noch längst kein tatsächliches Handeln. Handeln beginnt, wenn das praktische Denken in die Praxis umgesetzt wird. Herstellungsorientiertes Denken kann auch noch fortgesetzt werden, während die tatsächliche Herstellung läuft. Praktisches Denken kann auch noch fortgesetzt werden, während bereits zielgerichtet gehandelt wird. Aber solange das Machen und Handeln nicht tatsächlich beginnen, tragen weder herstellungsorientiertes Denken noch praktisches Denken irgendwelche Früchte.

Abgesehen von wenigen Ausnahmefällen ziellosen Verhaltens handelt der Mensch laut Aristoteles stets mit einem Ziel vor Augen. Die Überlegungen, die er anstellt, um zielgerichtet zu handeln, beginnen mit dem Nachdenken über das zu erreichende Ziel, aber wenn er zu handeln beginnt, um dieses Ziel zu erreichen, muss er mit den dazu geeigneten Mittel anfangen. Das Ziel steht an erster Stelle bei den Überlegungen, die der Mensch anstellt, um zielgerichtet zu handeln, aber die Mittel stehen an erster Stelle bei dem, was er tut, um seine Ziele zu erreichen.

Wenn Aristoteles sagt, dass der Mensch stets – oder meistens – mit einem Ziel vor Augen handelt, sagt er auch, dass der Mensch handelt, um etwas Gutes zu erreichen oder zu besitzen. Für ihn ist der angestrebte Zweck immer etwas Gutes, das man sich wünscht.

Seiner Ansicht nach ergäbe es überhaupt keinen Sinn zu sagen, wir würden etwas tun, um ein Ziel zu erreichen, das wir als schlecht für uns ansehen. Das wäre das Gleiche, wie zu sagen, wir würden etwas anstreben, das wir gar nicht haben wollen. Es entspricht dem gesunden Menschenverstand, dass wir etwas, das wir als schlecht für uns ansehen, vermeiden wollen – und es nicht erlangen wollen.

Wie sieht es mit den Mitteln aus, die wir brauchen, um das Ziel, das wir uns in den Kopf gesetzt haben, zu erreichen? Ein Ziel anzustreben bedeutet, etwas erlangen zu wollen, das wir als gut erachten und uns wünschen. Sind die Mittel, die wir zum Erreichen des Zieles einsetzen müssen, auch etwas Gutes, das wir uns wünschen? Ja und nein. Die Mittel sind gut, aber nicht, weil wir sie uns um ihrer selbst willen wünschen, sondern nur, weil wir sie uns um einer anderen Sache willen wünschen.

Müssen wir Mittel immer als gut ansehen, weil sie uns die Möglichkeit eröffnen, das gewünschte Ziel zu erreichen? Sicherlich sind Mittel nur dann gut, wenn sie uns auch wirklich dabei helfen, unser Ziel zu erreichen. Doch wenn sie darüber hinaus noch weitere Auswirkungen mit sich bringen, kann es sein, dass sie nicht wünschenswert sind, aus Gründen, die nichts mit dem Erreichen des angestrebten Zieles zu tun haben.

Durch Stehlen könnte ich mir das Geld beschaffen, das ich für den Kauf meines Wunschautos benötige, aber das Stehlen könnte mich auch in ernsthafte Schwierigkeiten bringen, die ich vermeiden möchte. Die Mittel, die wir einsetzen, um das angestrebte Ziel zu erreichen, müssen nicht nur aus dem Grunde gut sein, dass sie uns dahin bringen, wohin wir wollen, sondern sie dürfen uns auch nicht dort landen lassen, wo wir nicht sein wollen – im Gefängnis.

Zusammenfassend lässt sich sagen, dass ein Mittel auch ein Ziel sein kann, das wir mit anderen Mitteln erreichen müssen, und dass ein Ziel auch ein Mittel zu einem weiteren Ziel sein kann. Diese beiden Beobachtungen führen zu zwei Fragen, um die wir nach Ansicht von Aristoteles nicht herumkommen. Die eine lautet: Gibt es Mittel, die reine Mittel sind und niemals Ziel? Die andere lautet: Gibt es Ziele, die nur Ziel und niemals Mittel sind – die Aristoteles als höchste Ziele oder Endziele bezeichnet, weil sie nur um ihrer selbst willen angestrebt werden und keine Mittel zu anderen Zielen sind?

Die erste Frage könnte man auch anders stellen: Gibt es Dinge, die wir uns nur um einer anderen Sache willen wünschen, niemals um ihrer selbst willen? Und die zweite Frage könnte man auch so stellen: Gibt es Dinge, die wir uns nur um ihrer selbst willen wünschen und niemals um einer anderen Sache willen?

Aristoteles vertrat die Auffassung, dass es Mittel gibt, die ausschließlich Mittel sind; Ziele, die auch Mittel sind, um ein anderes Ziel zu erreichen; und Ziele, die wir um ihrer selbst willen verfolgen und nicht um etwas anderes Gutes zu erreichen. Seine Gründe für diese Auffassung lauten wie folgt.

Wenn es nichts gäbe, das wir um seiner selbst willen wollen und nicht, um etwas anderes zu erreichen, gäbe es auch kein praktisches Denken. Wie wir bereits erfahren haben, muss praktisches Denken mit dem Nachdenken über ein Ziel beginnen, das angestrebt oder verfolgt werden soll. Wenn nun jedes Ziel, über das wir nachdenken, lediglich ein Mittel wäre, mit dem ein weiteres Ziel erreicht werden soll, und wenn dieses weitere Ziel wiederum ein Mittel wäre, um ein anderes Ziel zu erreichen, und das ginge *endlos* so weiter, dann könnte niemals praktisches Denken einsetzen.

Wie bereits erwähnt, müssen wir bei der Umsetzung des praktischen Denkens in tatsächliches Handeln das Mittel an den Anfang stellen, mit dem wir das Ziel, das wir im Auge haben, erreichen können. Wenn dieses Mittel selbst ein Zweck ist, der von uns verlangt, Mittel zu finden, um ihn zu erfüllen, dann können wir unser Tun, unser zielgerichtetes Handeln, nicht damit beginnen. Um zielgerichtet handeln zu können, müssen wir mit einem Mittel beginnen, das nur ein Mittel ist und nicht auch ein Zweck, der andere Mittel erfordert, um ihn zu erfüllen.

Bis jetzt habe ich Ihnen nur dargelegt, *warum* es Ziele geben muss, die keine Mittel sind, und warum es Mittel geben muss, die keine Ziele sind. Es würde mich nicht überraschen, wenn Ihre Reaktion nun darin bestünde, dass Sie sich fragen, wie Sie jemals praktisches Denken betreiben konnten, ohne Ihr höchstes Ziel beziehungsweise Ihr Endziel zu kennen. Wenn das praktische Denken nicht mit einem Ziel beginnen kann, das ein Mittel zu einem anderen Zweck ist, und wenn Sie bewusst kein Ziel haben, das Sie um seiner selbst willen und nicht wegen irgendetwas anderem anstreben, wie könnten Sie dann überhaupt anfangen, praktisch zu denken? Da Sie im Laufe Ihres Lebens zweifellos viele praktische Überlegungen angestellt haben, muss Aristoteles falschliegen, wenn er behauptet, dass praktisches Denken erst dann beginnen kann, wenn Sie ein höchstes Ziel oder ein Endziel im Sinn haben.

So scheint es jedenfalls zu sein. Eine Unterscheidung zwischen zwei Arten, wie man ein höchstes Ziel beziehungsweise Endziel im Sinn haben kann, wird uns der Lösung dieses Problems näher bringen. Um die erforderliche Unterscheidung zu verstehen, beginnen wir mit dem, was wir in der Schule über Geometrie gelernt haben – die gleiche Art von Geometrie, mit der auch Aristoteles bereits vertraut war.

Um geometrische Sätze zu beweisen, muss man mit den wichtigsten Grundlagen der Geometrie beginnen. In der Geometrie des Euklid bestehen die Grundlagen aus Definitionen, Axiomen und Postulaten. Die Definitionen von Punkten, Linien, Geraden, Dreiecken und so weiter werden benötigt, ebenso wie Axiome wie »Das Ganze ist größer als jedes seiner Teile« und »Dinge, die demselben Ding gleich sind, sind einander gleich«. Hinzu kommen die Postulate – Annahmen, die Euklid aufstellt, um die zu beweisenden Sätze zu beweisen.

Der Unterschied zwischen den Axiomen und den Postulaten ist, dass man die Axiome nicht abstreiten kann. Man kann nicht umhin, ihnen zuzustimmen. Versuchen Sie beispielsweise mal, sich vorzustellen, ein Teil sei größer als das Ganze, zu dem es gehört. Aber wenn Euklid Sie auffordert anzunehmen, Sie könnten von jedem beliebigen Punkt zu jedem beliebigen anderen Punkt eine Gerade ziehen, dann mögen Sie zwar dazu bereit sein, dieser Annahme zuzustimmen, aber Sie müssen es nicht tun. Sie ist beileibe nicht so zwingend wie das Axiom über das Ganze und seine Teile.

So wie Axiome und Postulate verschiedene Arten von Ausgangspunkten im geometrischen Denken sind, so gibt es auch verschiedene Arten von Ausgangspunkten im praktischen Denken. So wie Sie das als wahr annehmen können, was Euklid als selbstverständlich voraussetzt, um seine geometrischen Beweise in Gang zu setzen, so können Sie auch in Ihrem eigenen praktischen Denken als gegeben annehmen, dass ein bestimmtes Ziel oder ein bestimmter Zweck endgültig ist, und keine weiteren Fragen dazu stellen, *selbst wenn solche gestellt werden könnten.*

Mit anderen Worten: Die meisten von uns beginnen praktisches Denken nicht damit, dass wir das absolut höchste Ziel beziehungsweise das Endziel vor Augen haben, sondern damit, davon auszugehen, dass das Ziel, das wir vor Augen haben – zumindest vorläufig –, so betrachtet werden kann, *als ob* es ein Ziel wäre, zu dem keine weiteren Fragen gestellt werden müssen.

In dem von uns betrachteten Beispiel könnten wir die Möglichkeit, mit dem Auto zur Schule oder zur Arbeit zu fahren, als den Zweck ansehen, für den der Besitz eines Autos, die Möglichkeit, es zu kaufen, die Beschaffung des Geldes, das für den Kauf benötigt wird, und so weiter die Mittel sind. Sie wissen natürlich, dass man Sie fragen könnte, warum Sie zur Schule oder zur Arbeit fahren wollen, und Ihre Antwort auf diese Frage könnte zu einem weiteren *Warum* führen, bis Sie zu einer Antwort kommen, zu der kein weiteres *Warum* mehr gefragt werden kann.

Diese Antwort, wenn Sie denn jemals dorthin gelangen sollten, wäre Ihr Verständnis von dem höchsten Ziel oder Endziel, für das alles andere nur als Mittel dient. Aber Sie müssen ein solches Ziel nicht vor Augen haben, um mit praktischem Denken oder zielgerichtetem Handeln zu beginnen, denn Sie können vorläufig davon ausgehen, dass irgendein Ziel, das Sie vor Augen haben, vorerst das höchste ist – etwas, das Sie um seiner selbst willen wollen.

Sie können sich auch noch, während Sie das tun, was getan werden muss, um dieses Ziel zu erreichen, fragen, weshalb Sie es eigentlich erreichen wollten, aber Sie müssen diese Frage nicht zuerst stellen, um dann über die Mittel nachzudenken, mit denen Sie es erlangen können, oder um zu tun, was nötig ist, um die Mittel für diesen Zweck einzusetzen. Diese Frage kann aufgeschoben werden – vorläufig, aber nicht für immer, zumindest nicht, wenn Sie ein planvolles, zielgerichtetes Leben führen wollen.

10

Leben und gut leben

Je jünger wir sind, desto zielloser handeln wir. Wenn schon nicht ziellos, dann doch wenigstens spielerisch. Es gibt einen Unterschied zwischen ziellosem Handeln und spielerischem Handeln. Wir handeln ziellos, wenn wir kein Ziel vor Augen haben, keinen Zweck. Wenn wir uns aber spielerisch verhalten, haben wir ein Ziel – die Freude, den Spaß am Spiel oder an was auch immer es ist, das wir spielerisch angehen. Das Vergnügen, das wir aus der Aktivität selbst ziehen, ist unser Ziel. Es steckt keine weitere Absicht beziehungsweise kein weiteres Ziel dahinter; es allein ist Ziel genug.

Hinter ernsthaften Aktivitäten steckt im Gegensatz zu spielerischen Aktivitäten immer eine bestimmte Absicht. Wir handeln in einer bestimmten Weise, um ein Ziel zu erreichen, für das eben dieses Handeln ein Mittel ist. Der Unterschied zwischen Arbeit und Spiel besteht darin, ob man einen anderweitigen Zweck anstrebt oder nicht, worauf ich später noch näher eingehen werde. Wir alle wissen, dass Arbeit eine ernsthafte Tätigkeit ist und dass sie selten so vergnüglich ist wie Spiel.

Je jünger wir sind, desto unwahrscheinlicher ist es, dass wir einen gut ausgearbeiteten Plan für unser Leben haben. Wenn wir jung sind, sind unsere Ziele wahrscheinlich unmittelbarer, kurzfristiger Natur – etwas, das wir tun wollen, etwas, das wir haben wollen, etwas, an dem wir uns heute, morgen oder spätestens nächste Woche erfreuen können. Solche Ziele sind wohl kaum ein Plan für das gesamte Leben. Für einen jungen Menschen ist es sehr schwierig, über sein Leben als Ganzes nachzudenken.

Während wir älter werden, werden wir immer zielstrebiger. Wir werden auch ernster und weniger spielerisch. Das gilt im Allgemeinen, aber nicht für jeden Menschen. Es gibt Ausnahmen. Manche ältere Menschen leben nur zum Vergnügen und zum Genuss, und das über jemanden zu sagen ist kein Kompliment. Im Gegenteil, wir kritisieren sie damit dafür, dass sie zu viel Zeit und Energie auf das Spielen verwenden und zu wenig auf ernsthafte Aktivitäten. Für uns ist ein erwachsener Mensch, der so lebt, nicht wirklich erwachsen, sondern kindisch. Für Kinder ist es in Ordnung, einen Großteil ihrer Zeit zu spielen, aber nicht für erwachsene Männer und Frauen.

Während wir älter und zielstrebiger, ernsthafter und weniger verspielt werden, versuchen wir, unsere verschiedenen Ziele zu einem kohärenten Lebensplan zusammenzufügen. Und wenn nicht, dann sollten wir es tun, so Aristoteles. Wir sollten versuchen, einen Plan für unser Leben zu entwickeln, um so gut wie möglich zu leben.

Sokrates, der sowohl Platons als auch Aristoteles' Lehrer war, sagte, ein ungeprüftes Leben sei nicht lebenswert – und meinte damit, die Überprüfung des eigenen Verhaltens und Handelns, sprich: Reflexion und Selbsterkenntnis, gehöre zu einem lebenswerten Leben dazu. Aristoteles ging noch weiter und sagte, dass ein planloses Leben es nicht wert sei, überprüft zu werden, denn bei einem planlosen Leben wisse man nicht, was man tun wolle und warum, und man wisse ebenso nicht, was man erreichen wolle und wie man es erlangen könne. Ein planloses Leben ist ein Wirrwarr, ein Durcheinander. Es lohnt sich ganz sicher nicht, es genauer zu überprüfen.

Ein planloses Leben ist nicht nur nicht überprüfenswert, sondern auch nicht lebenswert, weil es nicht gut gelebt werden kann. Sein Leben zu planen bedeutet, sich Gedanken darüber zu machen, und das bedeutet, sich Gedanken über die Ziele zu machen, die man anstrebt, und über die Mittel, mit denen sie sich erreichen lassen. Gedankenlos vor sich hin zu leben ist genauso, wie ziellos zu handeln. Es bringt einen nicht weiter.

Aber aus Aristoteles' Sicht reicht es nicht aus, Sie davon zu überzeugen, dass Sie einen Plan für Ihr Leben haben müssen, um ein gutes Leben führen zu können. Er möchte Sie auch davon überzeugen, dass Sie den richtigen Plan haben müssen. Nicht jeder Plan ist gleich gut. Es gibt viele falsche Pläne, aber nur einen richtigen Plan. Wenn Sie einen der falschen Pläne wählen, werden Sie am Ende, so Aristoteles, kein gutes Leben gehabt haben. Um am Ende ein gutes Leben gehabt zu haben, muss man es nach dem richtigen Plan gelebt haben.

Nach dem richtigen Plan? Aristoteles kann uns vielleicht leicht davon überzeugen, dass wir einen Plan für unser Leben haben sollten, um es wohlüberlegt und zielgerichtet zu führen. Das sagt uns schon der gesunde Menschenverstand. Aber es ist für Aristoteles sicherlich nicht so leicht, uns davon zu überzeugen, dass es nur einen richtigen Plan gibt, nach dem wir uns richten sollten. Wenn ihm das gelingen sollte, wäre es ein weiteres Indiz für seinen ungewöhnlichen gesunden Menschenverstand.

Wie kann es sein, dass genau ein Lebensplan richtig ist und alle anderen falsch sind? Auf diese Frage kann es nach Aristoteles nur eine Antwort geben. Der Plan, der auf das richtige Endziel ausgerichtet ist – das Ziel, das wir alle anstreben sollten –, ist der richtige. Das mag zwar die Antwort auf die Frage sein, aber es lässt eine weitere Frage unbeantwortet: Was ist denn das richtige Endziel – das Ziel, das wir alle anstreben sollten? Man versteht sofort, dass, wenn es ein richtiges Endziel gäbe, wir dieses anstreben sollten. Genau so, wie wir unmöglich glauben können, dass ein Teil eines Ganzen größer ist als das Ganze, von dem es ein Teil ist, können wir auch unmöglich glauben, dass wir ausgerechnet ein falsches Ziel anstreben sollten. Wenn ein Ziel falsch ist, sollten wir nicht versuchen, es zu erreichen. Das sollten wir nur versuchen, wenn das Ziel richtig ist.

Ja, gut, sagen Sie nun vielleicht, aber damit ist die wichtige Frage immer noch nicht beantwortet. Was ist das richtige Endziel? Welches ist das eine Ziel, das wir alle anstreben sollten?

Vielleicht glauben Sie, das sei eine schwer zu beantwortende Frage, aber Aristoteles sieht das nicht so. Vielleicht sollte ich sagen, dass es ihm sehr leichtfällt, eine seiner Antworten auf diese Frage zu geben. Aber diese Antwort ist nicht vollständig. Die vollständige Antwort ist viel schwieriger zu formulieren und zu begreifen. Beginnen wir mit der einfacheren, wenn auch unvollständigen Antwort.

Das richtige Ziel, das wir alle anstreben sollten, ist ein gutes Leben. Aristoteles' Argumentation zu diesem Punkt ist einfach und, wie ich finde, überzeugend. Ich werde sie nachfolgend zusammenfassen.

Es gibt bestimmte Dinge, die wir tun, um einfach nur zu überleben – zum Beispiel unserem Körper Nahrung zuzuführen, ihn zu pflegen und gesund zu halten, wofür die meisten von uns arbeiten gehen müssen, um das Geld zu verdienen, das wir für Nahrung, Kleidung und Unterkunft brauchen.

Darüber hinaus gibt es weitere Dinge, die wir tun, um *gut* zu leben. Wir bemühen uns um eine Ausbildung, weil wir der Ansicht sind, dass ein größerer Wissensschatz, als er zum reinen Überleben nötig wäre, unser Leben bereichert. Bestimmte Vergnügungen wären nicht nötig, um am Leben zu bleiben; sie zu haben macht jedoch das Leben reicher und besser.

Sowohl das Überleben als auch das gute Leben sind Ziele, für die wir die entsprechenden Mittel finden müssen. Aber das Leben an sich, oder das Überleben, ist selbst auch ein Mittel zum Zweck, nämlich zu dem, gut zu leben. Es ist unmöglich, gut zu leben, ohne am Leben zu bleiben – so lange wie möglich oder zumindest so lange, wie es wünschenswert erscheint.

Wie ich gerade gesagt habe, ist zu leben ein Mittel, um gut zu leben. Aber wozu ist ein gutes Leben ein Mittel? Laut Aristoteles kann es auf diese Frage keine Antwort geben, denn ein gutes Leben ist ein Ziel an sich, ein Ziel, das wir um seiner selbst willen anstreben und nicht um eines anderen Zieles willen oder zu einem anderweitigen Zweck.

Was auch immer uns sonst noch einfallen mag, was auch immer wir sonst noch als gut oder wünschenswert bezeichnen, ist entweder ein Mittel zum Leben oder zu einem guten Leben. Wir können uns das Leben als Mittel für ein gutes Leben vorstellen, aber wir können uns ein gutes Leben nicht als Mittel für irgendetwas anderes vorstellen.

Aristoteles ist der Meinung, dass dies für jeden von uns offensichtlich sein müsste. Er ist auch der Meinung, dass unsere übliche Erfahrung zeigt, dass wir uns in der Tat alle einig darüber sind.

Das Wort, das er für ein gut geführtes Leben (oder ein gutes Leben) verwendet (*eudaimonia*), wird für gewöhnlich mit »Glückseligkeit« – manchmal auch einfach mit »Glück« – übersetzt. Glückseligkeit, sagt Aristoteles, ist das, wonach jeder strebt. Niemand, der gefragt wird, ob er Glückseligkeit erlangen will, würde sagen: »Nein, ich will stattdessen Elend.«

Darüber hinaus kann niemand, wenn er gefragt wird, warum er Glückseligkeit erlangen will, einen Grund dafür nennen, es zu wollen. Der einzige Grund, es zu wollen, müsste ein noch höheres Ziel sein, für dessen Erreichung die Glückseligkeit ein Mittel ist. Aber es gibt kein höheres Ziel. Es gibt nichts, was über die Glückseligkeit oder ein gutes Leben hinausgeht, für das die Glückseligkeit als Mittel dienen könnte.

Ich habe das Wort »Glückseligkeit« synonym zu »gut leben« oder »ein gutes Leben« verwendet. Doch was genau Aristoteles mit »Glückseligkeit« oder »Glück« gemeint hat, ist nicht so klar und offensichtlich, wenn diese Wörter in einer anderen Bedeutung verwendet werden. Bei »Glückseligkeit« sowieso, aber auch bei »Glück« könnte ich es noch vermeiden, das Wort in einer anderen Bedeutung zu verwenden, aber ich kann es nicht vermeiden, das Wort »glücklich« in vielen verschiedenen Bedeutungen zu benutzen, Bedeutungen, die auf unterschiedliche Weise mit Glück – und Glückseligkeit – zu tun haben.

Wir fragen einander: »Hattest du eine glückliche Kindheit?« Wir fragen einander: »Bist du gerade glücklich?« Wir sagen zueinander: »Ich wünsche dir eine glückliche Zeit.« Wenn wir das Wort »glücklich« auf diese Weise verwenden, meinen wir die Freude oder

Zufriedenheit, die wir empfinden, wenn wir bekommen, was wir uns wünschen.

Menschen, die zufrieden sind, weil sie haben, was sie wollen, fühlen sich glücklich. Eine glückliche Zeit ist eine Zeit, die eher mit Vergnügen als mit Schmerz, eher mit Zufriedenheit als mit Unzufriedenheit gefüllt ist. Deshalb können wir heute glücklich und morgen unglücklich sein. Wir können eine glückliche Zeit haben und bei anderer Gelegenheit eine unglückliche Zeit.

Unterschiedliche Menschen begehren für sich selbst unterschiedliche Dinge. Sie wünschen sich nicht das Gleiche. Was der eine begehrt, möchte der andere vielleicht vermeiden. Das bedeutet, dass das, was der eine als gut für sich selbst ansieht, der andere als schlecht empfinden kann.

Wir unterscheiden uns in unseren Wünschen und daher auch in dem, was wir als gut für uns ansehen. Was den einen glücklich macht, kann bei einem anderen genau das Gegenteil bewirken.

Doch wenn es so ist, dass unterschiedliche Menschen sich nach unterschiedlichen Aktivitäten glücklich fühlen oder wenn sie die unterschiedlichen Dinge erlangt haben, die sie sich wünschen, wie kann man dann sagen, dass Glückseligkeit – gut zu leben beziehungsweise ein gutes Leben zu führen – das richtige Ziel oder das höchste Ziel ist, das alle Menschen anstreben sollten?

Aristoteles mag uns vielleicht davon überzeugen, dass wir alle uns Glückseligkeit wünschen. Er kann uns vielleicht auch davon überzeugen, dass wir alle die Glückseligkeit um ihrer selbst willen wollen und nicht, um irgendetwas anderes zu erreichen. Aber wie sollte er uns davon überzeugen können, dass wir alle, die wir Glückseligkeit um ihrer selbst willen wollen, genau dasselbe wollen?

Menschen, die nach Glück streben (das heißt danach, glücklich zu sein), scheinen tatsächlich nach unterschiedlichen Dingen zu streben. Das ist eine ganz gewöhnliche Erfahrung, die auch Aristoteles ohne zu zögern anerkannte. Er wusste aus gewöhnlicher Erfahrung heraus, wie auch wir, dass manche Menschen meinen, das Glück bestehe darin, großen Reichtum anzuhäufen; andere meinen, es bestehe darin, große Macht zu besitzen oder berühmt zu werden oder viel Spaß zu haben.

Wenn Glück – wie das Gefühl, glücklich zu sein – daraus resultiert, dass man bekommt, was man sich wünscht, und wenn unterschiedliche Menschen unterschiedliche Dinge für sich wünschen, dann muss das Glück, das es zu erreichen gilt, für verschiedene Menschen unterschiedlich aussehen.

Wenn das so ist, wie kann es dann einen richtigen Plan für ein gutes Leben geben? Wie kann es ein höchstes Ziel geben, das jeder anstreben sollte? Glückseligkeit oder ein gutes Leben mag das höchste Ziel sein, das wir alle anstreben, aber es scheint nicht für jeden das gleiche Ziel zu sein.

Erinnern Sie sich bitte an etwas, das ich zu Beginn dieses Kapitels gesagt habe. Ich sagte, dass es eine einfache, aber unvollständige Antwort auf die Frage gibt: Was ist das eine richtige Endziel, das wir alle anstreben sollten? Die einfache, aber unvollständige Antwort lautet: Glückseligkeit, gut zu leben beziehungsweise ein gutes Leben als Ganzes. Um zur vollständigen Antwort zu gelangen, müssen wir herausfinden, ob Aristoteles uns darlegen kann, warum gut zu leben, ein gutes Leben zu führen beziehungsweise Glückseligkeit für alle Menschen das Gleiche bedeutet.

11

GUT, BESSER, AM BESTEN

Wir wissen aus typischer Lebenserfahrung, dass sich die Menschen in ihren Wünschen unterscheiden. Wir wissen auch, dass wir in unserer Alltagssprache das Wort »gut« als Bezeichnung für die Dinge verwenden, die wir für wünschenswert halten.

Wenn wir eine Sache als wünschenswerter ansehen als eine andere, halten wir sie für besser. Und von mehreren wünschenswerten Dingen ist dasjenige, das wir am meisten begehren, in unseren Augen das beste.

Das Nachdenken über diese Tatsachen unserer allgemeinen Erfahrung und des allgemeinen Sprachgebrauchs führte Aristoteles zu der Schlussfolgerung, dass die beiden Begriffe – das Gute und das Wünschenswerte – untrennbar miteinander verbunden sind. Ebenso axiomatisch wie Euklids »ein Teil ist weniger als das Ganze«

und »das Ganze ist größer als ein Teil desselben« sind auch »das Gute ist wünschenswert« und »das Wünschenswerte ist gut«.

Lassen Sie mich nun auf das Problem zurückkommen, das wir am Ende des vorangegangenen Kapitels ungelöst gelassen haben. Da unterschiedliche Menschen unterschiedliche Wünsche haben, fällt es Aristoteles schwer, uns davon zu überzeugen, dass alle Menschen das gleiche Ziel vor Augen haben, wenn sie ein gutes Leben oder Glück anstreben. Was nach Ansicht eines Menschen zum Glück führt, kann sich von dem, was ein anderer für ein gutes Leben hält, stark unterscheiden. Wie kann Aristoteles dann an seiner Ansicht festhalten, dass es nur einen richtigen Plan für ein gutes Leben oder für das Erreichen von Glück gibt?

Das kann er nur, wenn er uns helfen kann zu verstehen, dass die menschlichen Wünsche unterschiedlicher Art sind und dass das, was für die eine Art von Wunsch gilt, nicht für eine andere Art gilt.

Die Art von Wünschen, die wir bisher betrachtet haben, sind individuelle Wünsche, Wünsche, die im Laufe des Lebens eines Menschen und aufgrund seiner individuellen Erfahrungen entstehen. Da sich die Menschen nicht nur in Temperament und Naturell voneinander unterscheiden, sondern auch im Leben, das sie führen, und in ihren besonderen Erfahrungen, unterscheiden sie sich auch in ihren individuellen Wünschen.

Obwohl jeder Mensch ein einzigartiges Individuum mit einem einzigartigen Leben und einzigartigen Erfahrungen ist, besitzen alle Menschen als Mitglieder des Menschengeschlechts eine gemeinsame Menschlichkeit. Der Vielzahl und Vielfalt der individuellen Unterschiede liegen gemeinsame Merkmale oder Eigenschaften zugrunde, die alle Menschen besitzen, eben weil sie allesamt Menschen sind.

In den meisten Fällen handelt es sich bei diesen Unterschieden um graduelle Unterschiede. Alle Menschen haben Augen und Ohren, sie können sehen und hören, aber bei einer Person kann die Sehkraft stärker oder das Gehör feiner sein als bei einer anderen. Alle Menschen besitzen einen Verstand, aber dieser kann bei einer Person schärfer ausgeprägt sein als bei einer anderen. Alle Menschen brauchen Nahrung, um ihren Körper mit Nährstoffen zu versorgen und vital zu bleiben, aber wenn eine Person größer ist als eine andere, braucht sie vielleicht mehr Nahrung.

Dieses letzte Beispiel einer gemeinsamen Eigenschaft, die den individuellen Unterschieden zugrunde liegt, lenkt die Aufmerksamkeit auf die andere Art von Wünschen beziehungsweise des Verlangens – eine Art des Verlangens, die natürlich ist, nicht erworben, und die bei allen Menschen gleich ist und sich bei den verschiedenen Individuen nicht unterscheidet, außer im Grad, im Ausmaß. Wenn wir sagen, dass wir etwas zu essen *brauchen,* sagen wir damit, dass wir nach Essen begehren, genauso wie wir sagen, dass wir ein neues Auto *wollen,* und damit sagen, dass wir es begehren. Diese beiden Wörter – »brauchen« und »wollen« – bringen ein Verlangen zum Ausdruck, aber nicht die gleiche Art von Verlangen.

Bedürfnisse wie das nach Nahrung sind ein angeborenes Verlangen – ein Verlangen, das unserer menschlichen Natur innewohnt, weil wir bestimmte natürliche Fähigkeiten oder Neigungen haben, Fähigkeiten oder Neigungen, die uns allen gemeinsam sind, weil wir alle die gleiche menschliche Natur haben. Wir alle haben die biologische Fähigkeit, Nahrung aufzunehmen und zu verarbeiten. Alle Pflanzen und Tiere besitzen diese Fähigkeit, Steine jedoch nicht. Alle Lebewesen brauchen Nahrung. Ohne Nahrung sterben sie. Die Erfüllung dieses Bedürfnisses ist notwendig, um das Leben zu erhalten.

Der Mensch erwirbt das Verlangen nach Nahrung nicht im Laufe seines Lebens oder aufgrund seiner individuellen Erfahrungen. Er braucht Nahrung, ob er es weiß oder nicht, und er braucht sie auch dann, wenn er das Bedürfnis nicht verspürt, wie es bei einem Hungergefühl der Fall wäre. Hunger zu haben bedeutet lediglich, ein natürliches Bedürfnis zu verspüren, das jederzeit und bei jedem vorhanden ist.

Ob Menschen nun in Asien, Afrika, Europa oder Nordamerika geboren werden, sie alle haben das gleiche Bedürfnis nach Essen und Trinken, und alle werden bei bestimmten Gelegenheiten Hunger und Durst verspüren. Aber da sie in unterschiedlichen Regionen geboren werden und unter unterschiedlichen Umständen aufwachsen, werden diese verschiedenen Menschen ein Verlangen nach unterschiedlichen Arten von Nahrungsmitteln und Getränken entwickeln. Wenn sie hungrig oder durstig sind (was ihrem bewussten Erleben eines natürlichen Bedürfnisses entspricht), werden sie verschiedene Arten von Nahrungsmitteln und Getränken wollen, um ihr Verlangen zu stillen.

Sie *brauchen* keine verschiedenen Arten von Nahrungsmitteln und Getränken. Sie *wollen* sie. Wäre die Art von Speisen oder Getränken, die sie wollen, nicht verfügbar, könnte ihr Bedarf auch durch Speisen und Getränke gedeckt werden, die sie nicht wollen, weil sie noch kein Verlangen danach entwickelt haben.

Das Beispiel, das wir soeben betrachtet haben, ist ein biologisches Bedürfnis, ein Bedürfnis, das nicht nur allen Menschen, sondern allen Lebewesen gemeinsam ist. Betrachten wir nun ein spezifisch menschliches Bedürfnis, ein Bedürfnis, das nur den Menschen gemeinsam ist, weil es aus einer Fähigkeit erwächst, die ein besonderes Merkmal der menschlichen Natur ist.

Weiter vorn in diesem Buch habe ich bereits angemerkt, dass sich der Mensch von anderen Tieren durch seine Fähigkeit unterscheidet, Fragen zu stellen, um Wissen über sich selbst und über die Welt, in der er lebt, zu erlangen. In Anerkennung dieser Tatsache beginnt Aristoteles eines seiner wichtigsten Bücher mit dem Satz: »Alle Menschen streben von Natur aus nach Wissen.« Er will damit sagen, dass das Verlangen nach Wissen ein ebenso natürliches Bedürfnis ist wie das Verlangen nach Nahrung.

Es gibt jedoch einen interessanten Unterschied zwischen dem Bedürfnis nach Wissen und dem Bedürfnis nach Nahrung. Wenn es Menschen an Nahrung mangelt, sind sich die meisten dieses Mangels bewusst, sobald sie Hunger verspüren. Wenn es ihnen an Wissen mangelt, sind sie sich jedoch nicht immer dieses Mangels bewusst. Leider nehmen wir die Qualen der Unwissenheit selten so deutlich wahr, wie wir die Qualen des Hungers spüren.

Jedes erworbene Verlangen ist uns bewusst, wenn wir es haben. Das gilt nicht für die natürlichen Bedürfnisse. Einige davon, wie das Bedürfnis nach Essen und Trinken, sind uns bewusst, wenn es uns an dem, was wir brauchen, mangelt. Aber andere natürliche Bedürfnisse, wie das Bedürfnis nach Wissen, können uns bewusst sein oder auch nicht, selbst wenn es uns an dem, was wir brauchen, mangelt.

Dass wir uns eines natürlichen Bedürfnisses nicht bewusst sind, sollte uns nicht zu dem Fehler verleiten zu glauben, dass dieses Bedürfnis nicht existiert. Es gibt es, ob wir uns dessen bewusst sind oder nicht.

Ich habe einige Beispiele für natürliche Bedürfnisse angeführt, um sie den erworbenen Wünschen gegenüberzustellen und um Aristoteles' Unterscheidung zwischen zwei Arten von Verlangen zu veranschaulichen. Es ist nicht nötig zu versuchen, hier eine erschöpfende Aufzählung der natürlichen Bedürfnisse vorzubringen, die allen Menschen gemeinsam sind, da sie alle Potenzialitäten, Fähigkeiten und Neigungen, die ihrer spezifischen menschlichen Natur innewohnen, gemeinsam haben. Jetzt möchte ich vielmehr zeigen, wie Aristoteles' Unterscheidung zwischen zwei Arten von Verlangen dazu beiträgt, uns davon zu überzeugen, dass es einen richtigen Plan für ein gutes Leben gibt, den wir alle übernehmen sollten.

Um seine Argumentation zu verstehen, müssen wir zunächst anerkennen, was wohl allen oder den meisten von uns klar sein dürfte – dass wir oft Dinge wollen, die wir nicht brauchen. Wir begehen sogar den Fehler zu sagen, dass wir sie brauchen, obwohl wir sie nur wollen. Niemand braucht Kaviar, aber viele Menschen, die auf den Geschmack gekommen sind, wollen ihn; und sie erlauben sich vielleicht sogar zu sagen, dass sie ihn bräuchten.

Das ist nicht der einzige Fehler, den man in Bezug auf seine Wünsche begehen kann. Man kann auch etwas wollen, das eigentlich nicht gut für einen ist. Manche Menschen wollen Drogen oder andere Substanzen, die schädlich für sie sind. Sie haben ein starkes Verlangen nach diesen Dingen entwickelt und wollen sie so sehr, dass sie den Schaden, den sie sich selbst damit zufügen, ausblenden. Sie wollen etwas, das schlecht für sie ist. Aber weil sie es wollen, erscheint es ihnen in dem Moment, in dem sie ihr Verlangen stillen wollen, gut.

Wenn es ihnen nicht gut erscheinen würde, wäre es falsch zu sagen, dass das Wünschenswerte gut ist. Wenn sie etwas begehren, das in Wirklichkeit schlecht für sie ist, erscheint es ihnen trotzdem gut. Ihr Verlangen oder ihr Wunsch war falsch beziehungsweise haben sie sich damit geirrt. Deshalb war das, was ihnen gut erschien, eigentlich nicht gut.

Im Gegensatz zu den Dingen, die Sie wollen und die Ihnen zu dem Zeitpunkt, zu dem Sie sie wollen, gut erscheinen, sich aber zu einem späteren Zeitpunkt als das Gegenteil von gut herausstellen können, sind die Dinge, die Sie brauchen, *immer* gut für Sie. Weil sie tatsächlich gut für Sie sind, sind sie nicht zu einem bestimmten Zeitpunkt gut und zu einem anderen das Gegenteil.

Sie können sich irren, wenn Sie glauben, dass Sie etwas brauchen, obwohl Sie es nur wollen – zum Beispiel Kaviar –, aber Ihre Bedürfnisse sind niemals falsch oder nur eine irrige Annahme, wie es Ihre Wünsche sein können und oft auch tatsächlich sind. Sie können kein falsches oder irrtümliches Bedürfnis haben. Und alles, was Sie brauchen, ist etwas, das wahrhaft gut für Sie ist, nicht etwas, das nur zu einem bestimmten Zeitpunkt gut zu sein scheint, weil Sie es sich wünschen.

Nun wird deutlich, dass Aristoteles' Unterscheidung zwischen natürlichem und erworbenem Verlangen (oder zwischen Bedürfnissen und Wünschen) eng mit einer anderen Unterscheidung, die er trifft, zusammenhängt – zwischen dem wahrhaft und dem scheinbar Guten. Das, was wahrhaft gut für Sie ist, befriedigt Ihre natürlichen Bedürfnisse. Das, was nur scheinbar gut für Sie ist, aber möglicherweise in Wahrheit doch nicht gut für Sie ist, befriedigt Ihre erworbenen Wünsche.

Man könnte es auch so ausdrücken, dass etwas scheinbar Gutes die Dinge sind, die wir als gut bezeichnen, weil wir sie zu diesem Zeitpunkt bewusst begehren. Wir wollen sie. Weil wir sie wollen, erscheinen sie uns gut und wir bezeichnen sie als gut. Im Gegensatz dazu sind die Dinge wahrhaft gut, die wir brauchen, unabhängig davon, ob wir uns dieses Bedürfnisses bewusst sind oder nicht. Sie sind deshalb wahrhaft gut, weil sie ein der menschlichen Natur innewohnendes Verlangen befriedigen.

Es gibt noch eine weitere Möglichkeit, denselben Sachverhalt zu veranschaulichen, und es lohnt sich, sie sich anzusehen, weil wir dank ihr zu einem besseren Verständnis von Aristoteles' Argumentation gelangen. Das Gute ist das Wünschenswerte und das Wünschenswerte ist das Gute. Aber eine Sache kann in zwei verschiedenen Bedeutungen von »wünschenswert« wünschenswert sein, genauso wie sie in zwei Bedeutungen von »gut« gut sein kann. Wir können etwas wünschenswert nennen, weil wir es uns zu einem bestimmten Zeitpunkt tatsächlich wünschen. Oder wir können etwas wünschenswert nennen, weil wir es uns wünschen sollten, unabhängig davon, ob wir es uns zu einem bestimmten Zeitpunkt tatsächlich wünschen oder nicht.

Was in einem Sinne wünschenswert ist, mag nicht unbedingt auch im anderen Sinne wünschenswert sein. Es kann sein, dass wir etwas begehren, was wir nicht begehren sollten, oder dass wir das, was wir begehren sollten, nicht begehren. Das, was wahrhaft gut für uns ist, sollten wir immer begehren, weil wir es brauchen, und unsere Bedürfnisse trügen nie. Aber das, was nur scheinbar gut für uns ist, ist etwas, das wir vielleicht nicht begehren sollten, denn es könnte sich um etwas handeln, das sich in Wahrheit als schlecht für uns erweisen wird, auch wenn es in dem Moment, in dem wir es wollen, gut zu sein erscheint, weil wir es wollen.

Der einzig richtige Plan, um Glückseligkeit oder ein gutes Leben zu erreichen, ist nach Aristoteles ein Plan, der uns dazu bringt, nach all jenem zu streben und es zu erlangen, was wahrhaft gut für uns ist. Das sind die Dinge, die wir nicht nur brauchen, um zu überleben, sondern auch, um gut zu leben. Wenn wir nach all dem wahrhaft Guten streben, das wir uns im Laufe unseres Lebens aneignen sollten, so streben wir nach Glückseligkeit gemäß dem einen richtigen Lebensplan, den wir verfolgen sollten.

Da die natürlichen Bedürfnisse, die auf unseren gemeinsamen menschlichen Fähigkeiten und Neigungen beruhen, bei allen Menschen gleich sind, ist das, was für den einen Menschen wahrhaft gut ist, auch für jeden anderen wahrhaft gut. Deshalb ist die menschliche Glückseligkeit für alle Menschen gleich: Sie besteht aus dem Besitz all der Dinge, die für einen Menschen wahrhaft gut sind, und die nicht auf einmal, sondern im Laufe eines Lebens erworben werden. Und deshalb gibt es tatsächlich einen einzigen richtigen Plan für ein gutes Leben, der für alle Menschen derselbe ist.

Kein menschliches Leben kann gänzlich ohne etwas wahrhaft Gutes auskommen, denn allein schon auf biologischer Ebene würde der völlige Entzug von allem, was die Grundbedürfnisse befriedigt, ein längeres Überleben unmöglich machen. Die biologischen Bedürfnisse nach Essen, Trinken, Kleidung, Unterkunft und Schlaf müssen zumindest in einem minimalen Ausmaß befriedigt werden, damit ein lebender Organismus am Leben bleibt. Wenn diese Bedürfnisse jedoch nur bis zu diesem minimalen Ausmaß befriedigt werden und nicht darüber hinaus, dann ist es bloß Überleben – oder die schiere Existenz –, und das ist nur schlecht als Mittel geeignet, um gut zu leben.

Nicht nur diese biologischen Grundbedürfnisse müssen über das für die Lebenserhaltung erforderliche Mindestmaß hinaus befriedigt werden, sondern es müssen auch viele weitere menschliche Bedürfnisse befriedigt werden, um der Verwirklichung all unserer menschlichen Fähigkeiten und Neigungen näher zu kommen. Wenn Glückseligkeit aus einer solchen vollständigen Verwirklichung besteht, dann nähert sich der Einzelne diesem Ziel proportional dazu, in welchem Maße er in der Lage ist, seine menschlichen Bedürfnisse zu befriedigen und in den Besitz der Dinge zu gelangen, die wahrhaft gut für ihn sind.

Ein Plan für ein gutes Leben ist in dem Maße besser als ein anderer, wie er den Einzelnen zu einer vollständigeren Verwirklichung seiner Fähigkeiten und zu einer vollständigeren Befriedigung seiner Bedürfnisse führt. Und der beste Plan von allen, derjenige, den wir uns zu eigen machen sollten, ist der, der auf jedes wahrhaft Gute abzielt – in der richtigen Reihenfolge und im richtigen Maß – und uns darüber hinaus erlaubt, nach Dingen zu streben, die wir wollen, aber nicht brauchen, solange der Erhalt dieser Dinge uns nicht daran hindert, unsere Bedürfnisse zu befriedigen oder unsere Fähigkeiten auszuschöpfen.

Nicht alles nur scheinbar Gute – Dinge, die wir wollen, aber nicht brauchen – erweist sich als schlecht für uns. Einige dieser Dinge sind an und für sich nicht schädlich; und einige sind nicht in dem Sinne von Nachteil, dass sie unsere Bemühungen behindern oder vereiteln würden, die Dinge zu bekommen, die wir brauchen und die wahrhaft gut für uns sind. Das Streben nach Glück des einen kann sich vom Streben nach Glück eines anderen unterscheiden, auch wenn beide dem einen richtigen Plan für ein gutes Leben folgen.

Der Grund für solche Unterschiede, wenn sie denn auftreten, ist, dass jeder Einzelne über die Dinge hinaus, die er braucht, unterschiedliche Dinge für sich selbst will. Obwohl das, was für einen Menschen wahrhaft gut ist, für alle anderen ebenfalls wahrhaft gut ist, kann das, was dem einen nach seinen Wünschen gut erscheint, etwas ganz anderes sein als das, was jemand anderem gut erscheint. Was jeder Einzelne für sich selbst will, kann etwas scheinbar Gutes sein, das weder schadet noch das Streben nach Glückseligkeit behindert.

Sie haben nun einiges über Aristoteles' Ansichten über Glückseligkeit, und wie man diese anstreben sollte, erfahren. Ihnen ist nun klar, warum er glaubt, dass sie für alle Menschen gleich ist, und warum alle versuchen sollten, sie zu erlangen, indem sie dem einzigen richtigen Plan dafür folgen. Andere Fragen sind noch offen.

Was sind die wahrhaft guten Dinge, nach denen ein Mensch streben sollte, um gut zu leben oder sich ein gutes Leben zu erschaffen? Ich habe einige davon genannt, aber nicht alle. Kann die Liste der wahrhaft guten Dinge vervollständigt werden?

Wenn dies der Fall ist, stellt sich noch eine weitere Frage – die wichtigste von allen: Wie sollten wir versuchen, in den Besitz all der Dinge zu gelangen, die wir von Natur aus brauchen – all der wahrhaft guten Dinge, über die wir in unserem Leben verfügen sollten? Welche Mittel sind unabdingbar, um das höchste Ziel, das wir im Sinn haben, zu erreichen?

Erst wenn diese Fragen beantwortet sind, werden wir den Lebensplan, den wir befolgen müssen, um Glückseligkeit zu erlangen, vollständig verstehen.

12

Wie man nach Glückseligkeit strebt

Verstand Thomas Jefferson, als er die amerikanische Unabhängigkeitserklärung verfasste, Aristoteles' Auffassung von Glückseligkeit und wie man sie anstrebt?

Die Erklärung besagt, dass alle Menschen von Natur aus gleich sind und ein gleiches Recht auf Leben, Freiheit und das Streben nach Glück haben. Wie wir gesehen haben, ist das Leben selbst ein Mittel zu dem Zweck, gut zu leben. Das gilt auch für die Freiheit. Solange wir nicht frei über die Dinge entscheiden können, die wir wollen oder brauchen, und solange wir die Entscheidungen, die wir treffen, nicht frei treffen können – ohne Zwang oder Hindernisse –, können wir nicht nach Glück streben. Wenn uns alles vorherbestimmt wäre, wenn uns eine Schablone für unser Leben aufgezwungen würde, wäre es sinnlos, von Lebensplanung oder einem Plan für ein gutes Leben zu sprechen.

Wir müssen am Leben bleiben, um gut leben zu können. Wir brauchen Freiheit, um uns bemühen zu können – geplant bemühen zu können –, gut zu leben. Da wir diese Dinge brauchen, um nach Glück streben zu können, haben wir ein Recht auf sie. Aber müssen wir nach Glück streben? Müssen wir gut leben? Wenn nicht, auf welcher Grundlage können wir dann, ebenso wie Jefferson, sagen, dass alle Menschen ein Recht – ein ihrer menschlichen Natur innewohnendes Recht – haben, nach Glück zu streben?

Die Antwort auf diese Frage liegt in einer Reihe von Argumenten, die in den vorangegangenen Kapiteln behandelt wurden. Wir haben erfahren, dass ein gutes Leben oder Glückseligkeit das höchste Ziel beziehungsweise das Endziel all unseres Tuns in diesem Leben ist – das, was wir um seiner selbst willen anstreben und nicht als Mittel für irgendein anderes Ziel. Wir haben auch erfahren, dass wir uns in der Tat bestimmte Dinge wünschen, und wenn wir das tun, erscheinen sie uns gut. Und es gibt andere Dinge, die wir uns wünschen sollten, weil sie wahrhaft gut für uns sind, unabhängig davon, ob sie uns im Moment so erscheinen oder nicht.

Wenn nun ein gutes Leben insgesamt darin besteht, über all das zu verfügen, was wahrhaft gut für uns ist, dann sollten wir uns wünschen, gut zu leben – Glückseligkeit zu erlangen oder ein gutes Leben zu führen. Da wir das, was wahrhaft gut für uns ist, begehren sollten, sollten wir sicherlich auch die Gesamtsumme aller wahrhaft guten Dinge begehren.

Das Wort »sollten« drückt die Vorstellung einer Aufgabe oder Pflicht aus. Wir haben die Aufgabe beziehungsweise Pflicht, das zu tun, was wir tun sollten. Wenn es heißt, dass wir das Glück als höchstes Ziel unseres Lebens anstreben sollten, bedeutet das, dass wir die Pflicht haben, ein gutes Leben zu führen oder uns ein gutes Leben zu verschaffen.

Um diese Aufgabe oder Pflicht zu erfüllen, brauchen wir alles, was für ein gutes Leben unabdingbar ist – wir brauchen all die wahrhaft guten Dinge, die in ihrer Gesamtheit Glückseligkeit oder ein gutes Leben ausmachen. Genau deshalb haben wir ein Recht auf sie. Hätten wir nicht die Pflicht, uns um ein gutes Leben zu bemühen, und bräuchten wir nicht bestimmte Dinge, um dies zu tun, besäßen wir nicht das Recht auf sie, das wir laut Thomas Jefferson alle haben.

Thomas Jefferson war der Meinung, dass alle Menschen aufgrund ihrer gleichen menschlichen Natur die gleichen natürlichen Rechte besitzen. Das bedeutet, dass sie alle die gleichen natürlichen Bedürfnisse haben – dass das, was für einen Menschen wahrhaft gut ist, auch für alle anderen Menschen wahrhaft gut ist. Insofern scheint Thomas Jefferson die Auffassung von Aristoteles übernommen zu haben, wonach das Streben nach Glück für alle Menschen darin besteht, nach den gleichen wahrhaft guten Dingen zu streben und zu versuchen, diese zu erlangen.

Bevor ich versuche, die wahrhaft guten Dinge aufzuzählen, die wir alle nach Aristoteles' Meinung anstreben sollten, möchte ich kurz auf den Unterschied zwischen der Frage »Was sollte ich tun, um Glückseligkeit zu erlangen?« und der Frage »Welche Schritte sollte ich unternehmen, um einen Stuhl, ein Bild oder ein Musikstück zu erschaffen?« eingehen. Der Unterschied zwischen diesen beiden Fragen erhellt den Unterschied zwischen Handeln und Erschaffen und zwischen der Art des Denkens, die mit dem Handeln verbunden ist, das nötig ist, um gut zu leben, und der Art des Denkens, die mit der Herstellung von etwas verbunden ist, das gut gemacht ist.

Wenn Sie sich vornehmen, einen Stuhl, ein Bild oder ein Musikstück zu erschaffen, benötigen Sie eine schöpferische Idee von der jeweiligen Sache sowie das Know-how beziehungsweise die Fähigkeiten, die erforderlich sind, um einen gelungenen Stuhl oder ein gelungenes Bild oder Musikstück herzustellen. Die schöpferische Idee und das Know-how sind die Mittel zu diesem Zweck. Aber Sie sind nicht verpflichtet, dieses Ziel anzustreben. Nur *falls* Sie entschlossen sind, einen bestimmten Stuhl, ein bestimmtes Bild oder ein bestimmtes Musikstück zu erschaffen, müssen Sie die dafür erforderlichen Mittel einsetzen.

Das Streben nach Glückseligkeit unterscheidet sich von der Herstellung eines Stuhles, Bildes oder Musikstücks, denn man beginnt nicht damit, dass man sagt: »Falls ich nach Glück streben will, muss ich dies oder jenes tun.« Es gibt hierbei kein *Falls*, wie beim Stuhl, Bild oder Musikstück. Es mag durchaus sein, dass Sie keinen bestimmten Stuhl herstellen möchten, und Sie müssen es auch nicht, aber Sie sollten nach Glückseligkeit streben. Deshalb gibt es hierbei auch kein *Falls*.

Man sollte also nach Glückseligkeit streben, aber wie soll man das anstellen? Diese Frage gilt es noch zu beantworten.

Aristoteles bietet uns zwei Antworten auf diese Frage, die miteinander zusammenhängen. Die erste Antwort besteht aus seiner Aufzählung der wahrhaft guten Dinge, die wir alle brauchen – all das Gute, all die Güter, die zusammengenommen das Glück oder ein gesamtheitlich gutes Leben ausmachen. Die zweite Antwort besteht aus seinen Empfehlungen für die Erlangung alles wahrhaft Guten, das wir im Laufe eines Lebens benötigen. Die erste Antwort ist einfacher als die zweite, also beginnen wir mit ihr.

Wir sind von Natur aus fragende, denkende und wissende Tiere. Als Tiere besitzen wir Körper, die auf bestimmte Weise versorgt werden müssen. Als menschliche Tiere besitzen wir Vernunft, die auf bestimmte Weise genutzt werden muss. Einige der wahrhaft guten Dinge, die wir brauchen, nennt Aristoteles körperliche Güter, wie Gesundheit, Vitalität und Tatkraft. Und da unsere Sinne uns die Erfahrung von körperlichen Freuden und Schmerzen vermitteln, zählt Aristoteles auch solche Freuden zum wahrhaft Guten. Ich schätze, nur wenige von uns dürften seine Feststellung anzweifeln, dass wir körperliches Vergnügen anstreben und körperlichen Schmerz möglichst vermeiden sollten.

Diese körperlichen Güter teilen wir mit anderen Tieren. Sie sind gut für uns, weil wir Tiere sind. Nur in der Art und Weise, wie wir nach ihnen streben, unterscheiden wir uns von anderen Tieren. Andere Tiere versuchen zum Beispiel instinktiv, körperlichen Schmerz zu vermeiden, und versuchen immer instinktiv, körperliches Vergnügen zu erlangen. Um festzustellen, dass das zutrifft, brauchen Sie nur einmal eine Hauskatze oder einen Hund beobachten. Aber der Mensch verzichtet manchmal auf körperliches Vergnügen oder erträgt körperlichen Schmerz um eines anderen Guten willen, das er für erstrebenswerter hält. Und vielleicht halten wir es sogar für ratsam, den Genuss körperlicher Freuden einzuschränken, um in unserem Leben Platz für andere, wichtigere Güter zu schaffen.

Die genannten körperlichen Güter sind Mittel zum Zweck der Glückseligkeit beziehungsweise eines guten Lebens. Aber sie sind auch selbst Ziele, für die andere Güter als Mittel dienen. Um unserer körperlichen Gesundheit, Vitalität und Vergnügungen willen brauchen wir Essen, Trinken, Unterkunft, Kleidung und Schlaf.

All diese zuletzt genannten Dinge beziehungsweise Mittel fasst Aristoteles unter einer Überschrift zusammen, die er äußere Güter oder Reichtum nennt. Reichtum ist nach Aristoteles etwas wahrhaft Gutes, weil er ein notwendiges Mittel für körperliche Gesundheit, Vitalität und Vergnügen ist. Ohne ein gewisses Maß an Reichtum können wir uns nicht an Gesundheit, Vitalität oder Vergnügungen erfreuen, und ohne diese Dinge können wir nicht gut leben.

Menschen, die hungern, die frieren oder Gluthitze ertragen müssen, die unter Schlafentzug leiden oder deren Körper von der Anstrengung, einfach nur am Leben zu bleiben, aufgezehrt wird; Menschen, denen es an den äußeren Dingen fehlt, die ihnen die einfachen Annehmlichkeiten des Lebens bieten würden, können nicht gut leben. Sie sind genauso schlecht dran wie Menschen, die als Sklaven arbeiten müssen, die in Ketten liegen oder innerhalb von Gefängnismauern eingeschlossen sind. Das Fehlen eines gewissen Maßes an Reichtum ist ein ebenso großes Hindernis für ein gutes Leben und das Erreichen von Glückseligkeit wie der Entzug eines gewissen Maßes an Freiheit.

In beiden Fällen habe ich von einem »gewissen Maß« gesprochen, wie es auch Aristoteles tun würde. Er sagt nicht, man brauche unbegrenzte Freiheit, um gut leben zu können, und er sagt auch nicht, man brauche unbegrenzten Reichtum. Der Grund für diese Einschränkung ist nicht derselbe, aber beides sind begrenzte, nicht unbegrenzte Güter, so wie auch das körperliche Vergnügen ein begrenztes Gut ist, von dem wir zu viel wollen können – mehr, als es für unser eigenes höchstes Gut richtig wäre.

Neben den beiden bereits erwähnten Arten von Gütern – körperliche Güter und äußere Güter beziehungsweise Reichtum – führt Aristoteles eine dritte Art an. Diese Güter nennt er seelische Güter – etwas, das gut für die Seele ist. Wir könnten sie auch als psychische Güter bezeichnen.

Die offensichtlichsten dieser psychischen Güter sind geistige Güter, wie Wissen aller Art, einschließlich Know-how und Fähigkeiten. Zu den Fähigkeiten, die wir alle brauchen, gehört sicherlich die Fähigkeit des Denkens. Wir benötigen sie nicht nur, um gut gemachte Dinge herzustellen, sondern auch, um gut zu handeln und gut zu leben.

Weniger offensichtlich sind vielleicht die psychischen Güter, die wir brauchen, weil wir nicht nur denkende, sondern auch soziale Lebewesen sind. In völliger Einsamkeit können wir nicht gut leben. Ein einsames Leben ist kein gutes Leben, genauso wenig wie das Leben eines Sklaven oder eines Menschen in Ketten ein gutes Leben ist.

So wie wir von Natur aus das Verlangen haben, Wissen zu erwerben, so haben wir auch das Verlangen nach Liebe und Zuneigung – sprich: andere Menschen zu lieben und von ihnen geliebt zu werden. Ein Leben, das jeglicher Liebe entbehrt – ein Leben ohne jegliche Freunde –, ist ein Leben, dem es an einem dringend benötigten Gut mangelt.

Auch wenn andere Menschen für uns ebenso etwas Äußeres sind wie die verschiedenen Formen des Reichtums, zählt Aristoteles Freundschaft nicht zu den äußeren Gütern. Er sieht sie vielmehr als ein psychisches Gut an – ein seelisches Gut. Da sie ein psychisches Bedürfnis von uns erfüllt, gehört die Freundschaft in die gleiche Kategorie wie Wissen und Können und nicht in die, in der sich die Dinge befinden, die unsere körperlichen Bedürfnisse befriedigen.

Wie körperliches Vergnügen gibt es auch geistiges Vergnügen. Dazu gehört zum Beispiel das Vergnügen, das wir verspüren, wenn wir etwas erschaffen oder wenn wir uns an Kunstwerken erfreuen – an etwas, das andere auf gut gemachte Weise erschaffen haben. Es gibt auch die Befriedigung, die wir empfinden, wenn wir uns Wissen aneignen, wenn wir die eine oder andere Fähigkeit besitzen, wenn wir lieben und geliebt werden.

Der Mensch möchte geliebt werden. Er möchte auch für die Eigenschaften respektiert werden, die man gemeinhin für bewundernswert oder liebenswert hält. Aristoteles hat dies erkannt und zählt Selbstachtung und Ehre zu den Gütern, die zu einem guten Leben beitragen. Seiner Ansicht nach ist es jedoch kein wahrhaftes Gut, geehrt zu werden, es sei denn, es geschieht aus dem richtigen Grund – das heißt, wir müssen uns die Ehrerbietung, die uns entgegengebracht wird, wirklich verdient haben. Manche Menschen streben nicht nach Ehre, sondern nach Ruhm. Sie sind damit zufrieden, ein hohes Ansehen zu besitzen, auch wenn sie es nicht verdient haben.

Ich habe nun nahezu vollständig die wahrhaft guten Dinge – die wahrhaften Güter – aufgezählt, die nach Aristoteles ein gutes Leben als Ganzes ausmachen. Sie sind die Bestandteile dieses Ganzen, und als solche sind sie die Mittel, die wir einsetzen müssen, um dieses Ganze für uns zu erreichen. Dies ist die erste Antwort von Aristoteles auf die Frage, wie es gelingen kann, Glückseligkeit zu erreichen. In dem Maße, in dem es uns gelingt, all diese wahrhaften Güter zu erlangen und zu besitzen, gelingt es uns, gut zu leben und uns selbst ein gutes Leben zu bereiten.

In seiner zweiten Antwort auf dieselbe Frage weist uns Aristoteles an, so zu handeln, dass wir einen moralisch guten Charakter entwickeln. Neben all den bisher erwähnten wahrhaften Gütern gibt es noch eine weitere Klasse von Gütern, die wir brauchen – gute Gewohnheiten, genauer gesagt gute Gewohnheiten in Bezug auf Entscheidungen.

Personen, die die Fähigkeit entwickelt haben, gut Tennis zu spielen, besitzen eine gute Gewohnheit, die es ihnen ermöglicht, regelmäßig gut zu spielen. Personen, die die Fähigkeit erworben haben, Aufgaben in Geometrie oder Algebra zu lösen, besitzen dahingehend eine gute Gewohnheit. Das gilt auch für diejenigen, die sich regelmäßig und mühelos mäßigen und beispielsweise nicht mehr essen oder trinken, als ihnen guttut, oder sich nicht zu sehr dem Vergnügen des Schlafes oder des Spieles hingeben.

All das sind gute Gewohnheiten, aber die zuletzt genannten guten Gewohnheiten unterscheiden sich von den anderen. Die Fähigkeit, Tennis zu spielen, ist eine gute körperliche Gewohnheit, und die Fähigkeit, mathematische Aufgaben mit Leichtigkeit zu lösen, ist eine gute Gewohnheit des Geistes. Gute Gewohnheiten dieser Art befähigen uns, bestimmte Handlungen nicht nur regelmäßig, sondern auch mühelos mit Bravour auszuführen. Im Gegensatz zu diesen Gewohnheiten bei Handlungen stehen Gewohnheiten, die es uns ermöglichen, regelmäßig und mit Leichtigkeit bestimmte Entscheidungen zu treffen, ohne dass wir jedes Mal wieder nachdenken und neu abwägen müssen, wie wir uns entscheiden sollen.

Eine Gewohnheit dieser Art besitzt derjenige, der sich die feste und beständige Haltung angeeignet hat, nicht zu viel zu essen oder zu trinken. Es ist eine *gute* Gewohnheit, denn die Entscheidung, sich zu mäßigen, wenn man versucht ist, sich zügellos der Völlerei hinzugeben, ist die *richtige* Entscheidung.

Essen und Trinken gehören zu den wahrhaft guten Dingen, aber nur in Maßen. Von vielen wahrhaften Gütern, Vergnügungen aller Art, kann es ein Zuviel geben. Wir wollen oft mehr davon, als gut für uns ist, mehr als wir brauchen. Deshalb ist Aristoteles der Ansicht, dass wir gute Gewohnheiten unsere Entscheidungen betreffend brauchen – um im richtigen Maß nach wahrhaften Gütern zu streben und auch um nach ihnen in der richtigen Rangfolge und im richtigen Verhältnis zueinander zu streben.

Solche guten Gewohnheiten bezeichnet man gemeinhin auch als Tugenden. Gute Gewohnheiten, die sich in der einen oder anderen Art von Fähigkeiten äußern, sind Tugenden des Geistes oder intellektuelle Tugenden. Gute Gewohnheiten, die sich in der festen Einstellung äußern, richtig zu wählen oder zu entscheiden, machen den Charakter eines Menschen aus, daher nennt Aristoteles sie moralische Tugenden.

Beide Arten von Tugenden gehören zu den wahrhaft guten Dingen, die wir für ein gutes Leben brauchen. Aber die moralische Tugend spielt eine herausragende Rolle bei unserem Streben nach Glückseligkeit, so herausragend, dass Aristoteles sagt, ein gutes Leben sei dasjenige, das sich durch moralisch tugendhafte Entscheidungen auszeichnet.

Warum Aristoteles diese Aussage für ein treffendes Fazit hält, werde ich im nächsten Kapitel zu erklären versuchen.

13

Gute Gewohnheiten und glückliche Zufälle

Einige der wahrhaft guten Dinge, die für ein gutes Leben erforderlich sind, sind Mittel für weitere. Äußere Güter wie Nahrung, Kleidung und Unterkunft sind Mittel, die man für Gesundheit, Vitalität und Tatkraft benötigt. Wir brauchen einen gewissen Reichtum, um gut zu leben, denn wir müssen gesund sein, um gut zu leben.

Ebenso brauchen wir Gesundheit, Vitalität und Tatkraft, um Tätigkeiten auszuüben, die notwendig sind, um noch weitere Güter zu erhalten. Wenn wir überhaupt nichts tun müssten, um gut zu leben, bräuchten wir auch keine Vitalität und Tatkraft, durch die wir aktiv sein können.

In der Rangfolge der Güter stehen diejenigen an erster Stelle, die wir sowohl um ihrer selbst willen als auch um eines guten Lebens willen begehren. Reichtum zum Beispiel ist nicht um seiner selbst willen erstrebenswert, sondern nur als Mittel für ein gutes Leben. Aber solche wahrhaften Güter wie Freundschaft und Wissen sind sowohl um ihrer selbst willen als auch um eines guten Lebens willen wünschenswert.

Einige wahrhafte Güter sind begrenzte Güter, andere sind unbegrenzte Güter. Zum Beispiel sind Reichtum und körperliches Vergnügen begrenzte Güter. Man kann mehr davon wollen, als man braucht, und mehr, als man braucht, ist nicht wirklich gut für einen. Wissen, Fähigkeiten und die Freuden des Geistes sind unbegrenzte Güter. Mehr davon ist immer besser. Von diesen Gütern kann man nie zu viel haben.

Falls es keine begrenzten Güter gäbe, von denen man mehr wollen könnte, als man braucht; *falls* alle wahrhaft guten Dinge gleich wichtig wären, sodass man keines davon um eines anderen willen anstreben sollte; *falls* der Wunsch nach bestimmten Dingen, die einem gut erscheinen, nicht mit dem Streben nach anderen Dingen, die wahrhaftig gut für einen sind, in Konflikt geriete – *falls* das Leben auf diese Weise gelebt werden könnte, dann gäbe es nur wenige oder gar keine Schwierigkeiten, ein gutes Leben zu führen, und es gäbe keine Notwendigkeit für gute Gewohnheiten unsere Entscheidungen betreffend, um im Streben nach Glück erfolgreich sein zu können.

Aber das entspricht nicht der Wirklichkeit, wie auch Aristoteles wusste. Wenn Sie sich einen kurzen Moment Zeit nehmen, um über Ihr eigenes Leben nachzudenken, werden Sie erkennen, dass er recht hatte. Denken Sie nur daran, was Sie schon alles bereut haben. Erinnern Sie sich an die Zeiten, in denen Sie es bedauerten, dass Sie zu faul gewesen waren, die Mühen auf sich zu nehmen, das Nötige zu tun, um etwas zu bekommen, das Sie brauchten. Oder denken Sie an die Gelegenheiten zurück, an denen Sie sich das Vergnügen erlaubt haben, zu lange zu schlafen oder zu viel zu essen, und es später bereut haben. Oder an die Zeit, als Sie etwas nicht getan haben, das Sie hätten tun sollen, weil Sie den Schmerz fürchteten, den Sie dabei hätten erleiden können.

Wenn Sie jedes Mal die richtige Wahl und Entscheidung getroffen hätten, hätten Sie nichts zu bereuen. Entscheidungen, die Sie hinterher nicht bereuen müssen, tragen zu Ihrem Streben nach Glückseligkeit bei, denn durch sie bringen Sie die wahrhaft guten Dinge in die richtige Rangfolge, begrenzen die Menge von etwas, wenn sie begrenzt werden sollte, und schieben Dinge, die Sie wollen, beiseite, wenn sie dem Erwerb von Dingen, die Sie brauchen, im Wege stehen.

Moralische Tugend, so Aristoteles, ist die Gewohnheit, die richtigen Entscheidungen zu treffen. Eine oder zwei richtige Entscheidungen neben vielen falschen Entscheidungen zu treffen reicht nicht aus. Wenn die falschen Entscheidungen die richtigen bei Weitem überwiegen, bewegt man sich stetig in die falsche Richtung – weg von der Glückseligkeit statt zu ihr hin. Aus diesem Grund betont Aristoteles die Idee der Gewohnheit.

Sie wissen, wie man sich Gewohnheiten aneignet. Um es sich zur Gewohnheit zu machen, pünktlich zu Terminen zu erscheinen, muss man versuchen, wieder und wieder pünktlich zu sein. Nach und nach bildet sich so die Gewohnheit, pünktlich zu sein. Ist sie erst einmal ausgebildet, dann ist es einem in Fleisch und Blut übergegangen, pünktlich zu Verabredungen zu sein. Je stärker die Gewohnheit ausgeprägt ist, desto leichter fällt es, ihr entsprechend zu handeln, und desto schwieriger ist es, die Gewohnheit zu durchbrechen oder sich gegenteilig zu verhalten.

Wenn Sie sich eine Gewohnheit angeeignet haben und diese gut entwickelt ist, machen Sie das, was Sie zu tun gewohnt sind, gern, weil Sie es mit Leichtigkeit tun können – beinahe mühelos. Gegen Ihre Gewohnheiten zu handeln ist dagegen mühsam.

Was ich gerade gesagt habe, gilt sowohl für gute als auch für schlechte Gewohnheiten. Wenn Sie sich angewöhnt haben zu verschlafen, ist es für Sie leicht und angenehm, den Wecker auszuschalten und weiterzuschlafen. Es ist dann schwer und mühsam, pünktlich aufzustehen. Wenn Sie sich angewöhnt haben, sich bestimmte Vergnügungen im Übermaß zu gönnen oder bestimmte Mühen zu vermeiden, ist es schwer, damit aufzuhören.

Solche Gewohnheiten sind nach Aristoteles schlechte Gewohnheiten, weil sie Sie daran hindern, das zu tun, was Sie tun sollten, um Dinge zu bekommen, die Sie brauchen. Die gegenteiligen Gewohnheiten sind gute Gewohnheiten, weil sie es Ihnen ermöglichen, das zu bekommen, was wahrhaft gut für Sie ist, statt das, was nur scheinbar gut für Sie ist und sich auf lange Sicht als schlecht für Sie erweisen könnte.

Eine gute Gewohnheit, oder moralische Tugend, ist eine Gewohnheit, die richtige Wahl unter den wahrhaft und den scheinbar guten Dingen zu treffen. Eine schlechte Gewohnheit, die Aristoteles als »Laster« bezeichnet, ist eine Gewohnheit, die falsche Wahl zu treffen. Jedes Mal, wenn Sie eine richtige Entscheidung treffen und danach handeln, tun Sie etwas, das Sie Ihrem höchsten Ziel, ein gutes Leben zu führen, näherbringt. Jedes Mal, wenn Sie eine falsche Entscheidung treffen und danach handeln, bewegen Sie sich von diesem Ziel weiter weg. Ein tugendhafter Mensch ist jemand, der häufig, wieder und wieder, die richtigen Entscheidungen trifft, wenn auch nicht unbedingt jedes einzelne Mal.

Deshalb ist Aristoteles der Meinung, dass Tugendhaftigkeit eine so herausragende Rolle beim Streben nach Glückseligkeit spielt. Deshalb betrachtet er die moralische Tugend als das wichtigste Mittel zur Glückseligkeit und als das wichtigste von all den Dingen, die wahrhaft gut für uns sind. Moralische Tugend ist zudem ein unbegrenztes Gut. Man kann nicht zu viel davon haben. Die Gewohnheit, die richtigen Entscheidungen zu treffen, kann nicht zu stark ausgeprägt sein.

Aristoteles bezeichnet einen Aspekt der moralischen Tugend als Mäßigung. Diese besteht darin, gewohnheitsmäßig der Versuchung zu widerstehen, Vergnügungen aller Art übermäßig zu genießen oder mehr von einem begrenzten Gut, wie beispielsweise Reichtum, zu wollen, als gut für uns ist. Ein Grund, warum uns körperliche Vergnügungen in Versuchung führen, ist, dass wir sie meist sofort genießen können. Mäßigung befähigt uns, dem zu widerstehen, was kurzfristig gut zu sein scheint, zugunsten dessen, was langfristig wahrhaft gut für uns ist. Mäßigung befähigt uns auch, Reichtum im richtigen Maß anzustreben – nur als Mittel zu anderen Gütern und nicht um seiner selbst willen, als ob er ein Selbstzweck und ein unbegrenztes Gut wäre.

Einen anderen Aspekt der moralischen Tugend nennt Aristoteles Tapferkeit. So wie die Mäßigung eine gewohnheitsmäßige Einstellung ist, den Verlockungen der Vergnügungen zugunsten wichtigerer Güter zu widerstehen, die wir durch übermäßigen Genuss dieser Vergnügungen nicht erlangen könnten, so ist Tapferkeit eine gewohnheitsmäßige Einstellung, alle Mühen auf sich zu nehmen, um das zu tun, was wir zugunsten eines guten Lebens tun sollten.

Wir erkennen zum Beispiel an, dass der Erwerb von Wissen und die Entwicklung bestimmter Fähigkeiten intellektuelle Tugenden sind, die wir besitzen sollten. Aber der Erwerb von Wissen und Fähigkeiten kann mühsam sein. Lernen ist oft anstrengend; um zu lernen, ein Musikinstrument gut zu spielen, gut zu schreiben oder gut zu denken, muss man üben, was oft lästig ist.

Die Gewohnheit, das zu vermeiden, was schwierig oder lästig ist, weil es mühsam ist, kann den Erwerb von Kenntnissen und Fähigkeiten, die wahrhaft gut für einen Menschen sind, gewiss behindern. Diese schlechte Angewohnheit nennt Aristoteles das Laster der Feigheit.

Derjenige, der es gewohnheitsmäßig vermeidet, Mühen und Anstrengungen auf sich zu nehmen, um wahrhaft gute Dinge zu erlangen, ist ebenso ein Feigling wie der Soldat, der in der Schlacht aus Angst vor einer Verwundung davonläuft. Der Soldat, der sein Leben riskiert oder seine Angst vor Verwundungen überwindet, um den Sieg in einer guten Sache zu erringen, besitzt Tapferkeit. Ebenso verfügt derjenige über Tapferkeit, der gewohnheitsmäßig Mühen, Entbehrungen und Schmerz auf sich nimmt, um Dinge zu erlangen, die wahrhaft gut für ihn sind.

Mäßigung und Tapferkeit unterscheiden sich als Aspekte der moralischen Tugend. Bei der Mäßigung geht es darum, den Verlockungen der körperlichen Vergnügungen zu widerstehen und unser Verlangen nach begrenzten Gütern im Zaum zu halten. Bei der Tapferkeit geht es darum, Schmerz und Mühsal zu ertragen. Aber beide sind sich in einem sehr wichtigen Punkt ähnlich. Beide sind Gewohnheiten, die richtige Wahl zu treffen zwischen Dingen, die nur scheinbar gut sind, und Dingen, die wahrhaft gut sind. Beide sind Gewohnheiten, die richtige Wahl zu treffen zwischen etwas, das vielleicht wahrhaft gut ist, aber nur kurzfristig – heute, morgen oder nächste Woche –, und etwas, das auf lange Sicht oder für unser Leben insgesamt wahrhaft gut ist.

Aristoteles stellte fest, dass es für diejenigen, die noch jung oder wenig erfahren sind, schwierig ist, ihren Blick auf ferne, zukünftige Güter im Vergleich zu den unmittelbar gegenwärtigen Freuden und Mühen zu richten. Und er wusste, dass dies sogar Älteren schwerfällt. Aber er erinnerte uns auch daran, dass wir alle die Schwierigkeit, das eigene Leben als Ganzes im Blick zu haben, überwinden müssen, wenn wir moralische Tugend erlangen wollen – die Gewohnheit, richtig zwischen Gütern von dauerhafter Bedeutung und vergänglichen Freuden und Mühsalen zu wählen.

Damit möchte er uns verdeutlichen, dass das Bemühen um ein gutes Leben für niemanden von uns leicht ist. Deshalb ist es jedoch nicht weniger erstrebenswert, dieses Ziel zu erreichen. Und es entbindet uns auch nicht von der Pflicht, uns darum zu bemühen. Im Gegenteil: Für Aristoteles ist die Befriedigung, die sich einstellt, wenn es gelingt, ein gutes Leben zu führen, oder wenn man versucht, ein solches zu führen, alle Mühe und Anstrengung wert.

Die Bereitschaft, sich diese Mühe zu machen, reicht jedoch allein nicht aus. Wenn jemand über die entsprechenden Rohmaterialien verfügt und die Fähigkeit oder das Know-how besitzt, etwas herzustellen, das gut gemacht ist, dann liegt es fast ausschließlich in seiner Macht, es auch zu produzieren. Wenn jemand in einem solchen Fall versagt, ist es seine eigene Schuld. Was für die Erschaffung eines Kunstwerkes gilt, trifft leider nicht auf das Führen eines guten Lebens zu.

Der Erfolg dieses Unterfangens liegt nicht vollkommen in unserer Macht. Wir können scheitern, ohne dass es unsere Schuld wäre. Wir können selbst dann scheitern, wenn wir die moralischen Tugenden besitzen, die Aristoteles für den Erfolg für erforderlich hält. Gute Gewohnheiten in Bezug auf Entscheidungen sind eine Voraussetzung, aber keine Garantie für den Erfolg.

Der Grund dafür ist, dass es nicht vollständig in unserer eigenen Macht liegt, all die wahrhaften Güter zu bekommen, die zu erlangen wir anstreben sollten. Einige, wie beispielsweise gute geistige und charakterliche Gewohnheiten (die intellektuellen und moralischen Tugenden), liegen viel mehr in unserer Macht als andere, wie beispielsweise Reichtum und Gesundheit oder selbst Freiheit und Freundschaft. Sogar der Erwerb von Wissen und Fertigkeiten oder die Herausbildung guter Gewohnheiten in Bezug auf Entscheidungen kann davon abhängen, ob unsere Eltern und Lehrer uns unterstützen, was außerhalb unserer eigenen Macht liegt.

Wir besitzen keinerlei Kontrolle über die Verhältnisse, in die wir hineingeboren werden und in denen wir aufwachsen. Wir können nicht dafür sorgen, dass das Glück uns hold ist. Vieles, was uns widerfährt, geschieht eher durch Zufall als durch Entscheidungen unsererseits.

Unser Bemühen garantiert uns nicht, dass wir in den Besitz der äußeren Güter kommen, die wir für ein gutes Leben brauchen. Auch wenn wir uns gut um unseren Körper kümmern, garantiert uns das nicht, dass wir unsere Gesundheit und Vitalität bewahren. Armut und schwere Krankheit, ja sogar der Verlust von Freiheit und Freunden können unser Schicksal sein, auch wenn wir uns noch so tugendhaft verhalten.

Moralische Tugenden, so wichtig sie auch für ein gutes Leben sind, reichen nicht aus, denn beim Streben nach Glückseligkeit spielen sowohl der Zufall als auch Entscheidungen eine Rolle. Glückliche Zufälle sind ebenso notwendig wie gute Gewohnheiten. Einige der wahrhaften Güter, in deren Besitz wir gelangen, sind größtenteils ein Geschenk des Schicksals, doch hängt es von unseren guten Gewohnheiten ab, sie gut zu nutzen, wenn wir sie einmal haben. Daher ist, nach Aristoteles' Ansicht, die moralische Tugend des Menschen der entscheidende Faktor für ein gutes Leben.

Darüber hinaus helfen gute Gewohnheiten dabei, Unglück zu ertragen. Auch wenn es nicht unserer Kontrolle unterliegt, was uns zufällig widerfährt, so können wir doch zumindest die guten Dinge, die uns durch einen glücklichen Zufall in den Schoß fallen, zu unserem Vorteil nutzen; und wir können versuchen, die Dinge zu kompensieren, an denen es uns durch unglückliche Zufälle mangelt. Moralische Tugend hilft uns in beiderlei Hinsicht, mit den Wendungen des Schicksals umzugehen – im Guten wie im Schlechten.

Aristoteles drückt all das so aus, dass unser Erfolg, ein gutes Leben zu führen, von zwei Dingen abhängt. Das eine ist, moralische Tugend zu besitzen, die es uns ermöglicht, Tag für Tag die richtigen Entscheidungen zu treffen. Das andere ist, dass wir uns glücklicher Zufälle erfreuen dürfen beziehungsweise dass uns das Schicksal gewogen ist. So wie die moralische Tugend uns davor bewahrt, uns falsche Ziele zu setzen, die nicht wirklich gut für uns sind, so lässt uns das gewogene Schicksal wahrhafte Güter zukommen, deren Erwerb durch eigene Entscheidungen nicht vollkommen in unserer Macht liegt.

Ein gutes Leben, so heißt es, ist ein Leben, in dem der Mensch alles hat, was er sich wünscht, vorausgesetzt, er wünscht sich nichts Falsches. Um nichts Falsches zu wollen, muss man moralisch tugendhaft sein. Aber man muss auch über Güter verfügen, die außerhalb der Reichweite eigener Entscheidungen liegen – die Güter, die uns durch glückliche Zufälle geschenkt werden, zusätzlich zu den Gütern, die durch gute Gewohnheiten bei Entscheidungen erworben werden.

Zu diesen durch das Schicksal bereitgestellten Gütern gehören Dinge, die von der Umwelt und der Gesellschaft abhängen, in die wir hineingeboren werden, in der wir aufwachsen und unser Leben verbringen. Aristoteles lässt uns nie vergessen, dass wir nicht nur physische Organismen, sondern auch soziale Lebewesen sind. Eine gute Familie zu haben und in einer guten Gesellschaft zu leben ist ebenso wichtig, wie in einem vorteilhaften Klima zu leben und über frische Luft, reines Wasser und weitere physische Ressourcen zu verfügen.

Bis hierher haben wir das Streben nach Glückseligkeit so betrachtet, als wäre es eine rein persönliche Angelegenheit – als wäre es etwas, das jeder von uns für sich allein tun könnte, ohne dabei an andere zu denken. Das ist aber nicht der Fall. Da wir in völliger Einsamkeit nicht gut leben können, müssen wir daran denken, was wir tun müssen, um gut mit anderen zu leben. Wir müssen auch daran denken, was andere tun können und sollten, um uns in unserem Bemühen um ein gutes Leben zu unterstützen.

Das Streben nach Glückseligkeit ist insofern egoistisch, als das gute Leben, auf das es abzielt, das eigene gute Leben ist und nicht das gute Leben eines anderen. Aber wenn wir erkennen, dass wir bei unserem Streben nach Glückseligkeit nicht erfolgreich sein können, ohne die Glückseligkeit anderer zu berücksichtigen, wird unser Eigeninteresse ins rechte Licht gerückt. Wir können keinen Erfolg haben, wenn wir völlig egoistisch sind.

Deshalb reichen laut Aristoteles die beiden Aspekte der moralischen Tugenden, die wir bisher betrachtet haben, nicht aus. Zu Mäßigung und Tapferkeit kommt noch die Gerechtigkeit hinzu. Gerechtigkeit zielt auf das Wohl anderer ab, nicht nur auf das unserer Freunde oder derer, die wir lieben, sondern auf das Wohl aller. Es geht auch um das Wohl der gesamten Gesellschaft, in der wir leben – der Gesellschaft, die wir den Staat nennen.

Das Leben in einer guten Gesellschaft trägt in hohem Maße zum Streben des Einzelnen nach seiner eigenen Glückseligkeit bei, denn eine gute Gesellschaft zeichnet sich dadurch aus, dass sie sich gerecht gegenüber den einzelnen Mitgliedern verhält. Sie verlangt auch vom Einzelnen, dass er sich anderen gegenüber gerecht verhält und sich für das Wohl der Gesellschaft als Ganzes einsetzt. An diesem Gut partizipieren alle Mitglieder der Gesellschaft.

Menschen, die sich nicht mäßigen und die nicht tapfer sind, schaden sich selbst, indem sie gewohnheitsmäßig die falschen Entscheidungen treffen. Menschen, die gewohnheitsmäßig die falschen Entscheidungen treffen, sind zudem ungerecht und schaden anderen sowie der Gesellschaft, in der sie leben. Der Grund dafür ist, dass diejenigen, die ein wahrhaft gutes Leben für sich selbst anstreben, regelmäßig Entscheidungen treffen, die zur Verwirklichung dieses Zieles beitragen. Entscheidungen, die auf dieses Ziel ausgerichtet sind, zielen auch direkt auf ein wahrhaft gutes Leben für andere und auf das Wohlergehen der Gesellschaft ab, an der andere ebenso wie sie selbst teilhaben.

Führen Sie sich beispielsweise einmal einen Menschen vor Augen, der mehr Reichtum besitzen will, als ihm tatsächlich guttäte; oder einen Menschen, der seinem Verlangen nach körperlichen Vergnügungen übermäßig nachgibt; oder einen Menschen, der sich nach etwas sehnt, das für niemanden wahrhaft gut ist – Macht über andere Menschen, um deren Leben zu beherrschen. Solche Menschen werden mit Sicherheit ihr eigenes Leben ruinieren. Es ist auch sehr wahrscheinlich, dass sie andere verletzen werden, weil sie das falsche Ziel anvisieren. Wer aber sein eigenes Leben in die richtige Richtung lenkt, kann nicht anders, als anderen und der Gesellschaft, in der er lebt, von Nutzen zu sein.

14

Was andere zu Recht von uns erwarten dürfen

Über die Beziehung von Menschen untereinander hat Aristoteles zwei Dinge gesagt, die mir ungewöhnlich weise erscheinen. Im Grunde sind sie gesunder Menschenverstand, man muss sie nur erst einmal verstehen.

Er sagte, wenn alle Menschen Freunde wären, bräuchte es keine Gerechtigkeit. Er sagte auch, dass die Verbundenheit der Menschen innerhalb eines Staates aus der Gerechtigkeit erwächst.

Betrachtet man die beiden Bemerkungen zusammen, kommt man zu dem Schluss, dass die Bürger eines Staates (der die größte organisierte Gesellschaft ist, der wir angehören) nicht alle miteinander befreundet sind. Wären sie es, bräuchten sie nicht durch Gerechtigkeit miteinander verbunden zu sein, um so die Gesellschaft zu bilden, die wir Staat nennen.

Die meisten von uns gehören zu mehr als einer Gesellschaft oder organisierten Gruppe. Wir sind Mitglieder einer Familie, entweder als Eltern oder als Kinder oder als beides. Vielleicht gehören wir auch anderen organisierten Gruppen an, zum Beispiel einer Schule, einem Verein, einem Unternehmen oder einer anderen geschäftlichen Organisation der einen oder anderen Art. All dies sind Gesellschaften oder Vereinigungen von Menschen, die sich zu einem gemeinsamen Zweck zusammengeschlossen haben.

Der Zweck des Zusammenschlusses unterscheidet zwei dieser organisierten Gruppen von allen anderen. Gemeinschaften wie Schulen, Universitäten, Krankenhäuser, Wirtschaftsunternehmen und Vereine haben alle das Ziel, einem bestimmten Zweck zu dienen. Beispielsweise haben Bildungseinrichtungen die Verbreitung und Förderung von Wissen zum Ziel, Krankenhäuser die Gesundheitsfürsorge, Wirtschaftsunternehmen die Produktion oder den Vertrieb von Dingen und so weiter.

Im Gegensatz dazu ist die Familie eine Gesellschaft, die darauf abzielt, das Leben ihrer Mitglieder zu erhalten, und der Staat ist eine Gesellschaft, die darauf abzielt, dieses Leben zu bereichern und zu verbessern. Gäbe es keine zusätzlichen Vorteile, die sich aus dem Leben in Staaten ableiten ließen, wären die Menschen nach Aristoteles' Ansicht damit zufrieden gewesen, weiterhin in der kleineren Gesellschaft namens Familie zu leben oder in der etwas größeren Gesellschaft, die von einer Gruppe von Familien gebildet wird und die man als Stamm bezeichnen könnte. Was die Menschen dazu veranlasste, Familien zu Stämmen und Stämme zu noch größeren Gesellschaften zusammenzufassen, waren nach Aristoteles' Ansicht die Vorteile, die sich aus den größeren und umfassenderen Vereinigungen ergaben.

Wie wir erfahren haben, sollte unser Ziel als Menschen nicht nur darin bestehen, am Leben zu bleiben, sondern gut zu leben – so gut wie möglich. Das Überleben ist natürlich eine unabdingbare Voraussetzung für ein gutes Leben. Da der Mensch kein Einzelgänger, sondern ein soziales Wesen ist, muss er sich mit anderen zusammenschließen, um sein Leben zu erhalten und um eine neue Generation auf die Welt zu bringen, die in der Kindheit umsorgt und geschützt werden muss.

Laut Aristoteles sind die Familie und der Stamm als Vereinigungen oder Gesellschaften ursprünglich entstanden, um genau diese Zwecke zu erfüllen. Inzwischen tun sie dies vielleicht nicht mehr oder nicht mehr im gleichen Maße, aber Aristoteles fordert uns auf, über ihren Ursprung nachzudenken. Was hat die Menschen veranlasst, überhaupt solche Vereinigungen zu bilden?

Eine Antwort, die sich anbietet, lautet »Instinkt«. Der Instinkt veranlasst Bienen, Bienenstöcke zu bauen, und Ameisen, Ameisenkolonien zu bilden oder Ameisenhügel zu bauen. Vielleicht ist es also ein menschlicher Instinkt, Familien, Stämme und Staaten zu bilden. Wenn dem so ist, wären diese Gesellschaften naturgegeben, im Gegensatz zu Vereinigungen wie Schulen, Vereinen oder Wirtschaftsunternehmen. Letztere sind wohl kaum das Produkt eines Instinkts. Die Menschen schließen sich freiwillig zusammen, um diese Vereinigungen für bestimmte Zwecke zu gründen, denen sie dienen sollen.

Nach Aristoteles' Auffassung sind Familien, Stämme und Staaten ebenso wenig Produkte des Instinkts wie Schulen, Vereine und Wirtschaftsunternehmen. Sie sind nicht vergleichbar mit Bienenstöcken und Ameisenhügeln, die bei einer bestimmten Bienen- oder

Ameisenart immer auf genau dieselbe Weise organisiert sind, Generation für Generation und wo immer man diese bestimmte Bienen- oder Ameisenart findet. Obwohl alle Menschen derselben Spezies angehören, finden wir in menschlichen Familienverbänden, Stämmen und Staaten ganz unterschiedliche Muster von Vereinigungen und Organisationen.

Das deutet laut Aristoteles darauf hin, dass diese Gesellschaften ursprünglich freiwillig und zielgerichtet gebildet wurden, und zwar mit einem Organisationsplan, den sich die beteiligten Menschen selbst ausgedacht haben. Insofern ähneln sie Schulen, Vereinen und Wirtschaftsunternehmen, die von Menschen freiwillig, zielgerichtet und mit Bedacht gegründet werden. Aber Familien, Stämme und Staaten unterscheiden sich auch von Schulen, Vereinen und Wirtschaftsunternehmen, weil sie sowohl naturgegeben als auch freiwillig sind.

Widerspricht sich Aristoteles nicht selbst, wenn er sagt, dass Familien, Stämme und Staaten sowohl freiwillig als auch naturgegeben sind? Er würde sich selbst widersprechen, wenn er der Meinung wäre, dass Familien, Stämme und Staaten auf die gleiche Weise naturgegeben sind wie Bienenstöcke und Ameisenhaufen – ein Produkt des Instinkts. Laut Aristoteles kann eine Gesellschaft aber auch auf andere Weise naturgegeben sein. Sie kann in dem Sinne naturgegeben sein, dass sie gebildet werden muss, um ein natürliches Bedürfnis zu befriedigen – das Bedürfnis, am Leben zu bleiben, oder das Bedürfnis, gut zu leben.

Eine Gesellschaft kann in diesem Sinne naturgegeben sein und gleichzeitig freiwillig, zielgerichtet und mit Bedacht gebildet werden – um dem Bedürfnis zu dienen, aufgrund dessen die Gesellschaft naturgegeben ist.

Laut Aristoteles entstand die Familie aus dem Bedürfnis der Menschen, zu überleben und ihre Nachkommen zu schützen und großzuziehen. Gruppen von Familien oder Stämme, die etwas größer sind und in denen mehr Menschen zusammenarbeiten, entstanden, um das gleiche Bedürfnis etwas effektiver zu erfüllen. Die noch größere Organisation des Staates, die ursprünglich aus Zusammenschlüssen von Familien und Stämmen hervorging, diente nicht nur demselben Bedürfnis noch effektiver, sondern auch dem zusätzlichen Zweck, einigen Individuen, wenn nicht sogar allen, ein gutes Leben zu ermöglichen. Da das Überleben gesichert war, konnte man sich nun darauf konzentrieren, das Leben zu verbessern.

Aristoteles sagt, der Mensch sei von Natur aus ein politisches Wesen. Damit meint er mehr als nur, dass der Mensch ein soziales Wesen sei. Es gibt auch andere soziale Wesen, wie Bienen und Ameisen, Wölfe, die in Rudeln jagen, und Löwen, die in Familienverbünden leben. Aber nur der Mensch organisiert seine Gesellschaften freiwillig, zielgerichtet und überlegt, und nur der Mensch legt Gesetze oder Bräuche fest, die sich von einer menschlichen Gesellschaft zur anderen unterscheiden.

Das ist die eine Bedeutung der Aussage, dass der Mensch ein politisches Wesen sei. Er erschafft Bräuche und Gesetze. Es gibt noch eine weitere Bedeutung. Wenn Aristoteles erklärt, dass der Mensch von Natur aus ein politisches Wesen sei, sagt er damit auch, dass die Menschen nicht gut leben können, dass sie nicht das bestmögliche Leben für sich erreichen können, wenn sie nur in Familien und Stämmen zusammenleben. Um dies zu erreichen, müssen sie nach Aristoteles' Ansicht in Städten oder Staaten zusammenleben.

Das griechische Wort für eine Stadt oder einen Staat ist »*polis*«, woraus sich das deutsche Wort »politisch« ableitet. Das lateinische Wort für eine Stadt oder einen Staat ist »*civis*«, woraus sich die Wörter »zivil« und »zivilisiert« ableiten. Da die Menschen von Natur aus politisch sind, müssen sie in Staaten leben, um so gut wie möglich zu leben. Ein gutes Leben ist ein ziviles oder zivilisiertes Leben.

Kehren wir nun zu den beiden Aussagen zurück, mit denen dieses Kapitel begann. Wenn alle Menschen Freunde wären, bräuchte es keine Gerechtigkeit. Da die Bürger eines Staates selten, wenn überhaupt, alle miteinander befreundet sind, ist die Gerechtigkeit notwendig, um einen friedlichen und harmonischen Bund zwischen ihnen in dieser größten aller menschlichen Gesellschaften – dem Staat – zu schaffen.

Nehmen wir einmal an, dass alle Mitglieder einer Familie miteinander befreundet sind – eine Freundschaft in ihrer höchsten Form. Wenn zwei Menschen in dieser höchsten Form der Freundschaft miteinander verbunden sind, lieben sie einander. Wegen dieser Liebe möchten sie, dass es dem anderen gut geht – sie möchten dem anderen Gutes tun, sie möchten alles tun, was notwendig sein mag, um das Leben des anderen zu verbessern oder zu bereichern.

Aus einer solchen Freundschaft oder Liebe heraus bemüht sich ein jeder, das Glück beziehungsweise das gute Leben des anderen zu befördern. Keiner von beiden würde etwas tun, das dem anderen schaden würde, indem er das Streben des anderen nach Glückseligkeit erschwert oder behindert.

Deshalb wäre in einer Familie, in der die Eltern ihre Kinder lieben, in der die Kinder ihre Eltern lieben und in der Mann und Frau, Brüder und Schwestern einander jederzeit und bedingungslos lieben, Gerechtigkeit unnötig. Aber in den meisten Familien gibt es Zeiten, in denen die Liebe oder Freundschaft einmal aussetzt oder nicht vollkommen ist. Dann kann es vorkommen, dass ein Familienmitglied zu einem anderen sagt: »Du bist nicht fair zu mir.« Oder:

»Was du verlangst, ist ungerecht.« Oder: »Ich darf ja wohl zu Recht dieses oder jenes von dir erwarten.«

In solchen Momenten schafft es die Liebe nicht mehr, den Zusammenhalt unter den Familienmitgliedern zu garantieren, und die Gerechtigkeit tritt auf den Plan – eine Gerechtigkeit, die dafür sorgt, dass der Einzelne das bekommt, worauf er ein Anrecht hat, dass er von den anderen gerecht behandelt wird und dass er davor geschützt wird, von ihnen Schaden zugefügt zu bekommen oder verletzt zu werden.

Wenn die Gerechtigkeit nicht eingreifen würde, wenn die Liebe scheitert oder nicht vollkommen ist, könnte es sein, dass die Familienmitglieder nicht zusammenbleiben oder dass sie zumindest nicht friedlich und harmonisch zusammenleben und versuchen, sich gemeinsam an all dem Guten, das ihnen gemein ist, zu erfreuen. Das soeben Gesagte gilt noch mehr für Staaten, in denen die Mitglieder – die Bürger – größtenteils nicht durch Freundschaft oder Liebe miteinander verbunden sind. Wo die Liebe fehlt, muss die Gerechtigkeit einspringen, um den Zusammenhalt der Menschen in Staaten zu garantieren, damit sie friedlich und harmonisch miteinander leben können und auf ein gemeinsames Ziel gerichtet handeln und arbeiten.

Aristoteles wusste, dass es verschiedene Arten von Freundschaft gibt. Von diesen hielt er nur eine für vollkommene Freundschaft – diejenige, die zwischen Menschen besteht, die einander lieben und von denen jeder nur das Beste für den anderen will.

Aristoteles wusste auch, dass solche Freundschaften selten sind. Häufiger bezeichnen wir einen anderen Menschen als Freund, weil er uns nützlich ist oder weil er uns Freude bereitet. Solche Freundschaften sind selbstsüchtig. Die Person, die wir als Freund bezeichnen, dient einem unserer eigenen Interessen, und wir betrachten sie nur so lange als Freund, wie dies der Fall ist. Im Gegensatz dazu ist wahre Freundschaft oder Liebe uneigennützig. Sie ist wohlwollend. Sie zielt darauf ab, dem Wohl des anderen zu dienen.

Wie die Liebe ist auch die Gerechtigkeit auf das Wohl des anderen ausgerichtet. Es gibt jedoch einen deutlichen Unterschied. Jeder, der etwas von Liebe versteht, weiß, dass ein Mensch niemals zu einem anderen sagen sollte: »Ich habe ein Recht darauf, geliebt zu werden. Du solltest mich lieben.«

Wenn wir jemanden wahrhaft lieben, geben wir diesem geliebten Menschen damit nicht etwas, worauf er das Recht hätte, es von uns einzufordern. Im Gegenteil, wir schenken ihm unsere Liebe von selbst, großzügig und selbstlos, ungeachtet irgendwelcher Rechte, die er haben könnte. Wir tun mehr für ihn, als er zu Recht erwarten dürfte.

Manchmal lieben wir sogar Menschen, die uns nicht lieben. Wir machen die Erwiderung unserer Liebe nicht zur Bedingung dafür, dass wir sie lieben. Aber wenn wir anderen gegenüber gerecht handeln und ihnen das gewähren, was sie zu Recht erwarten dürfen, sind wir insofern egoistisch, dass wir im Gegenzug auch von ihnen Gerechtigkeit erwarten. Der Ausspruch, dass man andere so behandeln sollte, wie man von ihnen behandelt werden möchte, ist in diesem Sinne egoistisch.

Was dürfen andere zu Recht von uns erwarten? Dass wir die Versprechen halten, die wir ihnen geben. Dass wir ihnen die Wahrheit sagen, wann immer eine Lüge sie in irgendeiner Weise verletzen würde. Dass wir alles zurückgeben, was wir uns geliehen und zurückzugeben wir versprochen haben. Dass wir unsere Schulden bei ihnen begleichen. Dass wir nicht stehlen, was ihnen gehört. Dass wir ihre Gesundheit nicht schädigen, ihnen keine körperlichen Verletzungen zufügen und sie nicht töten. Dass wir nicht in ihre Handlungsfreiheit eingreifen, wenn ihr Verhalten uns in keiner Weise schadet. Dass wir keine falschen Aussagen machen, die ihren Ruf schädigen oder sie in Verruf bringen würden.

All das und noch mehr der gleichen Art lässt sich mit der Aussage zusammenfassen, dass andere zu Recht von uns erwarten dürfen, dass wir nichts tun, was ihr Streben nach Glückseligkeit beeinträchtigen oder behindern könnte – nichts, was sie daran hindern könnte, die wahrhaft guten Dinge zu erhalten oder zu besitzen, die sie brauchen, um sich selbst ein gutes Leben zu bereiten. Ihr Bedürfnis nach diesen wahrhaften Gütern gibt ihnen das Recht auf sie, und wir sind verpflichtet, ihr Recht auf diese Dinge zu respektieren – wenn wir gerecht sind.

Aber vielleicht sind wir nicht immer gerecht, zumindest nicht vollkommen gerecht. Manche Menschen sind sogar alles andere als gerecht. Anstatt die Gewohnheit zu haben, die Rechte anderer zu respektieren, neigen sie gewohnheitsmäßig zum Gegenteil – um etwas zu erlangen, das sie für sich selbst wollen, auch wenn sie dafür die Rechte anderer mit Füßen treten müssen.

Deshalb gibt es Gesetze, die vorschreiben, was die Angehörigen eines Staates tun beziehungsweise unterlassen sollen, damit es untereinander gerecht zugeht. Wenn jeder die Gewohnheit hätte, sich anderen gegenüber gerecht zu verhalten, gäbe es keine Notwendigkeit für solche Gesetze oder für deren Durchsetzung durch den Staat. Da aber nur wenige Menschen vollkommen gerecht sind und einige gewohnheitsmäßig dazu neigen, ungerecht zu sein, müssen Gesetze, die ein gerechtes Verhalten vorschreiben, vom Staat durchgesetzt werden, um zu verhindern, dass jemand die Rechte eines anderen verletzt und ihm dadurch ernsthaft schadet.

Dürfen andere zu Recht von uns erwarten, dass wir sie bei ihrem Streben nach Glück beziehungsweise Glückseligkeit unterstützen?

Ihre Bemühungen, die wahrhaften Güter zu erlangen oder zu besitzen, nicht zu stören, zu erschweren oder zu behindern, ist eine Sache. Ihnen dabei zu helfen, diese Güter zu erlangen, ist eine andere. Haben sie ein Recht darauf, unsere Hilfe einzufordern?

Nach Aristoteles' Verständnis des Unterschieds zwischen Liebe und Gerechtigkeit lautet die Antwort Nein. Nicht die Verpflichtungen, die uns die Gerechtigkeit auferlegt, sondern die Großzügigkeit der Liebe veranlasst einen Menschen dazu, einem anderen dabei zu helfen, die für ein gutes Leben notwendigen wahrhaften Güter zu erlangen oder zu besitzen. Deshalb verlangen die Gesetze des Staates nicht, dass ein Mensch anderen in ihrem Streben nach Glückseligkeit helfen muss, indem er konstruktive Maßnahmen ergreift, um es zu befördern.

Der Staat setzt jedoch Gesetze in Kraft, die den Einzelnen verpflichten, zum Wohle der Gemeinschaft als Ganzes zu handeln. Das Wohlergehen der Gemeinschaft wirkt sich auf das Streben ihrer Mitglieder nach Glückseligkeit aus. Eine gute Gesellschaft, eine Gesellschaft, in der das Gemeinwohl der Menschen gewahrt und gefördert wird, trägt zum guten Leben jedes Einzelnen bei. Aristoteles sagt unmissverständlich, dass das Ziel, dem ein guter Staat dienen sollte, das Glück der Individuen ist, aus denen er sich zusammensetzt. Er sollte ihr Streben nach Glückseligkeit befördern.

Wenn wir also als Einzelpersonen Gesetze befolgen, die uns anweisen, zum Wohl der Gemeinschaft als Ganzes zu agieren, tragen wir indirekt dazu bei, das Streben unserer Mitmenschen nach Glückseligkeit zu befördern. Was wir direkt für einige wenige aus Liebe zu ihnen tun, tun wir indirekt für alle anderen, indem wir Gesetze befolgen, die von uns verlangen, zum Wohl der Gemeinschaft zu handeln, in der sie und auch wir leben.

15

Was wir zu Recht von anderen und vom Staat erwarten dürfen

Liebe deinen Nächsten wie dich selbst!

Behandele andere so, wie auch du von ihnen behandelt werden möchtest!

Diese beiden bekannten Leitsätze haben die Beziehung zwischen Ihnen und anderen zum Thema. In beiden scheinen Sie selbst der Dreh- und Angelpunkt Ihres Handelns gegenüber anderen zu sein. »Liebe dich selbst und liebe deinen Nächsten auf dieselbe

Weise und vielleicht sogar in demselben Maße, wie du dich selbst liebst«, besagt der eine. »Denk daran, wie du selbst von anderen behandelt werden möchtest, und behandele sie dann genauso«, besagt der andere.

Wir haben diese Reihenfolge anscheinend umgedreht, indem wir im vorangegangenen Kapitel zunächst darüber nachgedacht haben, was andere von uns erwarten dürfen, und nun in diesem Kapitel, was wir von anderen erwarten dürfen. Man könnte auch sagen, dass wir uns über eine Ordnung erhoben haben, die uns an die erste Stelle setzt und andere an die zweite.

Rechte sind Rechte. Wenn ein Mensch sie besitzt, weil er Bedürfnisse hat, die alle anderen Menschen ebenfalls haben, dann haben auch alle anderen die gleichen Rechte. Es macht keinen Unterschied, ob man zuerst an die eigenen Rechte oder zuerst an die Rechte der anderen denkt.

In gewisser Weise stehen Sie jedoch an erster Stelle, nämlich an erster Stelle in der Reihenfolge der Überlegungen, was Sie tun sollten. Das höchste Ziel, das Ihr gesamtes praktisches Denken, Ihre Entscheidungen und Ihr Handeln bestimmen sollte, ist ein gutes Leben für Sie selbst. Sie sind verpflichtet, so gut wie irgend menschenmöglich zu leben – um im Laufe Ihres Lebens all die Dinge zu erlangen und zu besitzen, die wahrhaft gut für Sie sind.

Wie wir gesehen haben, verlangt die Gerechtigkeit von Ihnen nicht, extra so zu handeln, dass Sie das persönliche Glück anderer befördern, so wie Sie durch die Liebe, die Sie empfinden, Ihre eigene Glückseligkeit anstreben müssen. Die Gerechtigkeit verlangt nur, dass Sie das Streben nach Glück der anderen nicht behindern oder erschweren. Wenn Sie darüber hinausgehen, um ihnen bei ihren Bestrebungen zu helfen, dann tun Sie das, weil Sie sie ebenso lieben, wie Sie sich selbst lieben.

Ihre Rechte und die Rechte der anderen, um die es bei der Gerechtigkeit geht, betreffen die Dinge, die für jeden Menschen wahrhaft gut sind, weil sie Bedürfnisse erfüllen, die der menschlichen Natur innewohnen. Überlegungen darüber, was gut ist, und vor allem darüber, was wahrhaft gut ist, müssen dem Nachdenken über Rechte vorausgehen. Wenn Sie zum Beispiel nicht der Meinung wären, dass ein gewisses Maß an Reichtum, ein zufriedenstellendes Maß an Gesundheit und Freiheit wahrhaft gut für Sie sind, dann wären Sie nicht der Ansicht, dass jeder Mensch ein Recht auf diese Dinge hat, nicht nur als Mittel zum Überleben, sondern auch als Mittel für ein gutes Leben.

Was Sie zu Recht von anderen erwarten dürfen, ist also dasselbe wie das, was diese zu Recht von Ihnen erwarten dürfen. Diese Rechte sind gleich, weil jeder über die gleichen Rechte verfügt und weil das, was wahrhaft gut für Sie ist, auch wahrhaft gut für jeden anderen Menschen ist. Und das ist so, weil wir alle Menschen sind, weil wir alle die gleiche menschliche Natur besitzen, der die gleichen Grundbedürfnisse innewohnen, die erfüllt werden wollen.

Zu diesen Bedürfnissen gehört auch das Bedürfnis, in Gemeinschaft mit anderen Menschen zu leben. Wir gehören nicht zu der Art von Tieren, die gut allein zurechtkommen. Wie wir gesehen haben, sind die menschlichen Gesellschaften – Familien, Stämme und Staaten – entstanden, um dieses Bedürfnis zu erfüllen. Aber sie helfen uns auch, weitere Bedürfnisse zu erfüllen – unser Bedürfnis nach Gütern, von denen die Erhaltung des Lebens selbst abhängt, und unser Bedürfnis nach höheren Gütern, von denen ein gutes Leben abhängt.

Obwohl eine Gesellschaft an sich gut ist, weil wir in Gemeinschaft mit anderen Menschen leben müssen, kann eine bestimmte Gesellschaft nicht gut sein, wenn die Art und Weise, wie sie organisiert ist oder wie sie agiert, die ihr angehörenden Menschen in ihren Bemühungen, Dinge zu erlangen und zu besitzen, die wahrhaft gut für sie sind, entweder nicht unterstützt oder sogar rundweg behindert.

Eine Familie ist zum Beispiel keine gute Familie, wenn sie den Kindern, die ihr angehören, nicht die Freiheit zugesteht, auf die diese ein Anrecht haben, wenn sie sich nicht um deren gesundheitliches Wohlergehen kümmert, wenn sie sie nicht dabei unterstützt, kindgerecht aufzuwachsen. Das bedeutet nicht, dass Familie an sich etwas Schlechtes ist, denn kleine Kinder können nicht für ihr eigenes Überleben sorgen und ohne Familie aufwachsen. Es bedeutet nur, dass eine bestimmte Familie nicht gut ist, wenn sie beispielsweise nicht das für ihre Kinder tut, was diese zu Recht von ihr erwarten dürfen.

Bei seiner Erörterung, was gut und was schlecht ist, befasst sich Aristoteles sowohl mit guten und schlechten Gesellschaften als auch mit guten und schlechten Menschen und deren gutem und schlechtem Leben. Dass die Gesellschaft, wie bereits erwähnt, an sich gut ist, ist für ihn einfach eine Feststellung des gesunden Menschenverstands. Wir kämen überhaupt nicht zurecht, würden wir nicht in einer Gesellschaft leben.

Dies ist der Ausgangspunkt, von dem aus Aristoteles dann der Frage nachgeht, was eine bestimmte Gesellschaft gut beziehungsweise was eine Gesellschaft besser als eine andere macht. Und so wie seine letzte Frage das menschliche Leben betreffend die nach dem bestmöglichen Leben ist, das jeder von uns führen kann, so ist seine letzte Frage die Gesellschaft betreffend die nach der bestmöglichen Gesellschaft, in der wir leben und nach Glück streben können.

Da Aristoteles der Meinung ist, dass von allen menschlichen Gesellschaften der Staat – beziehungsweise die politische Gesellschaft – diejenige ist, die es uns am ehesten ermöglicht, ein gutes oder zivilisiertes Leben zu führen, wollen wir uns auf seine Antworten auf die Fragen nach dem guten Staat und dem bestmöglichen Staat konzentrieren.

Für ihn scheint es offensichtlich zu sein, dass ein guter Staat einer ist, der gut regiert wird. Das ist für Aristoteles ebenso selbstverständlich wie die Aussage, dass ein gutes Leben eines ist, das gut gelebt wird. Für ihn kann es keinen Staat ohne Regierung geben. Wenn es keine Regierung gibt, können die Menschen nicht friedlich und harmonisch zusammenleben.

Das würde vielleicht nicht zutreffen, wenn alle Menschen Freunde wären und sich gegenseitig liebten. Es würde vielleicht nicht einmal dann zutreffen, wenn alle Menschen vollkommen gerecht wären, sodass es keine Notwendigkeit für die Durchsetzung von Gesetzen zur Gerechtigkeit gäbe, um zu verhindern, dass ein Mensch einem anderen Schaden zufügt. Aber Aristoteles wusste aus allgemeiner Lebenserfahrung, dass nicht alle Menschen durch Liebe oder Freundschaft miteinander verbunden sind, dass die meisten Menschen nicht vollkommen gerecht sind und dass einige in ihrem Egoismus ziemlich ungerecht sind.

Aus diesem Grund kam er mit seinem gesunden Menschenverstand zu dem Schluss, dass eine Regierung für die Existenz eines Staates oder einer politischen Gesellschaft notwendig ist.

Da eine Regierung also notwendig ist, ist sie an sich gut, genauso wie die Gesellschaft, die ebenso notwendig ist, an sich gut ist. Wie bereits erwähnt kann jedoch eine bestimmte Gesellschaft schlecht oder zumindest nicht so gut sein, wie sie sein sollte. Ebenso kann auch eine bestimmte Regierungsform schlecht oder nicht so gut sein, wie sie sein sollte.

Einige, denen der gesunde Menschenverstand des Aristoteles fehlt, sind der Ansicht, dass eine Regierung ganz und gar nicht notwendig sei. Sie verkennen, dass die Menschen – so wie sie sind, nicht wie man sie sich wünscht – nicht friedlich zusammenleben und auf ein gemeinsames Ziel hin handeln können, wenn sie nicht in einem Staat mit einer Regierung leben, die die Macht hat, Entscheidungen zu treffen und Gesetze durchzusetzen. Dabei geht es nicht nur darum, Verbrecher in Schach zu halten. Damit viele Einzelpersonen auf ein gemeinsames Ziel hin handeln können, muss es auch einen Mechanismus geben, um die Entscheidungen zu treffen, die ihr gemeinsames Handeln erfordert.

Hier und da heißt es auch, eine Regierung möge zwar notwendig sein, dann sei sie aber ein notwendiges Übel, weil sie den Einsatz von Zwangsgewalt (die Gewalt, die bei der Durchsetzung von Gesetzen eingesetzt wird) und die Einschränkung der Freiheit des Einzelnen beinhalte. Diejenigen, die das behaupten, verkennen sehr wichtige Punkte, die Aristoteles über die Durchsetzung von Gesetzen und über die Einschränkung der Freiheit des Einzelnen in einer Gesellschaft anführt.

Nach Aristoteles befolgt ein guter Mensch – jemand, der tugendhaft und gerecht ist – gerechte Gesetze, weil er tugendhaft ist, und nicht, weil er die Strafe fürchtet, die sich aus der Übertretung des Gesetzes oder der Störung des Friedens ergeben könnte. Er befolgt die Gesetze und bewahrt den Frieden freiwillig, nicht aufgrund von Zwang seitens der Gesetzeshüter. Die Regierung zwingt ihn zu nichts, und deshalb ist die Regierung für ihn auch kein Übel, wie sie es für einen schlechten Menschen ist.

Ein guter Mensch hat auch nicht das Gefühl, dass seine Freiheit durch die Regierung eingeschränkt würde. Er will nicht mehr Freiheit, als er nutzen kann, ohne anderen zu schaden. Nur ein schlechter Mensch will noch mehr Freiheit, und nur er fühlt sich in seiner Freiheit, ohne Rücksicht auf andere das zu tun, was er will, durch die Regierung eingeschränkt.

Allein durch die Tatsache, dass eine Regierung an sich notwendig und gut ist, sind nicht gleich alle Regierungsformen gut oder so gut, wie sie sein sollten. Ob es sich um eine gute oder um eine schlechte Regierungsform handelt, entscheidet sich für Aristoteles durch die Antworten auf die folgenden Fragen.

Erstens: Dient die Regierung dem Gemeinwohl der Menschen, die regiert werden, oder dient sie den egoistischen Interessen derjenigen, die die Regierungsgewalt ausüben? Eine Regierung, die dem Eigeninteresse der Herrschenden dient, ist tyrannisch. Nur eine Regierung, die das gute Leben der Beherrschten befördert, ist gut.

Zweitens: Fußt die Regierung nur auf der Macht, die den Herrschenden zur Verfügung steht, oder fußt sie auf Gesetzen, die auf eine Weise zustande gekommen sind, der die Beherrschten zugestimmt haben und an deren Zustandekommen sie beteiligt waren? Eine Regierung, die allein auf Macht oder Gewalt fußt, ob diese nun in den Händen eines Menschen oder mehrerer liegt, ist despotisch, auch wenn sie eher wohlwollend und freundlich gesinnt als tyrannisch ist. Um gut zu sein, muss eine Regierung über Befugnisse verfügen, die von den Beherrschten anerkannt und akzeptiert werden, und nicht bloß über Macht oder Gewalt, die diese fürchten und der sie sich aus Angst unterwerfen.

Eine Regierung, die auf diese Weise gut ist, nannte Aristoteles eine konstitutionelle Regierung oder politische Regierung. Indem er sie als politisch bezeichnete, wollte er nahelegen, dass dies die einzige Regierungsform sei, die für Staaten oder politische Gesellschaften angemessen sei.

Dies führt uns zu einer dritten Frage. Sie bezieht sich auf eine Regierung, die weder tyrannisch noch despotisch, sondern konstitutionell ist – eine Regierung, die auf einer Verfassung fußt und in der auch diejenigen, die regieren, Gesetze befolgen müssen. In Bezug auf eine solche Regierung stellen sich die folgenden Fragen: Ist die Verfassung – das Grundgesetz, auf dem die Regierung selbst fußt – eine gerechte Verfassung? Und sind die Gesetze, die von dieser Regierung erlassen werden, gerechte Gesetze?

Jede Regierung, die *nicht* tyrannisch ist, ist *in diesem Sinne* gut. Unter den nicht tyrannischen Regierungen ist eine konstitutionelle Regierung besser als eine despotische. Und unter den konstitutionellen Regierungen ist eine mit einer gerechten Verfassung und gerechten Gesetzen die beste.

Aristoteles lobt die konstitutionelle Regierung als eine Regierung freier und gleichberechtigter Menschen. Er sagt, dass es sich bei ihr um diejenige Regierungsform handelt, in der die Bürger herrschen und ihrerseits beherrscht werden.

Diejenigen, die von einem Despoten regiert werden, sind Untertanen, keine Bürger, die ein Mitspracherecht bei ihrer eigenen Regierung haben. Und diejenigen, die von einem Tyrannen regiert werden, sind nicht besser dran als Sklaven. In beiden Fällen werden sie als Untergebene beherrscht und nicht als Gleiche regiert. Nur Bürger, die von anderen Bürgern regiert werden, die sie gewählt haben, um für eine gewisse Zeit ein öffentliches Amt zu bekleiden, werden als Gleiche regiert, so wie freie Menschen regiert werden sollten.

An diesem Punkt beging Aristoteles einen schweren Fehler in seinen Überlegungen. Da er zu einer Zeit und in einer Gesellschaft lebte, in der einige Menschen in die Sklaverei hineingeboren und als Sklaven behandelt wurden und in der Frauen als unterlegen angesehen wurden, beging er den Fehler zu glauben, dass viele Menschen von Natur aus weniger wert seien. Er erkannte nicht, dass der Grund, weshalb sie als weniger wert erschienen, in der Art und Weise lag, wie sie behandelt wurden, und nicht in einer mangelhaften angeborenen Begabung.

Aufgrund dieses Fehlers teilte er die Menschen in zwei Gruppen ein. Eine Gruppe bestand seiner Ansicht nach aus denjenigen, die geeignet waren, als Bürger regiert zu werden – die frei und gleich waren und ein Mitspracherecht in ihrer Regierung besaßen. Die andere Gruppe bestand seiner Ansicht nach aus denjenigen, die nur dazu geeignet waren, despotisch regiert zu werden, entweder als Untertanen oder als Sklaven – ohne Mitspracherecht in ihrer Regierung und somit weder frei noch gleich.

Wir leben in einer Zeit und in einer Gesellschaft, in der niemandem Aristoteles' Fehler verziehen würde. Wenn wir seinen Irrtum korrigieren, kommen wir zu dem Schluss, dass alle Menschen als Bürger regiert werden sollten, die ein Mitspracherecht in der Regierung haben und somit als freie und gleiche Menschen regiert werden sollten. Die einzigen Ausnahmen von dieser alle Menschen umfassenden Gesamtheit sind diejenigen, die noch im Kindesalter sind, oder diejenigen, die eine geistige Behinderung haben.

Nachdem wir zu dieser Schlussfolgerung gekommen sind, erkennen wir auch, dass eine konstitutionelle Regierung nur dann gerecht ist, wenn ihre Verfassung allen Menschen den gleichen Status der Staatsbürgerschaft verleiht, ohne Rücksicht auf Geschlecht, Ethnie, Religion, Hautfarbe oder Vermögen. Damit verleiht sie ihnen auch die Freiheit, auf die sie ein Anrecht haben, nämlich die Freiheit, als Bürger und nicht als Sklaven oder Untertanen regiert zu werden.

Ein Mensch ist weder mehr noch weniger menschlich als ein anderer, auch wenn er aufgrund unterschiedlicher angeborener oder erworbener Eigenschaften einem anderen in vielerlei Hinsicht überlegen oder unterlegen sein kann. Diese Ungleichheiten sollten sicherlich bei der Auswahl von Menschen für öffentliche Ämter berücksichtigt werden, aber sie sollten völlig außer Acht gelassen werden, wenn es um die Qualifikationen für die Staatsbürgerschaft geht.

Alle Menschen sind als Menschen gleich. Da sie als Menschen gleich sind, sind sie auch gleich in ihren Rechten, die sich aus den Bedürfnissen ergeben, die ihrer gemeinsamen menschlichen Natur innewohnen. Eine Verfassung ist nicht gerecht, wenn sie die Gleichen nicht gleich behandelt. Sie ist auch nicht gerecht, wenn sie nicht das gleiche Recht aller auf Freiheit anerkennt – darauf, so regiert zu werden, wie Menschen regiert werden sollten, nämlich als Bürger, nicht als Sklaven oder Untertanen.

Wir sind nun zu einer Antwort auf die Frage gelangt, was wir von dem Staat, in dem wir leben, und von dessen Regierung zu Recht erwarten dürfen. Wir haben ein Recht darauf, als Bürger von einer Regierung regiert zu werden, der wir zugestimmt haben und die uns erlaubt, in dieser Regierung ein Mitspracherecht zu haben.

Ist das alles, was wir zu Recht erwarten dürfen? Zwar beging Aristoteles den Fehler zu glauben, dass nur einige Menschen das Recht hätten, als Bürger regiert zu werden, doch war er auch der Meinung, dass diese Menschen das Recht besäßen, mehr von dem Staat zu erwarten, in dem sie lebten. Seiner Meinung nach war ein Staat, der alles tat, um das Streben seiner Bürger nach Glückseligkeit zu befördern, der beste Staat. Das gilt unabhängig davon, ob nur einige oder alle Menschen Bürger sein sollten.

Was kann ein Staat tun, um das Streben seiner Bürger nach Glückseligkeit zu befördern? Er kann ihnen helfen, alle wahrhaften Güter zu erlangen und zu besitzen, die sie brauchen und auf die sie ein Anrecht haben. Um dies zu verstehen, müssen wir uns einen Punkt aus dem vorangegangenen Kapitel in Erinnerung rufen.

Von allen wahrhaft guten Dingen, die wir für ein gutes Leben benötigen, liegen einige mehr und andere weniger in unserer individuellen Macht, sie zu erwerben und zu besitzen. Einige, wie moralische Tugend und Wissen, hängen weitgehend von den Entscheidungen ab, die wir selbst treffen. Andere, wie Reichtum und Gesundheit, hängen in erheblichem Maße davon ab, dass uns das Schicksal wohlgesonnen ist.

Ein guter Staat und eine gute Regierung können den Menschen in ihrem Streben nach Glückseligkeit vor allem dadurch helfen, dass sie alles tun, um die Entbehrungen zu beseitigen, die diese Menschen aufgrund von Pech oder Unglück erleiden, nicht weil sie selbst schuld daran wären. Diese Institutionen sollten für die Bürger das tun, was diese aus freien Stücken und durch eigene Anstrengung nicht für sich selbst tun können. Der beste Staat und die beste Regierung sind diejenigen, die in dieser Hinsicht am meisten tun.

Das Einzige, was kein Staat und keine Regierung – unabhängig davon, wie gut sie sind – tun können, ist, ihre Bürger zu moralisch tugendhaften Menschen zu machen. Ob diese Bürger moralische Tugendhaftigkeit erlangen oder nicht, hängt fast ausschließlich von den Entscheidungen ab, die jeder von ihnen für sich selbst trifft. Der beste Staat und die beste Regierung können ihren Bürgern daher nur äußere Bedingungen bieten, die es ihnen ermöglichen und sie darin bestärken, sich um ein gutes Leben zu bemühen. Staat und Regierung können nicht garantieren, dass die Bürger unter diesen Bedingungen allesamt erfolgreich sein werden. Deren Erfolg oder Misserfolg hängt letztlich davon ab, wie sie die guten Bedingungen nutzen, unter denen sie leben.

Teil 4

Der Mensch als Wissender

16

Wie unser Verstand funktioniert

In den vorangegangenen Kapiteln haben wir uns mit dem Denken und dem Wissen beschäftigt, nicht aber mit dem Verstand, der denkt und weiß.

In Teil 2 haben wir uns mit dem schöpferischen Denken befasst – der Art des Denkens, die mit der Herstellung von Dingen zu tun hat. Dort haben wir auch die Art von Wissen betrachtet, die für die Herstellung benötigt wird – jene Art, die wir Fähigkeit oder Know-how nennen.

In Teil 3 haben wir das praktische Denken und das praktische Wissen untersucht – das Denken über die Mittel und Ziele menschlichen Handelns und das Wissen darüber, was wir anstreben und was wir lieber lassen sollten, sowie darüber, was in Bezug auf unsere Lebensführung richtig beziehungsweise falsch ist.

Nun, in Teil 4, werden wir uns mit dem theoretischen Denken befassen, dem Denken um des Wissens willen, nicht um irgendeiner Produktion oder des Handelns willen. Und wir werden uns mit dem Wissen selbst befassen – mit dem Wissen darüber, wie Dinge sind, und mit dem Wissen darüber, was wir tun oder lassen sollten. Hier werden wir uns zum ersten Mal damit beschäftigen, was über den denkenden und wissenden Verstand bekannt ist.

Die Sprache spielt im menschlichen Denken und Wissen eine große Rolle. Aristoteles zufolge findet das Denken in Begriffen statt, die wir verwenden, um unsere Gedanken auszudrücken. Die deklarativen Sätze, die wir äußern, oder die Aussagen, die wir tätigen, drücken Ansichten aus, denen wir zustimmen oder die wir ablehnen – Ansichten, die entweder wahr oder falsch sein können.

Wenn eine Aussage, die wir tätigen, wahr ist, ist sie Ausdruck von Wissen. Wenn sie falsch ist, haben wir uns geirrt. Wir können in derselben Sache nicht gleichzeitig einem Irrtum aufsitzen und über Wissen darüber verfügen. Ansichten beziehungsweise Urteile können entweder wahr oder unwahr, richtig oder falsch sein, aber inkorrektes, irriges oder falsches Wissen ist so unmöglich wie ein rundes Quadrat.

Woher kommen die Ideen, die unser Denken ausmachen? Für Aristoteles schien es offensichtlich zu sein, dass wir sie nicht von Geburt an im Kopf haben – dass sie vielmehr irgendwie ein Produkt unserer Erfahrungen sind. Deshalb wendet sich seine Darstellung des menschlichen Denkens und Wissens zunächst den Sinnen und der Erfahrung zu, die sich aus dem Funktionieren unserer Sinne ergibt.

Die Sinne sind die Fenster oder Türen des menschlichen Geistes. Was auch immer von der Außenwelt in den Geist beziehungsweise Verstand eindringt, dringt über die Sinne hinein. Das können Wörter oder Sätze sein, die andere Menschen von sich geben. Wie jeder weiß, lernen wir auf diese Weise eine Menge, sicherlich spätestens von dem Moment an, in dem unsere Schulzeit beginnt. Aber das Lernen beginnt nicht erst mit der Schulzeit. Und es ist auch nicht so, dass unser gesamtes Lernen, das selbst noch nach dem Ende der Schulzeit stattfindet, die Aussagen anderer zur Grundlage hätte. Betrachtet man die gesamte Menschheit und dazu die Kleinkinder einer jeden Generation, so stellt man schnell fest, dass das Lernen bereits über Sinneserfahrungen einsetzt, bevor die Lernenden das Gelernte mit Worten ausdrücken.

Zu Zeiten von Aristoteles ging man im Allgemeinen davon aus, dass wir fünf äußere Sinne besitzen – Sehen, Hören, Tasten, Riechen und Schmecken. Der Grund, warum Aristoteles sie als äußere Sinne bezeichnete, liegt darin, dass jeder von ihnen ein Sinnesorgan an der Oberfläche unseres Körpers erfordert, auf das Umweltreize einwirken: Das Sehen resultiert aus der Einwirkung von etwas außerhalb unserer selbst auf unsere Augen, das Hören aus der Einwirkung von etwas außerhalb unserer selbst auf unsere Ohren, das Tasten aus der Einwirkung von etwas außerhalb unserer selbst auf unsere Haut, das Riechen aus der Einwirkung von etwas außerhalb unserer selbst auf unsere Nase und das Schmecken aus der Einwirkung von etwas außerhalb unserer selbst auf unsere Zunge und unseren Mund.

Die moderne wissenschaftliche Forschung hat herausgefunden, dass wir mehr als fünf Sinne und Sinnesorgane besitzen, beispielsweise jene Sinnesorgane, mit denen wir Hunger und Durst in unserem Körper verspüren, und die Sinnesorgane, mit denen wir die Bewegung unserer Gliedmaßen oder die Lage unseres Körpers wahrnehmen. Aber die genaue Anzahl der Sinne und Sinnesorgane ist unerheblich für Aristoteles' Erklärung, welchen Beitrag die Sinne und die Sinneserfahrung zu unserem Denken und Wissen leisten.

Jeder der Sinne erzeugt nur dann Empfindungen, wenn sein Sinnesorgan durch einen Umweltreiz – durch etwas in der Außenwelt – physikalisch beeinflusst wird. Die Sinne sind passive Empfänger, die von außen erregt werden müssen. Jedes unserer Sinnesorgane ist ein hochspezialisierter Empfänger. Mit den Augen können wir nicht schmecken oder riechen, mit der Zunge oder der Nase können wir nicht hören oder sehen. Farben nehmen wir mit den Augen wahr, Töne mit den Ohren, Gerüche mit der Nase und so weiter.

Bestimmte Aspekte unserer Umwelt können wir auf mehr als eine Weise wahrnehmen. Die Größe und Form von Körpern können wir sowohl sehen als auch durch unseren Tastsinn fühlen. Wir können die Bewegung von Körpern von einem Ort zum anderen sowohl sehen als auch hören, und wir können sogar feststellen, ob diese Bewegung langsam oder schnell erfolgt.

Die soeben erwähnten verschiedenen Arten von Empfindungen sind das Rohmaterial, aus dem sich unsere Sinneserfahrung zusammensetzt. Obwohl diese Rohmaterialien getrennt von außen durch die Kanäle der verschiedenen Sinnesorgane zu uns gelangen, bleiben sie in unserer Sinneserfahrung nicht getrennt oder voneinander isoliert. Die Welt, die wir durch unsere Sinne erfahren, ist eine Welt von Körpern unterschiedlicher Größe und Form, die sich bewegen oder ruhen und auf vielfältige Weise miteinander im Raum in Beziehung stehen. Unsere Erfahrung dieser Welt der Körper umfasst auch eine Vielzahl von Eigenschaften – die Farben der

Körper, die Geräusche, die sie machen, die Rauheit oder Glätte ihrer Oberflächen und so weiter.

Laut Aristoteles ist unsere Sinneserfahrung das Produkt unserer Wahrnehmung. Die Sinneseindrücke, die wir passiv durch unsere Sinnesorgane empfangen, sind lediglich das Rohmaterial, das wir irgendwie zusammensetzen, um das nahtlose Gesamtgefüge unserer Sinneserfahrung zu bilden. Bei diesem Zusammensetzen sind wir eher aktiv als passiv.

Die Sinneswahrnehmungen sind Input von außen. Aber in die Sinneserfahrung, die sich aus unserer Wahrnehmung dieser Außenwelt ergibt, fließen auch unser Erinnerungsvermögen und unsere Vorstellungskraft ein. Die Sinneserfahrung setzt sich also aus vielen Elementen zusammen, die alle ihren Ursprung in dem haben, was unsere verschiedenen Sinne aufnehmen. Diese Elemente verändern sich jedoch durch die Art und Weise, wie sie zu dem Ganzen, das die von uns wahrgenommene Welt darstellt, zusammengesetzt werden.

Wenn wir eine typische Wahrnehmungserfahrung in Worte fassen, erkennen wir sofort, dass viel mehr dahintersteckt als das Rohmaterial der Sinneseindrücke. Sagen wir einmal, dass Sie einen großen, schwarzen, bellenden Hund wahrnehmen, der eine getigerte Katze die Straße hinunterjagt, und die Katze rennt vor ein blaues Auto, das mit einem Kreischen zum Stehen kommt. In dieser Beschreibung einer Sinneserfahrung benennen nur wenige Wörter sichtbare oder hörbare Eigenschaften, die von Auge und Ohr wahrgenommen werden – die Farben und die Geräusche. Ein Hund und eine Katze, ein Auto und eine Straße, jagen, rennen und plötzlich zum Stehen kommen – all diese Dinge, die Sie wahrnehmen, beinhalten mehr als nur von außen empfangene Sinneseindrücke.

Wenn Sie etwas wahrnehmen, das Sie als Hund oder Katze bezeichnen, oder wenn Sie Handlungen wahrnehmen, die Sie als jagen oder rennen bezeichnen, leisten auch Ihr Gedächtnis und Ihre Vorstellungskraft einen Beitrag, vor allem wenn dieser Hund Ihnen fremd ist, während die Katze Ihnen vertraut ist, weil Sie sie schon öfter in dieser Gegend gesehen haben. Darüber hinaus ist auch Ihr Verständnis – oder Ihr Begriffsvermögen – beteiligt. Sie verstehen in gewisser Weise, welche Art Tier eine Katze ist und inwiefern sie sich von einem Hund unterscheidet. Sie besitzen ebenfalls ein gewisses Verständnis davon, wie Tiger aussehen, was sich darin zeigt, dass Sie die Katze als getigert wahrnehmen. Sie verstehen den Unterschied zwischen Gehen und Rennen, zwischen großer Schnelligkeit und Verlangsamen. Wenn Sie all diese Dinge nicht verstanden hätten, hätten Sie die beschriebene Wahrnehmungserfahrung so nicht machen können.

Laut Aristoteles resultiert dieses Verständnis aus der Tätigkeit unseres Verstandes, nicht aus der Tätigkeit unserer Sinne. Unser Verstand bildet sich Vorstellungen von Katzen und Hunden, vom Laufen und Hinterherjagen. Solche Vorstellungen beruhen auf den Informationen, die unsere Sinne von der Außenwelt empfangen, aber die Vorstellungen selbst werden nicht von der Außenwelt empfangen. Sie sind laut Aristoteles das Produkt der Tätigkeit des Verstandes, der sich bemüht, die Welt zu verstehen, die wir über unsere Sinne erfahren.

So wie wir Dinge wahrnehmen können, weil sie wahrnehmbar sind, so können wir Dinge verstehen, weil sie verständlich sind. Wenn der bellende Hund und das kreischende Auto nicht sichtbar und hörbar wären, könnten wir sie weder sehen noch hören. Wäre es nicht verständlich, dass Hund und Katze verschiedene Arten von Lebewesen sind, könnten wir auch nicht verstehen, dass sie Wesen unterschiedlicher Natur sind. Laut Aristoteles erfassen wir die Natur der Katze oder des Hundes durch unsere Vorstellung oder unser Verständnis dessen, was eine Katze oder ein Hund ist, so wie wir die schwarze Farbe des Hundes oder die blaue Farbe des Autos durch die visuellen Eindrücke erfassen, die unsere Augen empfangen.

Wenn ein Schreiner einen Stuhl herstellen will, muss er eine Vorstellung von dem Stuhl haben, den er herstellen will. Er muss nicht nur eine Vorstellung von Stühlen im Allgemeinen haben, sondern auch eine konkretere Vorstellung von dem speziellen Stuhl, den er herstellen möchte. Ausgehend von diesen Vorstellungen und mit Holzstücken als Rohmaterial bearbeitet der Schreiner diese Holzstücke und fügt sie so zusammen, dass sie die Form eines Stuhles annehmen. Die Vorstellung im Kopf des Schreiners schlägt sich in der Form des Materials nieder, das er bearbeitet.

Lebende Materie in einer bestimmten Form ist eine Katze. Lebende Materie in einer anderen bestimmten Form ist ein Hund. Wenn Kinder lernen, zwischen Katzen und Hunden zu unterscheiden und sie zu erkennen, wenn sie sie sehen, dann beinhaltet ihre Wahrnehmung von Katzen und Hunden ein gewisses Verständnis für die besondere Natur jeder dieser beiden Tierarten. Dieses Verständnis besteht darin, dass sie eine Vorstellung davon haben, was eine Katze ist, und eine Vorstellung davon, was ein Hund ist.

Für Aristoteles ist die Vorstellung von einer Katze gleichbedeutend mit der Vorstellung von der Form, die allen Katzen gemeinsam ist und jede Katze zu der Art Tier macht, die sie ist. Dies veranlasst ihn zu der Aussage, dass der Verstand die Form der Formen ist, so wie die Hand das Werkzeug der Werkzeuge ist (das Werkzeug, mit dem wir andere Werkzeuge benutzen). Man könnte dasselbe auch so ausdrücken, dass der Verstand beziehungsweise der menschliche

Geist der Ort ist, an dem die Formen, die Dingen innewohnen, zu unseren Vorstellungen von ihnen werden.

Der Verstand bildet – oder formt – Vorstellungen, indem er die Formen von Dingen nimmt und sie von der Materie dieser Dinge abkoppelt. Die Erzeugung von Vorstellungen ist das genaue Gegenteil von der Erzeugung von Gegenständen. Bei der Erzeugung von Gegenständen setzen wir die Vorstellungen, die wir im Kopf haben, in Gegenstände um, indem wir die Materie entsprechend unseren Vorstellungen transformieren. Bei der Erzeugung von Vorstellungen nimmt unser Geist die Formen der Dinge und verwandelt sie in Vorstellungen, wodurch wir die Natur der Dinge verstehen, die die entsprechende Form besitzen.

Wie es ist, Vorstellungen zu erhalten oder zu erzeugen, kann auch dem Essen von Lebensmitteln gegenübergestellt werden. Wenn wir einen Apfel essen, nehmen wir sowohl seine Form als auch seine Materie in unseren Körper auf. Die Form ohne die Materie würde uns nicht nähren. Die Materie ohne die Form wäre kein Apfel. Aber wenn wir die Vorstellung von einem Apfel haben, trennen wir die Form von der Materie des Apfels. Durch die Tätigkeit unseres Verstandes, der diese Trennung vollzieht, wird die Form eines Apfels in eine Vorstellung von der Art der Frucht verwandelt, die ein Apfel ist.

Die bisher erwähnten Vorstellungen oder Verständnisse betreffen Objekte, die wir wahrnehmen. Es handelt sich dabei um eine Art von Objekten, die in unserer Sinneserfahrung präsent sind. Und es ist auch die Art von Objekten, an die wir uns erinnern können, wenn sie nicht präsent sind. Es ist sogar die Art von Objekten, die wir uns vorstellen können, so wie wir uns eine Katze und einen Hund vorstellen können, die wir noch nie gesehen haben, oder wie wir von einer Katze und einem Hund träumen können, die eine seltsame Gestalt oder Farbe haben.

Aber wenn der Verstand beginnt, auf der Grundlage von Sinneserfahrungen Vorstellungen zu erzeugen, hört er nicht bei solchen Vorstellungen auf, die es uns ermöglichen, Objekte zu verstehen, die wir wahrnehmen, an die wir uns erinnern und die wir uns vorstellen können. Wir können viele Objekte des Denkens verstehen, die wir nicht mit unseren äußeren Sinnen wahrnehmen können, wie beispielsweise gut und schlecht, richtig und falsch, Freiheit und Gerechtigkeit. Wir hätten solche Objekte in früheren Kapiteln dieses Buches nicht behandeln können, wenn wir sie nicht verstehen würden – wenn wir uns keine Vorstellungen von ihnen gemacht hätten.

Das Denken beginnt mit der Bildung von Vorstellungen auf der Grundlage der von unseren Sinnen empfangenen Informationen. Sinneseindrücke sind der Input, den der Verstand von der Außenwelt erhält. Vorstellungen sind der Output, den der Verstand als Ergebnis dessen, was er empfängt, erzeugt.

Das Denken geht aber noch darüber hinaus. Es verknüpft die Vorstellungen, die es erzeugt. Es verbindet sie miteinander, separiert sie und stellt eine Vorstellung einer anderen gegenüber. Durch diese weiteren Aktivitäten des Denkens erzeugt der Verstand Wissen, nicht nur Wissen über Objekte, die wir wahrnehmen, an die wir uns erinnern oder die wir uns vorstellen können, sondern auch Wissen über Objekte, die nicht in den Bereich unserer Sinneserfahrung fallen. Arithmetik, Algebra und Geometrie sind gute Beispiele für solches Wissen.

Ein Sinneseindruck ist weder richtig noch falsch. Er ist einfach da, so wie das Schwarz eines Hundes oder das Blau eines Autos. Selbst wenn Ihre Sinne Sie täuschen, was häufig vorkommt, ist der Eindruck selbst weder richtig noch falsch. Der Hund zum Beispiel kann im Schatten gewesen sein. In hellem Sonnenlicht hätten Sie ihn als grau und nicht als schwarz wahrgenommen. Dass Sie ihn als schwarz empfinden, wenn er sich im Schatten befindet, ist nicht falsch; aber wenn Sie allein aufgrund dieser Information *denken*, dass er schwarz *ist*, könnten Sie sich irren. Der Fehler liegt dann in Ihrem Denken, nicht in Ihrer Wahrnehmung.

Jedes gängige Substantiv und fast jedes Adjektiv und Verb in unserer Sprache bezeichnet ein Denkobjekt – ein Objekt, an das wir denken können, weil wir uns eine Vorstellung davon gebildet haben. Nicht alle Objekte, an die wir denken können, sind auch Objekte, die wir wahrnehmen oder an die wir uns erinnern oder die wir uns vorstellen können. Hunde und Katzen zum Beispiel sind Objekte, die wir wahrnehmen können, aber wir können auch an sie denken, wenn keine Hunde und Katzen in der Nähe sind, die wir mit unseren Sinnen wahrnehmen können. Außerdem können wir über die sehr kleinen Materieteilchen im Inneren des Atoms nachdenken, obwohl unsere Sinne nicht in der Lage sind, etwas so Kleines wahrzunehmen, selbst mithilfe des stärksten Mikroskops nicht.

Wie Sinneseindrücke sind auch Vorstellungen weder richtig noch falsch. Wenn Sie und ich uns unterhielten und ich nur das Wort »Hund« oder nur das Wort »Katze« sagte, könnten Sie weder mit Ja noch mit Nein antworten. Nehmen wir einmal an, Sie und ich hätten das gleiche Verständnis von diesen Wörtern. Was sie für mich bedeuteten, bedeuteten sie auch für Sie, weil sie für jeden von uns dieselben Vorstellungen ausdrückten. Als ich »Hund« sagte, dachten Sie und ich an dasselbe Objekt. So war es auch, als ich »Katze« sagte.

Nehmen wir nun an, dass ich, als ich »Katze« sagte, durch Nicken oder mit dem Finger in Richtung eines Tieres im Raum deutete, das in diesem Moment zu bellen begann. Sie würden sofort sagen: »Nein, das ist keine Katze, das ist ein Hund.« Wenn ich das Wort »Katze« ausspreche, während ich auf ein Tier deute, das wir beide wahrnehmen, hätte man das in einem Satz ausdrücken können: »Das Tier da drüben ist eine Katze.« Ihre Erwiderung hätte man auch so ausdrücken können: »Wenn Sie glauben, dass dieses Tier eine Katze ist, dann irren Sie sich. Was Sie gerade gesagt haben, ist falsch.«

Wir können nicht falschliegen, wenn wir nur an Katzen oder Hunde denken, genauso wenig wie wir falschliegen können, wenn wir den Hund, der im Schatten steht, als schwarz und nicht als grau ansehen. Erst wenn wir eine Behauptung aufstellen wie »Der Hund *ist* schwarz«, stellt sich die Frage, ob das, was wir sagen oder denken, richtig oder falsch ist. Dazu muss das Wort »ist« in unser Denken eintreten, und damit einher geht ein weiteres Wort, »nicht«. Wenn »ist« und »ist nicht« in unser Denken eintreten, sind wir von der Ebene, einfach nur eine Vorstellung zu haben, zu der Ebene übergegangen, Vorstellungen miteinander zu kombinieren oder sie voneinander zu separieren. Dann haben wir die Ebene erreicht, auf der wir uns Urteile bilden, die entweder richtig beziehungsweise wahr oder falsch sein können.

Es gibt noch andere Wörter, wie »und«, »wenn« und »dann«, »weil« und »folglich« und »entweder, oder«, die auf einer noch höheren Ebene in unser Denken eintreten. Dies ist die Ebene, auf der eine Aussage dazu führt, dass wir einer anderen zustimmen oder eine andere als falsch zurückweisen.

Aristoteles unterscheidet zwischen diesen drei Ebenen des Denkens in seiner Darstellung darüber, wie der Verstand arbeitet, um Wissen zu erzeugen. Aus dem Rohmaterial der Sinneserfahrung bildet der Verstand Vorstellungen. Die Vorstellungen wiederum sind das

Rohmaterial, aus dem der Verstand Urteile bildet, in denen etwas bejaht oder verneint wird. So wie einzelne Vorstellungen sprachlich durch einzelne Wörter oder Phrasen ausgedrückt werden, so werden Urteile durch Sätze ausgedrückt – deklarative Sätze, in denen die Worte »ist« oder »ist nicht« vorkommen.

Die dritte Ebene nennt Aristoteles Argumentation oder logische Schlussfolgerung. Erst wenn eine Aussage zur Grundlage für die Zustimmung zu einer anderen Aussage oder zu deren Zurückweisung wird, bewegt sich der Verstand auf die dritte Ebene des Denkens. Auf dieser Ebene geht es beim Denken darum, Gründe für das zu nennen, was wir denken. Auf dieser Ebene kann das, was wir denken, nicht nur entweder richtig oder falsch, wahr oder unwahr sein, sondern auch logisch oder unlogisch.

Aristoteles war ein hervorragender Logiker. Er begründete die Wissenschaft der Logik. Er schrieb das erste Buch zu diesem Thema, ein Buch, das über viele Jahrhunderte hinweg als Standardlehrbuch fungierte und das immer noch großen Einfluss hat. Im nächsten Kapitel werden wir einige von Aristoteles' grundlegenden Regeln für eine logische Denkweise betrachten.

Auch wenn logisches Denken besser ist als unlogisches Denken, führt es doch nicht immer zu wahren Schlussfolgerungen. Aristoteles wies darauf hin, dass es möglich sei, dass der Verstand richtige Urteile vertrete, ohne auf logische Weise zu ihnen gelangt zu sein, ebenso wie es möglich sei, dass logisches Denken zu falschen Schlussfolgerungen führe. Wir werden uns also damit befassen, was das Denken logisch beziehungsweise unlogisch macht, sowie damit, was es richtig oder falsch sein lässt.

17

Kleine Worte der Logik

Wie Newtons Name mit dem Gravitationsgesetz verbunden ist, so ist Aristoteles' Name mit dem Satz vom Widerspruch verbunden. So wie Einsteins Name mit der Relativitätstheorie verbunden ist, so ist Aristoteles' Name mit der Theorie des Syllogismus verbunden. Dem Satz vom Widerspruch liegen das Wort »ist« und die Wortgruppe »ist nicht« zugrunde. Zwei Wortpaare sind von zentraler Bedeutung für die Theorie des Syllogismus – Aristoteles' Darstellung des richtigen und falschen Denkens. Es sind »wenn« und »dann«, »weil« und »folglich«.

Als Denkregel sagt uns der Satz vom Widerspruch vor allem, was wir *nicht* tun sollen. Es ist eine Regel *gegen* Widersprüche, eine Regel, die uns befiehlt, es zu *vermeiden*, uns selbst zu widersprechen, sei es in dem, was wir sagen, oder in dem, was wir denken. Der Satz vom Widerspruch sagt uns, dass wir eine Frage nicht sowohl mit Ja als auch mit Nein beantworten sollen. Oder anders ausgedrückt: Wir sollen nicht ein und dieselbe Aussage zugleich bejahen und verneinen. Wenn ich sage oder denke, dass Platon der Lehrer von Aristoteles *war*, sollte ich nicht sagen oder denken, Platon *war nicht* der Lehrer von Aristoteles. Das zu sagen oder zu denken hieße, etwas zu verneinen, das ich zuvor bejaht habe.

Sie fragen sich vielleicht, warum diese Denkregel so grundlegend und so vernünftig ist. Aristoteles' Antwort lautet, dass der Satz vom Widerspruch nicht nur eine Denkregel ist, sondern auch eine Aussage über die Welt selbst – über die Realitäten, über die wir nachzudenken versuchen.

Der Satz vom Widerspruch – als eine Aussage über die Wirklichkeit – sagt etwas aus, was dem gesunden Menschenverstand unmittelbar einleuchtet. Ein Ding – was auch immer es sein mag – kann nicht gleichzeitig existieren und nicht existieren. Entweder es existiert oder es existiert nicht, aber nicht beides gleichzeitig. Ein Ding kann nicht gleichzeitig eine bestimmte Eigenschaft besitzen und diese Eigenschaft nicht besitzen. Der Apfel in meiner Hand, den ich gerade betrachte, kann in diesem Moment nicht gleichzeitig rot und nicht rot sein.

Dies liegt derart klar auf der Hand, dass Aristoteles den Satz vom Widerspruch als evident bezeichnet. Seine Evidenz bedeutet für ihn, dass er unbestreitbar ist. Es ist unmöglich zu denken, dass der Apfel gleichzeitig rot und nicht rot ist, genauso wie es unmöglich ist zu denken, dass ein Teil größer ist als das Ganze, zu dem er gehört. Es ist unmöglich zu denken, dass ein Tennisball, den man über den Zaun geschlagen hat, im dahinter befindlichen Gras zu finden ist, und gleichzeitig zu denken, dass er dort nicht zu finden ist, weil er nicht mehr existiert.

Der Satz vom Widerspruch als Aussage über die Wirklichkeit selbst liegt dem Satz vom Widerspruch als Denkregel zugrunde. Der Satz vom Widerspruch als Aussage über die Wirklichkeit *beschreibt*, wie die Dinge sind. Der Satz vom Widerspruch als Denkregel *schreibt uns vor*, wie wir über die Dinge denken sollen, wenn wir wollen, dass unser Denken über sie mit der Art und Weise übereinstimmt, wie die Dinge tatsächlich sind.

Wenn sich zwei Aussagen widersprechen, können nicht beide wahr und nicht beide falsch sein. Eine muss wahr sein, die andere falsch. Platon war entweder der Lehrer von Aristoteles oder nicht. Alle Schwäne sind weiß oder einige sind es nicht. Wenn ich aber, statt zu sagen, dass einige Schwäne nicht weiß sind, was der Aussage widerspricht, dass alle Schwäne weiß sind, gesagt hätte, dass keine Schwäne weiß sind, wäre kein Widerspruch entstanden. Wer mit Aristoteles' Unterscheidung zwischen widersprüchlichen – oder kontradiktorischen – und konträren Aussagen nicht vertraut ist, mag sich hierüber wundern.

Es ist möglich, dass beide dieser Aussagen – »Alle Schwäne sind weiß« und »Keine Schwäne sind weiß« – falsch sind, obwohl nicht beide wahr sein können. Einige Schwäne können weiß und einige schwarz sein, in diesem Fall wäre es falsch zu sagen, dass alle Schwäne weiß sind oder dass keiner weiß ist. Aristoteles bezeichnet ein Paar von Aussagen als konträr, nicht widersprüchlich oder kontradiktorisch, wenn nicht beide wahr sein können, aber beide falsch sein können.

Gibt es ein Paar von Aussagen, die beide wahr sein können, aber nicht beide falsch sein können? Ja, nach Aristoteles können die Aussagen, dass einige Schwäne weiß sind beziehungsweise dass einige Schwäne nicht weiß sind, beide wahr sein, aber nicht beide falsch. Schwäne müssen entweder weiß oder nicht weiß sein, und wenn also nur einige weiß sind, müssen einige nicht weiß sein. Aristoteles bezeichnet ein solches Paar von Aussagen als subkonträr.

Angenommen ich hätte, statt zu sagen, dass einige Schwäne weiß sind und einige Schwäne nicht weiß sind, gesagt »Einige Schwäne sind weiß« und »Einige Schwäne sind schwarz«. Wäre dieses Paar von Aussagen subkonträr gewesen – das heißt, wäre es unmöglich, dass beide falsch sind? Nein, denn einige Schwäne können auch grau, grün, gelb oder blau sein. *Weiß* und *Schwarz* sind nicht die alleinigen Alternativen. Es ist nicht wahr, dass jedes sichtbare Objekt entweder weiß oder schwarz sein muss.

Daher ist es nicht sinnvoll, als Gegenteil von »Alle Schwäne sind weiß« die Behauptung »Alle Schwäne sind schwarz« aufzustellen, denn keine der beiden Aussagen kann wahr und beide können falsch sein. Um das Gegenteil von »Alle Schwäne sind weiß« zu behaupten, muss man sagen »Keine Schwäne sind weiß«, nicht »Alle Schwäne sind schwarz«.

Im Gegensatz zu »schwarz« und »weiß« gibt es einige Begriffspaare, die einen konträren Gegensatz bilden und zu denen es keine weiteren Alternativen gibt. Zum Beispiel sind alle ganzen Zahlen entweder ungerade oder gerade. Eine dritte Möglichkeit gibt es nicht. Wenn man Begriffe verwendet, die alleinige Alternativen sind, ist es möglich, einen kontradiktorischen Gegensatz zu formulieren, ohne »ist« und »ist nicht« zu verwenden. Die Aussage, dass eine bestimmte ganze Zahl eine ungerade Zahl ist, steht im Widerspruch zu der Aussage, dass diese Zahl eine gerade Zahl ist, denn wenn sie ungerade ist, ist sie nicht gerade, und wenn sie gerade ist, ist sie nicht ungerade, sie muss aber das eine oder das andere sein.

Ich kann die Bedeutung von Aristoteles' Regeln in Bezug auf Aussagen, die miteinander unvereinbar sind – weil sie sich gegenseitig widersprechen, weil zu zueinander konträr sind oder weil sie zueinander subkonträr sind –, gar nicht genug betonen. Die große Bedeutung besteht darin, dass die Beachtung dieser Regeln uns nicht nur dabei hilft, unstimmige Aussagen zu vermeiden, sondern auch dabei, Unstimmigkeiten in den Aussagen anderer zu erkennen und deren Aussagen zu hinterfragen.

Wenn eine Person, mit der wir uns unterhalten, sich selbst widerspricht oder konträre Aussagen macht, haben wir jedes Recht, sie zu unterbrechen und zu sagen: »Sie können nicht beides sagen. Es kann nicht beides wahr sein. Welche der beiden Behauptungen meinen Sie wirklich? Von welcher wollen Sie behaupten, sie treffe zu?«

Es ist besonders wichtig zu beachten, dass verallgemeinernde Aussagen – Aussagen, die das Wort »alle« enthalten – durch einen einzigen gegenteiligen Fall widerlegt werden können. Um die Verallgemeinerung, dass alle Schwäne weiß sind, zu widerlegen, muss man nur auf einen einzigen Schwan verweisen, der nicht weiß ist. Dieses eine gegenteilige Beispiel widerlegt die Verallgemeinerung – es ergibt sich ein Widerspruch.

Wissenschaftliche Verallgemeinerungen werden auf diese Weise auf den Prüfstand gestellt. Die Behauptung, dass sie wahr sind, kann nur so lange aufrechterhalten werden, wie keine gegenteiligen Beispiele gefunden werden, die sie widerlegen. Da die Suche nach gegenteiligen Beispielen unendlich fortgeführt wird, kann eine wissenschaftliche Verallgemeinerung niemals als endgültig oder vollständig verifiziert angesehen werden.

Menschen neigen zu Verallgemeinerungen, vor allem in dem, was sie über andere Menschen denken, die sich von ihnen durch Geschlecht, Ethnie oder Religion unterscheiden. Wenn es sich um

Männer handelt, erlauben sie sich zu sagen – hoffentlich ohne vorher nachgedacht zu haben –, dass alle Frauen so und so sind. Wenn es sich um Weiße handelt, erlauben sie sich zu sagen, dass alle Schwarzen so und so sind. Wenn es sich um Protestanten handelt, erlauben sie sich zu sagen, dass alle Katholiken dies oder jenes sind. In jedem dieser Fälle reicht ein einziges gegenteiliges Beispiel aus, um die Verallgemeinerung zu entkräften; und je mehr gegenteilige Beispiele man anführen kann, desto leichter ist es zu zeigen, wie abwegig die Verallgemeinerung von vornherein war.

Die Verwendung konträrer Begriffe wie »schwarz« und »weiß« oder »ungerade« und »gerade« bringt eine weitere Gruppe von Wörtern ins Spiel, die unser Denken nach bestimmten Regeln steuern – »entweder, oder« und »nicht beides«. Wenn wir zum Beispiel eine Münze werfen, um etwas zu entscheiden, wissen wir, dass es entweder Kopf oder Zahl ergeben muss, nicht beides. Das ist eine starke Disjunktion. Es gibt aber auch schwache Disjunktionen, bei denen etwas entweder dieses oder jenes sein kann, und vielleicht auch beides, wenn auch nicht in derselben Hinsicht oder zur selben Zeit. Von Tomaten zu sagen, dass sie entweder rot oder grün sind, erlaubt uns zu sagen, dass ein und dieselbe Tomate sowohl rot als auch grün sein kann, aber zu verschiedenen Zeiten.

Disjunktionen, insbesondere starke Disjunktionen, ermöglichen es uns, einfache, direkte Schlussfolgerungen zu ziehen. Wenn wir wissen, dass eine ganze Zahl nicht ungerade ist, können wir sofort schlussfolgern, dass sie gerade sein muss. Ebenso können wir, wenn wir wissen, dass eine ganze Zahl keine Primzahl ist, sofort schlussfolgern, dass sie durch andere Zahlen als sich selbst und eins teilbar sein muss. Wenn wir sehen, dass die geworfene Münze Kopf anzeigt, wissen wir sofort, dass wir, die auf Zahl gesetzt haben, den Wurf verloren haben. Wir müssen die Münze nicht umdrehen, um uns dessen sicher zu sein.

Schlussfolgerungen dieser Art nennt Aristoteles unmittelbare Schlussfolgerungen, weil man unmittelbar von der Wahrheit oder Falschheit einer Aussage auf die Wahrheit oder Falschheit einer anderen schließt. Es sind keine Argumentationsschritte erforderlich. Wenn man weiß, dass es wahr ist, dass alle Schwäne weiß sind, weiß man auch sofort, dass einige Schwäne weiß sind; und außerdem weiß man, dass zumindest einige weiße Objekte Schwäne sind.

Bei diesem einfachen Vorgang des Schlussfolgerns kann man durchaus Fehler begehen, und das kommt auch häufig vor. So ist es zum Beispiel richtig, aus der Tatsache, dass alle Schwäne weiß sind, zu schließen, dass einige weiße Objekte Schwäne sind, aber es ist ganz falsch, daraus zu schließen, dass alle weißen Objekte Schwäne sind.

Diese falsche Schlussfolgerung nennt Aristoteles eine unzulässige Konversion. Die Klasse der weißen Objekte ist größer als die Klasse der Schwäne. Schwäne sind nur ein Teil der weißen Objekte, die es auf der Welt gibt. Den Fehler zu begehen, zu glauben, dass wir, weil alle Schwäne weiß sind, auch sagen können, dass alle weißen Objekte Schwäne sind, bedeutet, die beiden Klassen als deckungsgleich zu behandeln, was sie jedoch nicht sind.

Zwei Wortpaare sind sowohl für die unmittelbare Schlussfolgerung als auch für den komplexeren Prozess der Argumentation von Bedeutung. Sie lauten »wenn« und »dann« sowie »weil« und »folglich«. Um die logische Richtigkeit einer unmittelbaren Schlussfolgerung auszudrücken (die Schlussfolgerung, dass einige Schwäne weiß sind, aus der Tatsache, dass alle Schwäne weiß sind), sagen wir: »*Wenn* alle Schwäne weiß sind, *dann muss daraus folgen*, dass einige Schwäne weiß sind.« Um die Falschheit einer unzulässigen Konversion auszudrücken, sagen wir: »*Wenn* alle Schwäne weiß sind, *dann folgt daraus nicht*, dass alle weißen Objekte Schwäne sind.«

Wenn-dann-Aussagen dieser beiden Arten sind Aussagen über logisch richtige und logisch falsche Schlussfolgerungen. Wichtig ist dabei, dass die Wahrheit dieser Wenn-dann-Aussagen über logisch richtige und logisch falsche Schlussfolgerungen in keiner Weise von der Wahrheit der durch »wenn« und »dann« verbundenen Aussagen abhängt.

Die Aussage, dass alle Schwäne weiß sind, kann tatsächlich falsch sein, und es wäre immer noch logisch, richtig zu schlussfolgern, dass einige Schwäne weiß sind, *wenn* – aber nur *wenn* – alle weiß sind. Selbst wenn die Aussage, dass alle weißen Objekte Schwäne sind, tatsächlich wahr und nicht falsch wäre, wäre es immer noch logisch falsch, aus der Tatsache, dass alle Schwäne weiß sind, zu schlussfolgern, dass alle weißen Objekte Schwäne sind.

So viel zum Gebrauch von »wenn« und »dann« – Letzteres begleitet von den Worten »*muss* daraus folgen« oder »folgt daraus *nicht*« –, um unsere Anerkennung von richtigen und falschen Schlussfolgerungen auszudrücken. Was ist mit »weil« und »folglich«? Wenn wir »wenn« und »dann« durch »weil« und »folglich« ersetzen, ziehen wir tatsächlich die Schlussfolgerung, die wir nicht gezogen haben, als wir nur »wenn« und »dann« sagten.

Um bei dem Beispiel zu bleiben, das wir eben verwendet haben: Ich habe in all den Wenn-dann-Aussagen, die ich über Schwäne und weiße Objekte gemacht habe, keine wirklichen Schlussfolgerungen gezogen. Ich ziehe erst dann eine tatsächliche Schlussfolgerung, wenn ich sage: »*Weil* alle Schwäne weiß sind, sind *folglich* einige Schwäne weiß.« Meine Behauptung, dass alle Schwäne weiß sind, ermöglicht es mir zu behaupten, dass einige Schwäne weiß sind.

Nur wenn ich Behauptungen dieser Art aufstelle – durch »weil« und »folglich« miteinander verbunden –, hat die Wahrheit oder Falschheit meiner ersten Aussage Auswirkungen auf die Wahrheit oder Falschheit meiner zweiten. Meine Schlussfolgerung kann logisch richtig sein, aber die Konklusion meiner eigentlichen Schlussfolgerung kann tatsächlich falsch sein, weil meine erste Aussage, die durch das Wort »weil« eingeleitet wird, tatsächlich falsch ist. In Wahrheit könnte es sein, dass keine Schwäne weiß sind, und daher war es falsch, den Rückschluss zu ziehen, dass einige weiß sind, auch wenn es logisch richtig war, dies zu tun.

Wenn ich sage: »Wenn alle Schwäne weiß sind ...«, dann sage ich nur, *falls alle weiß sind*, nicht *dass alle weiß sind*. Aber wenn ich sage: »Weil alle Schwäne weiß sind ...«, dann sage ich damit, *dass alle weiß sind*. Sollte ich mit dieser Behauptung recht haben, würde ich auch mit der Behauptung recht haben, dass einige Schwäne weiß sind.

Was soeben über Aristoteles' Regeln zur unmittelbaren Schlussfolgerung gesagt wurde, hilft mir, die Regeln der Argumentation, die seine Theorie des Syllogismus ausmachen, kurz zusammenzufassen. Ein Syllogismus besteht aus einer ersten Prämisse (oder Obersatz), einer zweiten Prämisse (oder Untersatz) und einer Konklusion (oder Schlusssatz beziehungsweise Folgerung). Hier ist ein Beispiel für einen Syllogismus:

Erste Prämisse: Alle Tiere sind sterblich.
Zweite Prämisse: Alle Menschen sind Tiere.
Konklusion: Alle Menschen sind sterblich.

Betrachten wir zwei weitere Beispiele für eine syllogistische Argumentation – von einer ersten Prämisse und einer zweiten Prämisse hin zu einer Konklusion. Zunächst ein Beispiel, bei dem die Argumentation logisch stichhaltig ist, aber die Konklusion falsch ist, weil die zweite Prämisse falsch ist.

Erste Prämisse: Pinguine sind Vögel.
Zweite Prämisse: Alle Vögel können fliegen.
Konklusion: Pinguine können fliegen.

Und nun ein Beispiel, bei dem eine richtige und wahre Schlussfolgerung logisch aus zwei wahren Prämissen folgt.

Erste Prämisse: Säugetiere haben Wirbelsäulen.
Zweite Prämisse: Menschen sind Säugetiere.
Konklusion: Menschen haben Wirbelsäulen.

Betrachtet man diese drei verschiedenen Argumentationen, so stellt man sofort fest, dass die syllogistische Argumentation komplizierter ist als das unmittelbare Schlussfolgern. Bei der unmittelbaren Schlussfolgerung kommen wir von einer einzigen Aussage sofort zu einer anderen einzigen Aussage, und beide Aussagen beinhalten dieselben Begriffe. Bei der syllogistischen Argumentation kommen wir von zwei Aussagen, in denen drei verschiedene Begriffe vorkommen, zu einer Konklusion, in der zwei dieser drei Begriffe vorkommen.

Im ersten Beispiel oben waren die drei Begriffe in der ersten und der zweiten Prämisse »Tiere«, »Menschen« und »sterblich«. Und die beiden Begriffe in der Schlussfolgerung lauteten »Menschen« (ein Begriff, der in der zweiten Prämisse vorkam) und »sterblich« (ein Begriff, der in der ersten Prämisse vorkam). Das ist in der syllogistischen Argumentation immer der Fall, und es ist auch immer so, dass der dritte Begriff, der in beiden Prämissen vorkommt (»Tiere«), in der Konklusion weggelassen wird.

Aristoteles nennt den Begriff, der der ersten und der zweiten Prämisse gemeinsam ist, den Mittelbegriff. Er findet in der Konklusion nicht statt, weil er seine Funktion im Argumentationsprozess erfüllt hat. Diese Funktion besteht darin, die beiden anderen Begriffe miteinander zu verbinden. Der Mittelbegriff dient als Mittler zwischen ihnen. Deshalb nennt Aristoteles die syllogistische Argumentation mittelbar – im Gegensatz zur unmittelbaren Schlussfolgerung. Bei der unmittelbaren Schlussfolgerung gibt es keinen Mittelbegriff, weil es keine Notwendigkeit für einen Mittler gibt.

Ich werde mir nicht die Mühe machen, anhand der drei soeben angeführten Beispiele für syllogistische Argumentation zu erklären, wie dies funktioniert. Das können Sie selbst tun. Die einzigen zusätzlichen Regeln, die Sie beachten müssen, sind die folgenden. Erstens: Wenn die erste oder die zweite Prämisse negativ ist (wenn sie eine Form von »ist nicht« anstelle von »ist« oder »kein« anstelle von »alle« enthält), dann muss auch die Konklusion negativ sein. Man kann keine positive Schlussfolgerung ziehen, wenn eine der Prämissen negativ ist.

Zweitens: Der Mittelbegriff muss eine verbindende Funktion haben. Hier ist ein Beispiel, in dem der Mittelbegriff diese nicht hat.

Erste Prämisse: Kein Mensch ist von Natur aus ein Lasttier.
Zweite Prämisse: Kein Maultier ist von Natur aus ein Mensch.
Konklusion: Kein Maultier ist von Natur aus ein Lasttier.

Die Konklusion ist nicht nur faktisch falsch, sondern auch logisch falsch. Eine positive Konklusion muss aus zwei positiven Prämissen gezogen werden, aber aus zwei negativen Prämissen kann überhaupt keine stichhaltige Konklusion gezogen werden. Der Grund dafür ist, dass die Verneinung der ersten Prämisse alle Menschen aus der Klasse der Dinge ausschließt, die von Natur aus Lasttiere sind; und die Verneinung der zweiten Prämisse schließt alle Maultiere aus der Klasse der Menschen aus. Wir können also gar nicht richtig auf das Verhältnis zwischen der Klasse der Maultiere und der Klasse der Dinge, die von Natur aus Lasttiere sind, schließen.

Es ist interessant zu beobachten, dass in dem soeben angeführten Beispiel die erste und die zweite Prämisse beide wahr sind, während die Konklusion, die nicht logisch aus ihnen folgt, falsch ist. Es ist durchaus möglich, dass beide Prämissen in der Tat falsch sind und eine falsche Konklusion logisch aus ihnen folgt. Ein Beispiel:

Erste Prämisse: Keine Väter haben Töchter.
Zweite Prämisse: Alle verheirateten Männer sind Väter.
Konklusion: Keine verheirateten Männer haben Töchter.

All diese Beispiele (und viele andere, die wir heranziehen könnten) zeigen uns noch einmal anschaulich, worauf bereits hingewiesen wurde, was zu wiederholen aber vielleicht nützlich ist. Eine Argumentation kann logisch richtig sein, unabhängig davon, ob die Prämissen und die Konklusion tatsächlich wahr oder falsch sind. Nur wenn beide Prämissen tatsächlich wahr sind, ist auch die Konklusion, die logisch aus ihnen folgt, tatsächlich wahr.

Wenn eine der beiden Prämissen falsch ist, dann kann die Konklusion, die logisch aus ihnen folgt, entweder wahr oder falsch sein. Wir können nicht erkennen, welches von beiden zutrifft. Wenn andererseits die Konklusion, die logisch aus bestimmten Prämissen folgt, tatsächlich falsch ist, dann können wir daraus schlussfolgern, dass eine oder beide der Prämissen, aus denen sie gezogen wird, ebenfalls falsch sein müssen.

Dies führt uns zu einer weiteren wichtigen Argumentationsregel, auf die Aristoteles hingewiesen hat. Bei der syllogistischen Argumentation, wie auch bei der unmittelbaren Schlussfolgerung, wird die Stichhaltigkeit der Schlussfolgerung durch ein »wenn« und ein »dann« ausgedrückt. Im Fall der syllogistischen Argumentation sagen wir, dass, *wenn* die beiden Prämissen wahr sind, *dann* auch die logisch daraus folgende Konklusion wahr ist. Zum Wahrheitsgehalt der Prämissen haben wir bis hierher noch gar keine Aussage getroffen. Wir haben nur die Stichhaltigkeit der Schlussfolgerung von den Prämissen hin zur Konklusion behauptet. Erst wenn wir behaupten, die Prämissen seien wahr, indem wir »wenn« durch »weil« ersetzen, können wir auch »dann« durch »folglich« ersetzen und behaupten, dass die Konklusion wahr ist.

Die Regel, um die es hier geht, besteht aus zwei Teilen. Zum einen besagt sie, dass wir das Recht haben zu behaupten, die Konklusion sei wahr, wenn wir behaupten, die Prämissen seien wahr. Zum anderen besagt sie, dass wir das Recht haben zu bezweifeln, dass die Prämissen wahr sind, wenn wir bestreiten, dass die Konklusion wahr ist. Ich sage »bezweifeln, dass die Prämissen wahr sind« und nicht »bestreiten, dass die Prämissen wahr sind«, denn wenn wir bestreiten, dass die Konklusion wahr ist, wissen wir nur, dass entweder eine der Prämissen falsch ist oder dass beide falsch sein könnten, aber wir wissen nicht, was davon der Fall ist.

Die soeben dargelegte Doppelregel gilt insbesondere für eine Art der Argumentation, die Aristoteles als hypothetisch bezeichnete. Sie umfasst üblicherweise vier Begriffe, nicht drei.

Alexander Hamilton schrieb in *Die Federalist Papers*: »Wenn Menschen Engel wären, wäre keine Regierung notwendig.« Würde

Hamilton nach dieser Aussage bestreiten, dass Menschen Engel sind, so würde keine Konklusion folgen. Das Bestreiten der Wenn-Aussage (in der hypothetischen Argumentation als Antezedens bezeichnet) berechtigt nicht zum Bestreiten der Dann-Aussage (die als Konsequenz bezeichnet wird).

Hamilton war jedoch offensichtlich der Meinung, dass eine Regierung für eine menschliche Gesellschaft unbestreitbar notwendig sei. Er hätte daher ohne zu zögern bestritten, dass Menschen Engel sind. Und damit hätte er recht gehabt, denn wenn man in einer hypothetischen Argumentation die Konsequenz (oder die Dann-Aussage) bestreitet, kann man auch das Antezedens (oder die Wenn-Aussage) bestreiten.

Die Wahrheit, auf die Hamilton hinauswill, kann auch in einer einzigen komplexen Aussage ausgedrückt werden, die die dahintersteckende Argumentation mehr verschleiert als offenbart. Diese komplexe Aussage lautet: »Weil Menschen keine Engel sind, ist eine Regierung für die menschliche Gesellschaft notwendig.« Die Argumentation, die unausgesprochen bleibt, umfasst eine Reihe von Aussagen über den Unterschied zwischen Menschen und Engeln sowie Aussagen über die besonderen Eigenschaften der Menschen, die eine Regierung für die menschliche Gesellschaft notwendig machen. Die Art der komprimierten Argumentation, die unabdingbare Voraussetzungen auslässt oder verschweigt, nannte Aristoteles ein Enthymem.

18

Die Wahrheit sagen und denken

Das Wort »Wahrheit« – beziehungsweise das verwandte Adjektiv »wahr« – ist in den beiden vorangegangenen Kapiteln immer wieder verwendet worden. Da es in diesen Kapiteln um die Funktionsweise des Verstandes und um das Denken und Wissen geht, ist es ganz natürlich, dass dort häufig von Wahrheit und Falschheit beziehungsweise von Wahr und Falsch die Rede ist. Wenn wir etwas wissen, ist das, was wir wissen, die Wahrheit über diese Sache. Wenn wir versuchen, korrekt und vernünftig zu denken, dann bemühen wir uns darum, die Wahrheit herauszufinden.

Ich hielt es für möglich, die Begriffe »Wahrheit« und »Falschheit« (oder »Wahr« und »Falsch«) zu verwenden, ohne zu erklären, was sie bedeuten, weil jeder versteht, was sie bedeuten. Es sind gängige Begriffe, die im allgemeinen Sprachgebrauch vorkommen. Die Frage »Was ist Wahrheit?« ist nicht schwer zu beantworten. Doch nachdem man verstanden hat, was Wahrheit ist, stellt sich eine schwierige Frage, nämlich: »Wie können wir feststellen, ob eine bestimmte Aussage wahr oder falsch ist?«

Der Grund, warum ich sage, dass – nach dem gesunden Menschenverstand – jeder versteht, was die Wörter Wahrheit und Falschheit bedeuten, ist, dass jeder weiß, wie man lügt. Jeder von uns hat schon einmal gelogen, und jeder kennt den Unterschied zwischen Lügen und die Wahrheit sagen.

Nehmen wir einmal an, ich würde glauben, dass ein bestimmtes Restaurant am Sonntag geschlossen sei. An einem Sonntagmorgen fragen Sie mich, ob das Restaurant an diesem Abend geöffnet ist. Ich sage Ihnen, dass es das ist. Der Grund, warum ich Sie angelogen habe, soll hier zunächst keine Rolle spielen. Meine Lüge bestand darin, dass ich genau das Gegenteil von dem sagte, was ich dachte. Ich sagte, dass ein bestimmtes Restaurant zum Abendessen geöffnet *ist*, während ich gleichzeitig dachte, dass es *nicht* geöffnet ist.

»Ist« zu sagen, wenn man »ist nicht« denkt – oder »ist nicht« zu sagen, wenn man »ist« denkt –, ist eine Lüge. Die Wahrheit zu sagen ist das genaue Gegenteil davon. Sie besteht darin, »ist« zu sagen, wenn man »ist« denkt, und »ist nicht« zu sagen, wenn man »ist nicht« denkt.

Ein amerikanischer Philosoph, der zu Beginn des 20. Jahrhunderts an der Harvard-Universität lehrte, bemerkte einmal scharfsinnig, dass ein Lügner jemand sei, der seine ontologischen Prädikate absichtlich an die falsche Stelle setze. Mit ontologischen Prädikaten meinte er »ist« und »ist nicht«. Mit anderen Worten: Ein Lügner ist jemand, der absichtlich »ist« anstelle von »ist nicht« oder »ist nicht« anstelle von »ist« verwendet. Die Wahrheit zu sagen bedeutet also, dass das, was man in Worten ausspricht, mit dem übereinstimmt, was man denkt. Zu lügen bedeutet nicht, mit Worten auszudrücken, was man denkt, sondern das genaue Gegenteil davon.

Wie ich vorhin bereits anmerkte, versteht das jeder. Ich habe nur so explizit wie möglich ausformuliert, was jeder versteht. Ich habe es als Vorbereitung auf Aristoteles' einfache, klare und mit dem gesunden Menschenverstand übereinstimmende Antwort auf die Frage, was unser Denken wahr oder falsch macht, getan.

Seine Antwort lautet: So wie die Wahrheit zu sagen darin besteht, dass das, was man sagt, mit dem übereinstimmt, was man denkt, so besteht das wahre Denken darin, dass das, was man denkt, mit dem übereinstimmt, worüber man nachdenkt. Wenn ich zum Beispiel gefragt werde, ob Christoph Kolumbus Spanier oder Italiener war, dann ist mein Denken wahr, wenn ich denke, dass er Italiener war, und falsch, wenn ich denke, dass er kein Italiener war.

Dieses eine Beispiel reicht aus, um Aristoteles' Erklärung zu verstehen, was unser Denken wahr oder falsch macht. Wir denken die Wahrheit, wenn wir denken, dass das, was ist, ist; oder dass das, was nicht ist, nicht ist. Wir denken falsch, wenn wir denken, dass das, was ist, nicht ist oder dass das, was nicht ist, ist.

Wenn wir jemandem die Wahrheit sagen, besteht die Übereinstimmung zwischen dem, was wir einer anderen Person in Worten sagen, und dem, was wir tatsächlich denken. Wenn wir die Wahrheit denken, besteht die Übereinstimmung zwischen dem, was wir denken, und den Tatsachen, wie sie sind. Die Wahrheit besteht in einer Übereinstimmung zwischen dem Denken und der Realität.

Die meisten unserer Gedanken drücken wir in Worten aus, sei es, dass wir innerlich zu uns selbst oder laut zu jemand anderem sprechen oder unsere Gedanken in irgendeiner Form aufschreiben. Nicht alle Gedanken, die wir mündlich äußern, sind entweder wahr oder falsch. Aristoteles betont, dass Fragen weder wahr noch falsch sind, ebenso wenig wie die Bitten, die wir an andere richten, oder die Anweisungen, die wir geben. Nur Deklarativsätze – Aussagesätze beziehungsweise Behauptungssätze, die eine Form der Wörter »ist« oder »ist nicht« enthalten oder die so umformuliert werden können, dass sie diese Wörter enthalten – sind wahr oder falsch.

Dies dürfte keine Überraschung sein, da Aristoteles' Verständnis davon, was eine Aussage wahr macht, darin besteht, dass sie mit den Tatsachen übereinstimmt. Deklarative Aussagen sind die einzigen Aussagen, die versuchen, die Tatsachen zu beschreiben – darzulegen, wie die Dinge sind. Nur solchen Aussagen kann dies entweder gelingen oder misslingen. Wenn es ihnen gelingt, sind sie wahr; wenn nicht, sind sie falsch.

Es scheint also, dass Aussagen, die eher *präskriptiv als deskriptiv* sind, weder wahr noch falsch sein können. Eine präskriptive Aussage ist eine, die vorschreibt, was Sie oder ich tun sollten. Wie kann eine Aussage, die besagt, dass ich mehr Zeit dem Lesen von Büchern und weniger dem Spielen widmen sollte, wahr oder falsch sein, wenn die Wahrheit beziehungsweise Falschheit der Äußerung unserer Gedanken davon abhängt, ob zwischen dem, was wir behaupten oder verneinen, und der Art und Weise, wie diese Dinge tatsächlich sind oder nicht sind, eine Übereinstimmung besteht?

Diese Frage zu beantworten ist von großer Bedeutung. Gäbe es keine Antwort darauf, wären Aussagen über die Ziele, die wir im Leben anstreben sollten, und über die Mittel, die wir einsetzen sollten, um sie zu erreichen, weder wahr noch falsch.

Alles, was wir von Aristoteles über das Streben nach Glückseligkeit gelernt haben (in Teil 3 dieses Buches), mag noch immer als

Ausdruck von Aristoteles' Ansichten über solche Dinge interessant sein. Aber er konnte nicht behaupten, ebenso wenig wie ich behaupten könnte, dass seine Empfehlungen dazu wahr seien, was wir tun sollten, um das gute Leben zu erreichen – um dessen Erlangung uns zu bemühen wir moralisch verpflichtet sind.

Aristoteles war offensichtlich der Meinung, dass seine Lehre über das gute Leben und wie man es erreichen kann, wahr ist. Daher muss er eine Antwort auf die Frage nach der Wahrheit von Aussagen gehabt haben, die die Wörter »sollen« oder »nicht sollen« enthalten. Und eine solche Antwort hatte er tatsächlich. Er sagte, dass so, wie eine *deskriptive* Aussage wahr ist, wenn sie mit der Realität übereinstimmt beziehungsweise ihr entspricht, ebenso eine *präskriptive* Aussage wahr ist, wenn sie mit dem richtigen Wunsch übereinstimmt beziehungsweise ihm entspricht.

Wie erkennt man, ob es sich um einen richtigen Wunsch handelt? Richtiges Wünschen besteht darin, das zu begehren, was man begehren sollte. Und was sollte man begehren? Das, was wahrhaft gut für einen Menschen ist. Was ist wahrhaft gut für einen Menschen? Alles, was ein menschliches Bedürfnis befriedigt.

Die Aussage, dass ein Mensch sich das wünschen sollte, was wahrhaft gut für ihn ist, ist eine evidente Wahrheit, das heißt, sie ist unbestreitbar. Sie ist ebenso evident wie die Aussage, dass ein Teil weniger ist als das endliche Ganze, zu dem er gehört. So wie es für uns unmöglich ist, an einen Teil zu denken, der größer ist als das Ganze, zu dem er gehört, oder an ein Ganzes, das geringer ist als irgendeiner seiner Teile, so ist es für uns ebenfalls unmöglich zu denken, dass wir *nicht* das begehren *sollten*, was *wahrhaft gut* für uns ist, oder dass wir etwas begehren *sollten*, was *wahrhaft schlecht* für uns ist.

Zu den menschlichen Bedürfnissen gehört auch das Bedürfnis nach Wissen. Wissen zu besitzen ist wahrhaft gut für den Menschen. Da das richtige Wünschen darin besteht, uns das zu wünschen, was wir uns wünschen sollten, entspricht die Aussage, dass wir uns Wissen wünschen sollten, dem richtigen Wünschen. Weil sie mit dem rechten Wünschen übereinstimmt, ist sie nach Aristoteles' Theorie darüber, was eine präskriptive Aussage wahr macht, wahr.

Wir haben gerade den einfachsten Schritt zur Beantwortung der Frage getan, wie wir feststellen können, ob eine Aussage wahr oder falsch ist. Eine Aussage wie »Ein endliches Ganzes ist größer als jeder seiner Teile« offenbart ihren Wahrheitsgehalt bereits auf den ersten Blick. Sobald wir die Begriffe verstehen, aus denen die Aussage besteht – »Ganzes«, »Teil« und »größer als« –, erkennen wir sofort, dass diese Aussage wahr ist. Es ist unmöglich zu verstehen, was ein Ganzes ist, was ein Teil ist und welche Relation mit *größer als* ausgedrückt wird, ohne gleichzeitig zu verstehen, dass ein Ganzes größer ist als jeder seiner Teile.

Es gibt nicht viele Aussagen, die ebenso evident – auf die gleiche Weise selbstverständlich wahr – sind. Die Aussage, dass wir uns das, was wahrhaft gut ist, wünschen sollten, ist eine davon. Aber deren Wahrheit ist nicht so offensichtlich wie die Wahrheit über ein Ganzes und seine Teile, weil es für uns einfacher ist, ein Ganzes und seine Teile zu verstehen, als den Unterschied zwischen wahrhaften und scheinbaren Gütern sowie zwischen dem, was gewünscht werden sollte, und dem, was tatsächlich gewünscht wird, zu verstehen.

Manchmal bezeichnen wir Aussagen als evident, die es gar nicht sind. Damit wollen wir sie in der Regel als allgemeingültige Wahrheiten darstellen – gültig ohne eines weiteren Beweises. Das tat Thomas Jefferson, als er in der Unabhängigkeitserklärung schrieb:

»Folgende Wahrheiten erachten wir als selbstverständlich: dass alle Menschen gleich geschaffen sind; dass sie von ihrem Schöpfer mit gewissen unveräußerlichen Rechten ausgestattet sind« und so weiter. Diese Aussagen mögen von den Unterzeichnern der Erklärung und von anderen als wahr akzeptiert worden sein, aber es wäre eine ziemlich umfangreiche Argumentationskette notwendig gewesen, um ihre Wahrheit zu beweisen.

Was ich gerade gesagt habe, deutet auf eine weitere Möglichkeit hin, wie wir feststellen können, ob eine Aussage wahr oder falsch ist. Wenn sie nicht evident, also selbstverständlich wahr ist, kann ihre Wahrheit durch Erörterung oder Argumentation nachgewiesen werden. Laut Aristoteles kann die Wahrheit einiger Aussagen auf diese Weise bewiesen werden. Dazu sind zwei Bedingungen erforderlich. Die eine ist die Wahrheit der in der Argumentation verwendeten Prämissen. Die andere ist die Korrektheit oder Stichhaltigkeit der Argumentation selbst.

Sagen wir einmal, die Aussage würde lauten: »Die USA sind größer als der US-Bundesstaat New York.« Zwei Prämissen sind erforderlich, um die Wahrheit dieser Aussage zu beweisen. Die eine ist: »Ein Ganzes ist größer als jeder seiner Teile.« Die andere lautet: »Die USA sind ein Ganzes, von dem der US-Bundesstaat New York ein Teil ist.« Aus diesen beiden Aussagen folgt, dass die USA größer sind als der US-Bundesstaat New York. Da die Prämissen wahr sind, ist auch die Konklusion, die aus ihnen folgt, wahr.

So wie wir nur sehr wenige Aussagen als selbstverständlich wahr ansehen können, so können wir auch nur sehr wenige Aussagen als Ergebnis einer stichhaltigen Argumentation aus wahren Prämissen als wahr ansehen. Der Wahrheitsgehalt der meisten Aussagen, die ausdrücken, was wir denken, ist nicht so leicht festzustellen. In den meisten Fällen bleiben wir im Zweifel darüber, ob eine Aussage wahr oder falsch ist. Wenn wir in der Lage sind, diese Zweifel auszuräumen, dann tun wir dies, indem wir uns auf die Beweise berufen, die uns unsere Sinneserfahrung liefert.

Wenn wir beispielsweise im Zweifel sind, ob ein bestimmtes Gebäude zwölf oder fünfzehn Stockwerke hoch ist, können wir diesen Zweifel ausräumen, indem wir uns das Gebäude ansehen und seine Stockwerke zählen. Eine einzige relativ einfache Beobachtung wird uns mitteilen, ob eine Aussage über die Höhe des Gebäudes wahr oder falsch ist.

Indem man sich auf die Beobachtung beruft, kann man den Wahrheitsgehalt von Aussagen über Dinge bestimmen, die mit unseren Sinnen wahrnehmbar sind. Nun fragen Sie sich vielleicht, ob wir unseren Sinnen trauen können. Nicht immer, aber es gibt eine Möglichkeit, unsere eigene Beobachtung zu überprüfen, und zwar indem sie durch die Beobachtung anderer bestätigt oder bekräftigt wird.

Zum Beispiel kann ich aufgrund meiner eigenen Beobachtung die Aussage treffen, dass das Auto, das gegen die Mauer geprallt ist, sehr schnell gefahren ist. Um den Wahrheitsgehalt dieser Aussage zu ermitteln, müssen möglicherweise andere Zeugen desselben Ereignisses herangezogen werden. Wenn alle Zeugen aussagen, die gleiche Beobachtung gemacht zu haben, ist es wahrscheinlich wahr, dass das Auto sehr schnell gefahren ist, als es gegen die Mauer prallte. Je mehr Zeugenaussagen in diesem Punkt übereinstimmen, desto wahrscheinlicher ist es.

Eine Aussage, die nur wahrscheinlich wahr ist, besitzt dieselbe Wahrheit wie eine Aussage, die wir als gesichert wahr ansehen. Entweder ist das Auto sehr schnell gefahren oder nicht. Eine Aussage über seine Geschwindigkeit ist entweder wahr oder falsch. Wenn wir sagen, dass eine Aussage nur wahrscheinlich wahr ist, schätzen wir nicht ihren Wahrheitswert ein. Wir bewerten lediglich unseren eigenen Grad der Gewissheit bezüglich des Wahrheitsanspruches, den wir ihr zuschreiben.

Wahrscheinlichkeitsgrade sind keine Maßstäbe für die Wahrheit einer Aussage, sondern nur Maßstäbe für die Gewissheit, mit der wir ihre Wahrheit bestimmen können. Eine Wahrheit, die wir mit Gewissheit bejahen, wie die Wahrheit über ein Ganzes und seine Teile, ist nicht wahrer als eine Wahrheit, die wir nur für wahrscheinlich halten, wie die Wahrheit über die Geschwindigkeit des verunglückten Autos.

Einige Zeugen sind dazu qualifiziert, Beobachtungen zu machen, die uns helfen, den Wahrheitsgehalt von Aussagen zu bestimmen; andere sind es nicht. Zum Beispiel kann ich aufgrund meiner eigenen Beobachtung sagen, dass der Ring an Ihrem Finger aus Gold ist. Es kann natürlich sein, dass er so aussieht, als wäre er aus Gold, dass er jedoch nur vergoldet ist. Es ist schwierig, wenn nicht sogar unmöglich, durch bloße Beobachtung festzustellen, was davon zutrifft. Selbst ein erfahrener Juwelier würde Ihnen nicht allein durch Anschauen oder Anfassen des Rings eine Meinung dazu geben. Der Juwelier weiß, dass es Möglichkeiten gibt, den tatsächlichen Charakter von Gegenständen zu bestimmen, die so aussehen, als wären sie aus Gold gefertigt. Indem er Ihren Ring einem entsprechenden Test unterzieht und das Ergebnis feststellt, kann der Juwelier als sachverständiger Zeuge sagen, ob meine ursprüngliche Aussage über den Ring wahr oder falsch ist.

Bislang haben wir Aussagen über bestimmte Objekte betrachtet – Aussagen über die Höhe eines bestimmten Gebäudes, über die Geschwindigkeit eines bestimmten Autos, über das Metall eines bestimmten Ringes. Der Wahrheitsgehalt solcher Aussagen kann durch Beobachtung überprüft werden. Manchmal können wir aufgrund der Beobachtung – entweder unserer eigenen oder der Beobachtung anderer – relativ sicher sein, dass die betreffende Aussage wahr ist; manchmal bleibt es ungewiss.

Die Beobachtung verschafft uns selten die gleiche Gewissheit, die wir über die Wahrheit von Aussagen haben, die evident – also selbstverständlich wahr – sind oder die durch stichhaltige Argumentation als wahr ermittelt werden können. Ich verwende bewusst das Wort »selten« anstelle von »nie«, denn laut Aristoteles sind einige einfache Aussagen über beobachtbare Objekte ebenso selbstverständlich wahr wie einige allgemeingültige Aussagen selbstverständlich wahr sind. Dass sich in meiner Schreibmaschine ein Stück Papier befindet, während ich diesen Satz schreibe, ist für mich unmittelbar evident. Ich brauche nicht die Bestätigung anderer Zeugen, um mich der Wahrheit meiner Aussage über diese beobachtbare Tatsache zu vergewissern. Ich bin mir ihrer Wahrheit ebenso sicher wie der Wahrheit der Aussage über ein Ganzes und seiner Teile.

Es bleibt eine große Klasse von Aussagen übrig, die wir als Verallgemeinerungen aus Erfahrung bezeichnen, wie zum Beispiel »Alle Schwäne sind weiß« oder »Alle Haustiere sind klein«. Da es weder für uns noch für irgendjemanden sonst möglich ist, die Farbe *aller* Schwäne oder die Größe *aller* Haustiere durch Beobachtung zu überprüfen, kann die Beobachtung allein nicht den Wahrheitsgehalt dieser Verallgemeinerungen feststellen.

Eine Vielzahl von Beobachtungen kann uns davon überzeugen, dass die Verallgemeinerungen wahrscheinlich wahr sind. Je größer die Anzahl der Beobachtungen ist, desto mehr lassen wir uns davon überzeugen. Aber die Anzahl zu erhöhen kann nur die Wahrscheinlichkeit erhöhen. Es kann niemals zur Gewissheit führen, dass die Verallgemeinerungen wahr sind.

Wir können jedoch sicher sein, dass eine Verallgemeinerung falsch ist, auch wenn wir niemals sicher sein können, dass sie wahr ist. Ich habe im vorangegangenen Kapitel darauf hingewiesen, dass die Aussage »Einige Schwäne sind schwarz« oder sogar die Aussage »Dieser Schwan, den ich gerade vor Augen habe, ist schwarz« der Aussage »Alle Schwäne sind weiß« widerspricht. Zwei widersprüchliche Aussagen können nicht beide wahr sein. Die Wahrheit meiner Beobachtung, dass dieser eine Schwan schwarz ist, widerlegt die Verallgemeinerung, dass alle Schwäne weiß sind. Angesichts dieser einen Beobachtung weiß ich mit Gewissheit, dass die Verallgemeinerung falsch ist.

Aristoteles' Antwort auf die Frage, wie wir erkennen können, ob eine Aussage wahr oder falsch ist, lässt sich so zusammenfassen, dass wir es erkennen können, indem wir einerseits auf Erfahrung und andererseits auf die Vernunft – mittels Argumentationen und Schlussfolgerungen – zurückgreifen. Die Sinneswahrnehmung bietet uns eine Möglichkeit, die Wahrheit oder Falschheit der fraglichen Aussagen zu überprüfen. Darüber hinaus empfiehlt Aristoteles, vor der eigenen Entscheidung stets die Meinung anderer zu berücksichtigen – die Meinung der Mehrheit der Menschen oder die Meinung der wenigen Experten oder die Meinung der Weisen.

19

Ohne begründeten Zweifel

In den Gerichten der USA gelten zwei Standards für das von den Geschworenen zu fällende Urteil. Bei Tatsachenfragen, die das Gericht den Geschworenen vorlegt, müssen die Geschworenen manchmal eine Antwort geben, die sie ohne begründeten Zweifel für richtig halten; manchmal reicht es aus, wenn die Geschworenen eine Antwort geben, von der sie glauben, dass die Beweislage diese stützt.

Aristoteles traf eine ähnliche Unterscheidung zwischen zwei Arten, wie wir Fragen aller Art beantworten können. Wie die Antwort der Geschworenen, die über jeden begründeten Zweifel erhaben ist, können wir manchmal eine Frage durch eine Aussage beantworten, die den Status von Wissen hat. Wenn unsere Antworten nicht aus

Wissen bestehen, nennt Aristoteles sie Meinungen. Meinungen nähern sich Wissen in dem Grade an, in dem das Gewicht der Beweise zu ihren Gunsten ausschlägt. Am entgegengesetzten Ende der Skala stehen die Meinungen, die durch keinerlei Beweise gestützt werden.

Aristoteles' Unterscheidung zwischen Wissen und Meinung ist sehr strikt – vielleicht zu strikt, als dass wir sie ohne Einschränkung akzeptieren könnten. Für Aristoteles besteht das, was wir wissen, aus notwendigen Wahrheiten. Wir bejahen solche Wahrheiten mit Gewissheit, weil sie über jeden begründeten Zweifel erhaben sind. Wir können zum Beispiel nicht daran zweifeln, dass ein endliches Ganzes größer ist als jeder seiner Teile. Wenn etwas ein endliches Ganzes ist, muss es größer sein als jeder seine Teile. Es ist unmöglich, dass es das nicht ist.

Solche selbstverständlichen Wahrheiten sind ein Beispiel dafür, was Aristoteles mit Wissen meint. Das andere Beispiel sind Konklusionen, die durch Prämissen, die evident – also selbstverständlich wahr – sind, stichhaltig bewiesen werden können. Wenn wir solche Konklusionen bejahen, wissen wir nicht nur, *dass* das, was sie behaupten, wahr ist, sondern wir wissen auch, *warum* das, was sie behaupten, wahr ist. Da wir die Gründe kennen, warum das, was sie behaupten, wahr ist, wissen wir, dass das, was sie behaupten, nicht anders sein kann. Auch hier verfügen wir über notwendige Wahrheiten.

Aristoteles war zu seiner Zeit der Meinung, dass die Mathematik, insbesondere die Geometrie, ein Beispiel für Wissen dieser hohen Qualität ist. Die Auffassung, die heute in Bezug auf die Mathematik vertreten wird, stimmt nicht mit der von Aristoteles überein. Dennoch kommt die Mathematik als Beispiel dem, was Aristoteles mit Wissen meinte, näher als jede andere Wissenschaft.

Wenn wir die Wahrheiten der Geometrie betrachten, können wir eine weitere Unterscheidung verstehen, die Aristoteles zwischen Wissen und Meinung trifft. Er sagt, dass es zwei Arten gibt, wie man der Konklusion eines geometrischen Beweises zustimmen kann. Der Lehrer, der die Beweisführung versteht, stimmt der Konklusion in Anbetracht der Prämissen, die sie beweisen, zu. Er besitzt Wissen. Im Gegensatz dazu besitzt der Schüler, der die Beweisführung nicht versteht, sondern der Konklusion nur deshalb zustimmt, weil der Lehrer gesagt hat, sie sei wahr, kein Wissen. Selbst wenn die Wahrheit an sich eine notwendige Wahrheit ist, bedeutet die Zustimmung zu ihr aufgrund der Autorität einer anderen Person, dass sie eine Meinung und kein Wissen ist. Für die meisten von uns sind die wissenschaftlichen Wahrheiten, die uns bekannt sind, Meinungen, die wir aufgrund der Autorität von Wissenschaftlern vertreten, und kein Wissen, das wir selbst besitzen.

Diese Art der Unterscheidung zwischen Wissen und Meinung mag für uns nützlicher und akzeptabler sein. Nur sehr wenige Aussagen sind für uns notwendige Wahrheiten, weil sie selbstverständlich wahr sind und ihr Gegenteil unmöglich ist. Alle anderen Aussagen drücken Meinungen aus, die wahr oder nicht wahr sein können. Obwohl Aristoteles alle Aussagen dieser Art als Meinungsäußerungen und nicht als Ausdruck von Wissen bezeichnen würde, wollen wir uns einmal ansehen, ob wir die Meinungen in zwei Gruppen einteilen können, von denen eine dem ähnlich ist, was Aristoteles mit Wissen meinte.

Die Meinungen, die wir vertreten, können entweder durch Gründe und Beobachtungen gestützt werden, oder wir vertreten sie ohne solche Bekräftigung. Wenn ich zum Beispiel eine Meinung nur deshalb vertrete, weil mir jemand anderes gesagt hat, dass sie wahr sei, und ich selbst keinen anderen Grund habe, sie für wahr zu halten, dann ist das eine *bloße* Meinung meinerseits. Die Aussage kann tatsächlich wahr sein. Das macht sie aber nicht weniger zu einer bloßen Meinung. Was meine Zustimmung zu der Aussage anbelangt, so habe ich keine Gründe, die mich dazu veranlassen, sie für wahr zu halten, abgesehen von der Autorität einer anderen Person.

Jeder von uns hegt auch eine Reihe von persönlichen Vorurteilen – das heißt, wir halten etwas nur deshalb für wahr, weil wir es gern glauben wollen. Es gibt keine rationale Veranlassung, es zu glauben. Stattdessen sind wir emotional daran gebunden. Zum Beispiel glauben Menschen oft, dass ihr Land das beste Land der Welt sei. Das mag wahr sein oder auch nicht. Es könnte sogar möglich sein, dahingehend zu argumentieren, dass es wahr ist, indem man die eine oder andere Art von Beweisen anführt oder Gründe dafür nennt. Aber Menschen, die dies glauben, führen in der Regel keine Beweise an oder nennen Gründe. Sie wollen es einfach glauben.

Die Aussagen, an die man durch ein solches Wunschdenken emotional gebunden ist, sind bloße Meinungen. Andere Personen können emotional an entgegengesetzte Meinungen gebunden sein. Da weder die eine noch die andere Meinung, die das genaue Gegenteil voneinander sein können, durch Gründe oder Beweise gestützt wird, ist die eine Meinung dieser Art genauso gut wie die andere.

Bei bloßen Meinungen hat jeder das Recht, seine eigenen zu bevorzugen – diejenigen, an die er emotional gebunden ist. Über solche Meinungen kann man nicht streiten, zumindest nicht rational. Solche Meinungen sind wie der Ausdruck des persönlichen Geschmacks beim Essen oder Trinken. Vielleicht mögen Sie Orangensaft lieber als Ananassaft, und ich mag Ananassaft lieber als Orangensaft. Sie haben ein Recht auf Ihre Vorlieben, und ich auf meine. Es hat keinen Sinn, darüber zu streiten, was davon besser ist.

Über Meinungsunterschiede lässt sich nur dann streiten, wenn die unterschiedlichen Meinungen nicht bloße Meinungen in dem soeben beschriebenen Sinne sind – man kann nur dann über sie streiten, wenn sie nicht einfach nur persönliche Vorurteile, Ausdruck des persönlichen Geschmacks oder Dinge sind, die wir gern glauben wollen.

Ich kann zum Beispiel gute Gründe für die Annahme haben, dass die Nutzung der Sonnenenergie uns mit ausreichend Energie versorgen wird, wenn uns die fossilen Brennstoffe wie Kohle und Öl ausgehen. Sie mögen gute Gründe für die Annahme haben, dass die Solarenergie das Problem nicht lösen wird. Jeder von uns kann darüber hinaus vielleicht Statistiken anführen, denen eine sorgfältige Erhebung über Energiequellen zugrunde liegt. Es mag sein, dass keiner von uns den jeweils anderen überzeugen kann. Dennoch sind die Meinungen, die wir vertreten, die sich voneinander unterscheiden und über die wir debattieren, *keine* bloßen Meinungen unsererseits.

Nehmen wir einmal an, dass keiner von uns das Energieproblem selbst untersucht hat. Wir haben lediglich gelesen, was andere zu diesem Thema ausgeführt haben. Die gegensätzlichen Meinungen, die wir vertreten, beruhen auf der Autorität der anderen. Nehmen wir weiter an, dass Sie die meisten Autoritäten auf diesem Gebiet auf Ihrer Seite haben oder dass Sie von den Autoritäten, auf die man sich berufen kann, die meisten Experten auf Ihrer Seite haben. Aristoteles würde sagen, dass Sie die überzeugenderen Argumente haben. Seiner Ansicht nach wird die Meinung, die entweder von den meisten Menschen oder von den meisten Fachleuten oder von den am besten qualifizierten Fachleuten vertreten wird, sich wahrscheinlich als die bessere Meinung erweisen.

Wir nähern uns auf der Skala dem an, was Aristoteles unter Wissen verstand, und entfernen uns von der bloßen Meinung, wenn die vertretenen Meinungen auf wissenschaftlichen Beweisen und wissenschaftlicher Argumentation beruhen. Meinungen, die durch schlagende Beweise und eine vernünftige Argumentation gestützt werden, werden von den heutigen Wissenschaftlern als Wissen angesehen.

Es handelt sich nicht um Wissen in dem Sinne, wie Aristoteles diesen Begriff verwendete, denn das, was wir zu wissen behaupten, kann sich als die schlechtere von zwei entgegengesetzten Meinungen entpuppen, wenn durch weitere wissenschaftliche Untersuchungen mehr Beweise für die andere Seite gefunden werden oder wenn durch weitere wissenschaftliche Überlegungen bessere Gründe für die entgegengesetzte Meinung gefunden werden. Von keiner wissenschaftlichen Konklusion wissen wir mit Bestimmtheit, ob sie schlussendlich wahr ist – also absolut wahr, sodass sie nicht durch weitere Untersuchungen und weitere Überlegungen korrigiert oder verworfen werden kann.

Wenn wir eine wissenschaftliche Konklusion als Meinung vertreten, besteht immer die Möglichkeit, dass tatsächlich das Gegenteil davon wahr ist, denn keine wissenschaftliche Konklusion ist an sich eine notwendige Wahrheit. Dennoch gibt es eine große Anzahl wissenschaftlicher Konklusionen, die seit vielen Jahrhunderten anerkannt sind und die durch schlagende Beweise und unangefochtene Gründe gestützt werden. Die Tatsache, dass neue Entdeckungen sich zuungunsten dieser Konklusionen auswirken können, oder die Tatsache, dass die Gründe, die für sie sprechen, durch neue Überlegungen zu diesem Thema ernsthaft infrage gestellt werden können, hindert uns nicht daran, diese Konklusionen als fundiertes Wissen zu betrachten – *zumindest fürs Erste.*

Sind wissenschaftliche Konklusionen, die durch schlagende Beweise und durch die beste Argumentation, die zu diesem Zeitpunkt verfügbar ist, gestützt werden, die einzigen Meinungen, die wir als Wissen betrachten dürfen? Nein. Philosophische Konklusionen können ebenfalls Meinungen sein, die wir als Wissen betrachten dürfen, weil sie durch vernünftige Argumentation und durch schlagende Beweise gestützt werden, die eher für sie sprechen als für ihr Gegenteil.

Wie unterscheiden sich die Konklusionen des philosophischen Denkens von den Konklusionen der wissenschaftlichen Forschung? Die Antwort liegt in den beiden Wörtern »Denken« und »Forschung«. Wissenschaftliche Konklusionen beruhen auf Untersuchungen, die von Wissenschaftlern durchgeführt werden – entweder in Laboren oder anderswo. Das Denken, das Wissenschaftler an den Tag legen, um zu diesen Konklusionen zu gelangen, reicht allein nicht aus. Es ist immer ein Nachdenken über die Beobachtungen oder Ergebnisse sorgfältig geplanter und sorgfältig durchgeführter Forschungen oder Untersuchungen.

Im Gegensatz dazu kommt das philosophische Denken zu Konklusionen, indem es die allgemeine Lebenserfahrung zugrunde legt, also die Art von Erfahrung, die jeder von uns Tag für Tag macht, ohne dafür Forschungen zu betreiben – also ohne sorgfältig geplante Untersuchungen sorgfältig durchzuführen. Philosophen betreiben keine Forschung. Sie denken sich keine Experimente aus und führen keine Untersuchungen durch.

Philosophisches Denken über die allgemeine Lebenserfahrung beginnt mit den Meinungen des gesunden Menschenverstands, wie die meisten Menschen sie vertreten. Es verbessert diese auf dem gesunden Menschenverstand beruhenden Meinungen, indem es reflektierter und analytischer ist als das Denken der meisten Menschen. Meiner Ansicht nach gelangt es zu seinen besten und präzisesten Konklusionen in dem, was ich Aristoteles' ungewöhnlichen gesunden Menschenverstand genannt habe.

Wissenschaftliche oder philosophische Konklusionen sind in der Regel Verallgemeinerungen aus der Erfahrung heraus – entweder aus der speziellen Erfahrung, die sich aus Forschung oder Untersuchungen ergibt, oder aus der allgemeinen Lebenserfahrung, die jeder von uns ohne Untersuchungen oder Forschung macht. Wie wir in einem früheren Kapitel festgestellt haben, kann jede Verallgemeinerung durch eine einzige gegenteilige Beobachtung widerlegt werden. Dies gilt sowohl für philosophische als auch für wissenschaftliche Verallgemeinerungen. Je länger eine Verallgemeinerung nicht widerlegt wird, desto mehr sind wir berechtigt, sie als fundiertes Wissen zu betrachten, auch wenn wir sie niemals als schlussendlich wahr ansehen können – ohne jede Möglichkeit, korrigiert oder verworfen zu werden.

Da philosophische Konklusionen eher auf allgemeiner als auf spezieller Erfahrung beruhen, weil sie nicht von Untersuchungs- oder Forschungsergebnissen beeinflusst werden, können Konklusionen, wie sie Aristoteles vor mehr als zweitausend Jahren zog, auch heute noch den Status philosophischen Wissens beanspruchen. Seit seiner Zeit hat nichts in unserer gemeinsamen menschlichen Erfahrung sie widerlegt.

Die meisten wissenschaftlichen Konklusionen, die zu Aristoteles' Zeit akzeptiert wurden, sind seither verworfen oder korrigiert worden. Entweder wurden sie durch die Entdeckungen späterer Forschungen widerlegt oder sie wurden sowohl durch besseres Nachdenken als auch durch bessere Beobachtungen und gründlichere Untersuchungen korrigiert und verbessert.

Nicht alle Meinungen, die als fundiertes Wissen angesehen werden können, haben die Form von wissenschaftlichen oder philosophischen Verallgemeinerungen aus der Erfahrung heraus. Historische Untersuchungen oder Forschungen gelangen zu Konklusionen über bestimmte Tatsachen – das Datum, an dem ein bestimmtes Ereignis stattfand; die Schritte, durch die eine bestimmte Person zum Herrscher wurde; die Umstände, die zum Ausbruch eines Krieges führten, und so weiter.

Hier ebenso wie in der Wissenschaft trägt die Forschung Beweise zusammen, über die die Historiker nachdenken und anschließend auf ihren Überlegungen basierend Schlussfolgerungen ziehen, die sie als durch schlagende Beweise und gute Gründe gestützt ansehen. Wenn sie auf diese Weise zustande kommen, können historische Konklusionen als fundiertes Wissen betrachtet werden, auch wenn zukünftige Forschungen unsere Sicht der Dinge ändern können.

Wir haben nun festgestellt, dass es mindestens fünf verschiedene Arten von Wissen gibt, von denen nur eine das Wissen im strengen Sinne ist, den Aristoteles diesem Wort beimisst. Es handelt sich um das Wissen, das wir besitzen, wenn wir Wahrheiten verstehen, die selbstverständlich sind. Die anderen vier Arten sind:

1. die wohlbegründeten Meinungen des mathematischen Denkens – die Konklusionen, die Mathematiker beweisen können;
2. die fundierten Verallgemeinerungen wissenschaftlicher Forschung oder Untersuchung;
3. die philosophischen Meinungen, die auf allgemeiner Lebenserfahrung und auf der Verfeinerung des gesunden Menschenverstands durch philosophische Reflexion beruhen;

4. die Meinungen über bestimmte Tatsachen, die Historiker durch historische Forschung bekräftigen können.

Alle vier sind Meinungen in dem Sinne, dass sie aufgrund von Gründen und Beweisen niemals so unumstößlich sind, dass sie nicht durch weitere Überlegungen oder neue Beobachtungen widerlegt oder korrigiert werden könnten. Aber alle vier sind auch Wissen in dem Sinne, dass zu einem bestimmten Zeitpunkt schlagende Beweise für sie sprechen und die Argumentation, die sie stützt, unangefochten bleibt.

Teil 5

Schwierige philosophische Fragen

20

UNENDLICHKEIT

Schwierige philosophische Fragen sind Fragen, die sich nicht aufgrund allgemeiner Lebenserfahrung und mit dem gesunden Menschenverstand beantworten lassen. Ihre Beantwortung erfordert ausdauernde Reflexion und Argumentation.

Wie entstehen solche Fragen? Für Aristoteles ergaben sie sich zum Teil aus den Verfeinerungen des gesunden Menschenverstands, die sein eigenes philosophisches Denken erarbeitete. Zum Teil waren es Fragen, die er als Reaktion auf die zu seiner Zeit aktuellen Ansichten anderer stellte.

Zu den Naturforschern, die ihm vorausgegangen waren, gehörten zwei griechische Physiker, Leukipp und Demokrit, die als Erste die Atomtheorie aufstellten. Ihrer Theorie zufolge besteht alles in der natürlichen Welt aus winzigen, unsichtbaren Materieteilchen, die durch einen leeren Raum ohne Materie voneinander getrennt sind.

Sie nannten diese Teilchen Atome, um darauf hinzuweisen, dass diese Materieeinheiten nicht nur sehr klein, sondern kleinstmöglich sind. Ihrer Ansicht nach kann es nichts Kleineres geben, denn jedes Atom ist eine unteilbare Einheit der Materie. Es kann nicht in kleinere Einheiten zerlegt werden.

Demokrit zufolge unterscheiden sich die Atome nur in Größe, Gestalt und Gewicht voneinander. Sie sind ständig in Bewegung. Und es gibt von ihnen unendlich viele.

Aristoteles erhob zwei Einwände gegen diese Theorie. Erstens stellte er den zentralen Begriff der Atomtheorie infrage. Wenn ein Atom eine massive Materieeinheit sei, die keinen leeren Raum enthalte, dann, so argumentierte er, könne es nicht unzerlegbar oder unteilbar sein. Entweder weist ein Atom in seinem Inneren einen leeren Raum auf, dann ist es keine Materieeinheit, oder die Materie besitzt keinen leeren Raum, was heißt, dass sie kontinuierliche Materie und somit teilbar ist.

Diese Argumentation lässt sich gut durch etwas veranschaulichen, das größer als ein Atom ist. Ich halte ein Streichholz in meiner Hand. Ich zerbreche es in zwei kleinere Stückchen Holz. Jedes dieser Holzstückchen ist nun eine separate Einheit von Materie. Da die beiden zusammen nicht mehr ein Stück Holz sind, können sie auch nicht mehr in zwei Teile zerbrochen werden. Aber jedes der beiden Holzstücke kann weiter geteilt werden, und endlos so weiter.

Alles, was kontinuierliche Materie ist, so Aristoteles, ist unendlich teilbar. Alles, was eins ist – eine einzige Materieeinheit –, muss kontinuierlich sein. Wäre dies nicht der Fall, würde es sich nicht um eine Materieeinheit handeln, sondern um zwei oder mehr. Mit dieser Argumentation glaubte Aristoteles zu beweisen, dass es keine Atome geben könne. Es mag sehr kleine Materieeinheiten geben, aber wie klein diese Teilchen auch sein mögen, sie können in noch kleinere Teilchen geteilt werden, wenn jedes eine Materieeinheit ist – eine Einheit und kontinuierlich.

Zweitens lehnte Aristoteles die Ansicht ab, dass es eine unendliche Anzahl von Atomen in der Welt gibt. Die Anzahl möge zwar sehr groß sein, so groß, dass sie in keiner Zeit, die ein Zählender dazu verwenden könnte, gezählt werden könne. Aber es könne sich nicht um eine unendliche Anzahl handeln, denn, so Aristoteles, eine unendliche Anzahl von Dingen könne nicht tatsächlich zum gleichen Zeitpunkt gemeinsam existieren.

Diese beiden Einwände, die Aristoteles gegen die Theorie der Atomisten seiner Zeit vorbrachte, mögen auf den ersten Blick unstimmig erscheinen. Einerseits scheint Aristoteles zu sagen, dass jede kontinuierliche Materieeinheit unendlich teilbar sein müsse. Andererseits scheint er zu sagen, dass es nicht unendlich viele Einheiten geben könne, die allesamt zu einem bestimmten Zeitpunkt existieren. Bejaht er damit nicht gleichzeitig die Existenz einer Unendlichkeit und verneint sie?

Der scheinbare Widerspruch wird durch eine Unterscheidung aufgelöst, die für Aristoteles' Denken charakteristisch ist. Wir haben diese Unterscheidung in Kapitel 7 kennengelernt (s. Seite 79). Es ist die Unterscheidung zwischen der Potenzialität und der Aktualität – zwischen dem, was sein kann (aber nicht ist), und dem, was tatsächlich ist.

Aristoteles ist der Meinung, dass es zwei Unendlichkeiten geben kann – beide davon potenziell, aber nicht tatsächlich. Die eine ist die potenzielle Unendlichkeit der Addition. Die andere ist die potenzielle Unendlichkeit der Division.

Die potenzielle Unendlichkeit der Addition wird durch die Unendlichkeit der ganzen Zahlen veranschaulicht. Es gibt keine ganze

Zahl, die die letzte Zahl in der Reihe der ganzen Zahlen von eins, zwei, drei, vier und so weiter ist. Für jede Zahl in dieser Reihe, wie groß sie auch sein mag, gibt es eine nächste, die größer ist. Es ist möglich, endlos eine Zahl nach der anderen zu addieren. Aber es ist nur *möglich*, man kann diesen Prozess der Addition nicht *tatsächlich* durchführen, denn das würde unendlich viel Zeit in Anspruch nehmen.

Aristoteles hat, wie wir im nächsten Kapitel sehen werden, die Unendlichkeit der Zeit nicht bestritten. Im Gegenteil, er bejahte die Ewigkeit der Welt – dass sie weder Anfang noch Ende hat. Aber eine unendliche Zeit existiert nicht zu einem beliebig gewählten Zeitpunkt. Wie bei der unendlichen Reihe ganzer Zahlen handelt es sich nur um eine potenzielle, keine tatsächliche Unendlichkeit.

Ebenso ist die Unendlichkeit der Division eine potenzielle, keine tatsächliche Unendlichkeit. So wie man endlos eine Zahl nach der anderen addieren kann, so kann man alles, was kontinuierlich ist, endlos dividieren. Die Anzahl der Bruchzahlen zwischen den ganzen Zahlen zwei und drei ist unendlich, ebenso wie die Anzahl der ganzen Zahlen unendlich ist. Beide Unendlichkeiten gibt es jedoch nur potenziell, nicht tatsächlich. Sie existieren zu keinem beliebig gewählten Zeitpunkt tatsächlich.

Aristoteles behauptet, dass es weder in diesem noch in einem anderen Augenblick eine tatsächliche Unendlichkeit nebeneinander existierender Dinge geben könne, wie es der Fall wäre, wenn die Atomisten mit ihrer Ansicht richtig lägen. Sie vertraten nämlich die Ansicht, dass in diesem Augenblick eine tatsächlich unendliche Anzahl von Atomen nebeneinander existiert. Das und nur das hat Aristoteles bestritten.

Seine Argumentation zu diesem Punkt lautet wie folgt. Entweder ist die Anzahl der tatsächlich nebeneinander existierenden Dinge endlich oder unendlich. Wenn sie unendlich ist, ist sie unbestimmt. Aber nichts kann sowohl wirklich als auch unbestimmt sein. Daher kann es keine tatsächliche Unendlichkeit irgendeiner Art geben – sei es eine tatsächlich unendliche Anzahl von nebeneinander existierenden Atomen, eine tatsächlich unendliche Welt oder ein tatsächlich unendlicher Raum, der mit tatsächlich existierenden Materieeinheiten gefüllt ist.

Die einzigen Unendlichkeiten, die es nach Aristoteles geben kann, sind die potenziellen Unendlichkeiten in den endlosen Prozessen der Addition oder Division. Da auf jeden zeitlichen Augenblick ein anderer folgt und da zwei Zeitpunkte nicht tatsächlich nebeneinander existieren, kann die Zeit unendlich sein.

21

Ewigkeit

Aristoteles zufolge kann die Zeit unendlich sein, weil sie aus einer Reihe von Zeitpunkten besteht, die einander vorausgehen beziehungsweise folgen und nicht tatsächlich nebeneinander bestehen. Ein Zeitpunkt hört auf zu existieren, wenn der nächste Zeitpunkt zustande kommt. Da sich dieser Prozess endlos fortsetzen kann, kann es eine unendliche Anzahl von Augenblicken oder Zeitpunkten geben.

Die Zeit kann unendlich sein, aber ist sie es auch? Wenn ja, dann hat die Welt, die jetzt existiert, kein Ende. Selbst wenn sie einen Anfang hätte, könnte sie endlos weiterexistieren, denn es gibt kein Ende der Zeit. Es kann immer einen neuen Zeitpunkt geben.

Aristoteles ging noch einen Schritt weiter. Er war nicht nur der Ansicht, dass die Zeit unendlich ist, sondern auch, dass die Existenz der Welt weder Anfang noch Ende hat. Wenn die Existenz der Welt weder Anfang noch Ende hat, dann ist die Zeit in beide Richtungen unendlich. Es gibt keinen Zeitpunkt, dem nicht ein früherer Zeitpunkt vorausgeht. Es gibt keinen Zeitpunkt, der nicht von einem späteren Zeitpunkt abgelöst wird.

Warum meinte Aristoteles, die Welt existiere ewig? Er benutzte das Wort »ewig«, um seine Auffassung auszudrücken, dass die Welt zeitlich weder Anfang noch Ende habe. Manchmal wird das Wort »ewig« auch verwendet, um *Zeitlosigkeit* zu bezeichnen, etwa wenn man sagt, dass Gott ewig sei. Auch Aristoteles verwendete das Wort »ewig« in diesem Sinne. Aber für ihn ist die Ewigkeit der Welt eine Sache und die Ewigkeit Gottes eine ganz andere.

Um diese Unterscheidung zwischen den beiden Ewigkeiten – der Ewigkeit der Zeitlosigkeit und der Ewigkeit einer Zeit ohne Anfang und Ende – zu verstehen, müssen wir Aristoteles' Verständnis der Zeit selbst betrachten.

Die Zeit ist laut Aristoteles das Maß von Bewegung oder Veränderung. Mit anderen Worten ist Zeit die Dimension, in der Bewegung oder Veränderung stattfindet, so wie der Raum die Dimension ist, in der materielle Dinge existieren. Existierende Dinge nehmen Raum ein. Veränderungen nehmen Zeit in Anspruch. Eine Billardkugel, die von einer Seite des Tisches auf die andere rollt, bewegt sich innerhalb einer bestimmten Zeitspanne. Diese Bewegung braucht Zeit. Die Dauer der Bewegung wird an der Anzahl der Zeitpunkte gemessen, die die Billardkugel benötigt, um von A nach B zu gelangen.

Daraus folgt, so dachte Aristoteles, dass die Zeit weder Anfang noch Ende hat, wenn Bewegung oder Veränderung weder Anfang noch Ende haben. Aber warum glaubte er, dass Bewegung oder Veränderung weder beginnen noch enden können? Das ist in der Tat eine sehr schwierige Frage.

Die Antwort, wenn es denn eine Antwort gibt, liegt in Aristoteles' Vorstellung von Ursache und Wirkung und in seiner Vorstellung von Gott. Alles, was geschieht, so Aristoteles, muss eine Ursache haben. Wenn sich ein Körper bewegt, muss etwas ihn dazu veranlassen, sich zu bewegen. Das, was die Bewegung eines Körpers verursacht, muss sich selbst bewegen. Beispielsweise bewegt sich die Billardkugel nicht von selbst. Sie wurde durch den Billardqueue, der sie angestoßen hat, in Bewegung versetzt. Um die Billardkugel in Bewegung zu versetzen, musste sich der Billardqueue selbst bewegen. Aber etwas anderes musste wiederum ihn bewegen. Und so weiter.

Dies läuft darauf hinaus, dass Aristoteles bestreitet, dass es einen ersten Beweger in der Reihe der Beweger und der bewegten Dinge gibt. Aristoteles bejahte, wie wir noch sehen werden, die Existenz – mehr noch, die notwendige Existenz – eines ersten Bewegers. Aber seiner Ansicht nach steht der erste Beweger nicht am Anfang einer Reihe von Dingen, die sich bewegen und die bewegt werden. Der erste Beweger war nicht die erste Wirkursache der Bewegung – der Beweger, der die Dinge in Bewegung setzte.

In Kapitel 23 über Gott werden wir auf Aristoteles' Vorstellung vom ersten Beweger zurückkommen. Vorerst möchte ich nur darauf hinweisen, dass der Gott des Aristoteles, anders als der Gott der Bibel, die Welt nicht erschaffen hat. Aristoteles hätte die Aussage abgelehnt, mit der die Bibel beginnt: »Am Anfang schuf Gott Himmel und Erde.« Er hätte sie abgelehnt, weil er keinerlei Grund für die Annahme sah, dass die Welt überhaupt einen Anfang gehabt haben soll.

Wenn es keinen Grund für die Annahme gibt, dass die sich bewegende Welt einen Anfang gehabt hat, gibt es auch keinen Grund für die Annahme, dass die sich bewegende Welt jemals zu einem

Ende kommen wird. Die einzelnen Dinge, aus denen die Welt zusammengesetzt ist, entstehen und vergehen. Es kann nicht unendlich viele Einzeldinge geben, die zu ein und demselben Zeitpunkt nebeneinander existieren. Aber es kann eine unendliche Anzahl von Dingen geben, die in einer unendlichen Zeit, einer Zeit ohne Anfang und Ende, entstehen und vergehen. Entstehen und Vergehen ist, wie wir gesehen haben, eine Art der Veränderung. Wie die Ortsbewegung, die Bewegung von einem Ort zum anderen, hat sie nie begonnen und endet nie.

Die Art der Bewegung, die Aristoteles vorrangig im Sinn hatte, als er von der Ewigkeit der Bewegung sprach, war weder die Bewegung der Körper auf der Erde noch irgendeine andere irdische Veränderung. Er blickte zum Himmel hinauf und betrachtete die Bewegung von Sonne und Mond, die Bewegung der Planeten und der Sterne. Diese Bewegungen, so meinte er, veranschaulichten am deutlichsten die Ewigkeit der Bewegung und damit auch die Ewigkeit der Welt. Wie wir in Kapitel 23 sehen werden, nutzt Aristoteles die Ewigkeit Gottes, um die Ewigkeit der Welt zu erklären. Diese beiden Ewigkeiten sind so verschieden, wie sich Zeitlosigkeit von der immerwährenden Zeit unterscheidet.

22

Die Immaterialität des Geistes

Die drei philosophischen Fragen, mit denen wir uns in diesem Kapitel beschäftigen, besitzen nicht alle den gleichen Schwierigkeitsgrad. Die erste und am wenigsten schwierige Frage ist, ob die materiellen Dinge der physischen Welt in irgendeiner Hinsicht auch immateriell sind. Schwieriger ist die Frage, ob die Existenz des menschlichen Geistes – seines Verstandes, seiner Vernunft, seines Denkens – ein Element der Immaterialität in eine Welt einführt, die ansonsten materiell ist. Am schwierigsten ist schließlich die Frage, ob es im Universum ein Wesen oder mehrere Wesen gibt, die gänzlich immateriell sind.

Wer sich noch an das in Kapitel 8 Gesagte erinnert, dürfte ahnen, wie Aristoteles auf die erste Frage antwortete. Dort haben wir darüber gesprochen, dass alle sich verändernden Dinge physischer Natur aus Materie und Form bestehen. Wir haben dies in Bezug auf von Menschen erschaffene Kunstwerke verstanden. Der Künstler oder Handwerker nimmt Materialien, die auf die eine oder andere Weise geformt werden können, und erschafft ein Kunstwerk, indem er die Materialien transformiert – ihnen also eine Form gibt, die sie ursprünglich nicht hatten. Das Holz, das durch menschliches Zutun zu einem Stuhl wird, nimmt eine Form an – die Form des Stuhls –, die es nicht hatte, bevor der Schöpfer es transformierte.

Es ist wichtig, sich daran zu erinnern, dass Form *nicht* gleich Gestalt oder Design ist. Die Stühle, die Menschen herstellen, haben viele verschiedene Designs, aber egal, welches Design sie auch haben mögen, so sind es doch allesamt Stühle. Die Form, nicht das Design oder die Gestalt, macht alle Stühle verschiedener Designs zu der gleichen Art von Ding. Diese Form war eine Vorstellung im Kopf des Schöpfers, bevor sie die Form wurde, anhand derer er das Holz in einen Stuhl verwandelte beziehungsweise transformierte. Da er diese Vorstellung besaß, ist klar, dass der Schöpfer verstand, welche Art von materiellem Ding er herstellen wollte. So wie die Vorstellung im Kopf des Schöpfers ein Verständnis für die Art des herzustellenden Dinges ist, so ist die Form in den vom Schöpfer transformierten Materialien das, was es zu der Art von Ding macht, das hergestellt wird.

Unabhängig davon, ob es sich um Produkte menschlicher Kunst oder um natürliche anstelle von künstlichen Dingen handelt, besitzen alle materiellen Dinge eine Komponente, die nicht materiell ist. Form ist nicht Materie, Materie ist nicht Form. Dinge, die aus Form und Materie bestehen, haben sowohl eine immaterielle als auch eine materielle Komponente.

Wie bereits erwähnt, können wir vielleicht über Materie ohne Form nachdenken, aber reine Materie – völlig ungeformte Materie – kann nicht existieren. Die Formen, die eine Materie annehmen kann, verwirklichen ihre Potenzialitäten – aus Potenzialität wird Aktualität. Da reiner Materie jegliche Form fehlt, kann sie an sich keine Aktualität haben; und was keine Aktualität hat, existiert in der Wirklichkeit nicht.

Ist es ebenso richtig zu sagen, dass die Formen, die die Materie annimmt, nicht getrennt von der Materie existieren, der sie eine Art von Aktualität verleihen – die Aktualität eines Stuhles oder die Aktualität eines Baumes? Die Formen, die die immaterielle Komponente materieller Dinge sind, sind materielle Formen – Formen, die ihre Existenz in der Materie haben. Aber ist das die einzige Existenz, die sie haben können? Können sie auch außerhalb der Materie von Dingen existieren, die aus Materie und Form bestehen?

Aristoteles bejaht diese Frage. Auch hier sollten wir uns an etwas erinnern, das in einem früheren Kapitel gesagt wurde. In Kapitel 16 habe ich gezeigt, dass laut Aristoteles der menschliche Verstand – der menschliche Geist – die Art des Dinges, das ein Stuhl oder ein Baum ist, dadurch begreift, dass er eine Vorstellung von ihm hat. Eine Vorstellung zu haben bedeutet, die Form eines Dinges im Kopf zu haben, ohne auch dessen Materie zu haben.

Das eben Gesagte bezieht sich auf den Unterschied zwischen dem menschlichen Geist in seiner Tätigkeit als Wissender und dem menschlichen Geist in seiner Tätigkeit als Hersteller.

Als Hersteller hat der Geist eine schöpferische Idee, die er dazu nutzt, Rohmaterialien in Stühle und Tische zu transformieren. Er stülpt seine Vorstellungen diesen Rohmaterialien über und verleiht ihnen die Form eines Stuhles oder eines Tisches. Als Wissender erhält der Geist Vorstellungen von den natürlichen Dingen der physischen Welt. Er erhält sie, indem er die Formen der materiellen Dinge aus der Materie dieser zusammengesetzten Objekte – Bäume oder Pferde – herausnimmt. Indem er dies tut, versteht er, was für eine Art Ding ein Baum oder ein Pferd ist.

Ein weiterer Punkt, den man sich aus Kapitel 16 in Erinnerung rufen sollte, ist der Unterschied zwischen Wissen und Essen. Wenn wir essen (Nahrung in unseren Körper aufnehmen und verdauen), nehmen wir sowohl die Materie als auch die Form von dem auf, was uns nährt – ein Apfel oder eine Kartoffel.

Für Aristoteles nähren uns der Apfel oder die Kartoffel, die wir essen, weil wir sie verdauen und assimilieren, wir transformieren ihre Materie.

Bei der Ernährung geht es um die Assimilation der Nahrung, die wir zu uns nehmen. Assimilation findet statt, wenn die Materie, die die Form eines Apfels oder einer Kartoffel hatte, diese Form verliert und die Form des menschlichen Fleisches, der Knochen und des Blutes annimmt, das heißt, bei der Assimilation werden Nährstoffe in körpereigene Stoffe umgewandelt beziehungsweise transformiert. Deshalb müssen wir sowohl die Materie als auch die Form der materiellen Dinge, von denen wir uns ernähren wollen, in unseren eigenen Körper aufnehmen.

Wenn Wissen genau wie Essen wäre, könnten wir niemals verstehen, welche Art Ding ein Apfel oder eine Kartoffel ist. Um das zu verstehen, müssen wir die Formen dieser zusammengesetzten Dinge von der Materie trennen.

Bei der Assimilation von etwas, das man essen kann, müssen wir die Materie von der Form trennen und die Form, die die Materie hatte, durch die Form unseres eigenen Körpers ersetzen.

Beim Verständnis von etwas, das man wissen kann, müssen wir die Form von der Materie trennen und die Form getrennt von der

Materie halten. Nur wenn die Form von der Materie getrennt ist, wird sie zu einer Vorstellung in unserem Geist, einer Vorstellung, durch die wir die Art von Ding verstehen, die ein Apfel beziehungsweise eine Kartoffel ist.

Warum? Das ist die schwierige Frage, die noch zu beantworten ist. Aristoteles' Antwort beruht auf einer Unterscheidung zwischen der Art von Dingen, die eine Kartoffel oder ein Apfel im Allgemeinen ist, und ganz bestimmten Kartoffeln oder Äpfeln, die jeweils ein einzigartiges Ding sind. Dieser ganz bestimmte Apfel, den ich in der Hand halte, ist ein einzigartiges Ding, weil die Form, die ihn zum *Apfel* macht, mit der Materieeinheit verbunden ist, die ihn zu *diesem Apfel* macht, und nicht zu dem da drüben auf dem Tisch. Der da drüben besitzt die gleiche Form in einer anderen Materieeinheit. Die unterschiedlichen Materieeinheiten, die in die Zusammensetzung zweier Äpfel eingehen, machen diese zu unterschiedlichen Einzeldingen. Die Form, die jeder von ihnen besitzt, macht sie beide zu Äpfeln – zu derselben Art von Frucht.

Wenn wir die Vorstellung besitzen, die es uns ermöglicht zu verstehen, was für eine Art Ding ein Apfel ist, dann haben wir ein Verständnis von Äpfeln im Allgemeinen, nicht von diesem oder jenem konkreten Apfel. Nach Aristoteles' Auffassung können wir die Individualität dieses oder jenes Apfels mit unseren Sinnen wahrnehmen, aber wir können seine Individualität nicht durch die Vorstellungen, die in unserem Geist existieren, verstehen. Nur die Arten im Allgemeinen sind verständlich, nicht Einzeldinge.

Aus diesem Grund muss der Verstand – beziehungsweise der menschliche Geist – die Formen der materiellen Dinge von ihrer Materie trennen und diese Formen als Vorstellungen, durch die wir Dinge verstehen, getrennt von Materie halten, um so zu einem Verständnis von Arten im Allgemeinen zu gelangen. Das ist auch der

Grund, warum Aristoteles den Geist die Form der Formen nannte – den Ort, an dem die Formen der materiellen Dinge getrennt von ihrer Materie existieren können.

Damit sind wir bei Aristoteles' Antwort auf die zweite Frage, die zu Beginn dieses Kapitels gestellt wurde. Führt der menschliche Geist ein Element der Immaterialität in eine Welt ein, die ansonsten materiell ist? Ja, sagt Aristoteles, das tut er.

Wäre der Geist nicht ein immaterielles Element in der Gesamtzusammensetzung des Menschen, würde er uns nicht die Fähigkeit verleihen, materielle Dinge zu verstehen, indem er ihre Formen von ihrer Materie trennt. Und wenn der Geist die Formen der materiellen Dinge nicht von ihrer Materie getrennt halten würde, besäßen wir nicht die Vorstellungen, durch die wir Arten im Allgemeinen verstehen – die Art von Ding, die eine Kartoffel ist, im Unterschied zu der Art von Ding, die ein Apfel ist.

Um die Formen von der Materie getrennt zu halten oder zu bewahren, muss der Geist selbst immateriell sein. Wäre er materiell, würden die Formen in Materie festgehalten oder aufbewahrt werden, und dann wären sie keine Vorstellungen mehr, durch die wir Arten im Allgemeinen verstehen.

Man kann dasselbe auch anders ausdrücken, sodass wir Aristoteles' Argument vielleicht ein wenig besser verstehen können. Etwas zu spüren oder anderweitig wahrzunehmen ist eine Art des Wissens. Wenn wir Einzeldinge (diesen oder jenen konkreten Apfel) wahrnehmen, sind an diesem Wissen die Tätigkeiten unserer Sinnesorgane und unseres Gehirns beteiligt, die materielle Elemente in unserer Gesamtheit als Mensch sind.

Ein Verständnis von etwas zu besitzen ist eine andere Art des Wissens. Indem wir fühlen und wahrnehmen, wissen wir etwas über dieses oder jenes konkrete Einzelding. Aber durch unser Verständnis wissen wir, um welche Art von Ding im Allgemeinen es sich bei diesem Einzelding handelt. Im Gegensatz zum Fühlen und Wahrnehmen ist für dieses Wissen kein materielles Organ erforderlich, nicht einmal das Gehirn.

Sehen ist ein Akt des Auges, aber Verstehen ist kein Akt des Gehirns. Es ist ein Akt unseres Geistes – ein immaterielles Element in unserer Gesamtzusammensetzung als Mensch, das zwar mit dem Gehirn, einem materiellen Organ, in Zusammenhang steht, sich aber von ihm unterscheidet.

Um zusammenzufassen, was wir bisher erfahren haben: Laut Aristoteles sind die Formen der materiellen Dinge in der physischen Welt immaterielle Komponenten von ihnen. Darüber hinaus enthält die materielle Welt, von der wir ein Teil sind, ein immaterielles Element, weil wir sowohl einen Geist – oder Verstand – als auch ein Gehirn haben und sich der Geist vom Gehirn unterscheidet.

Dies sind Aristoteles' Antworten auf die ersten beiden der drei schwierigen philosophischen Fragen, die wir zu Beginn dieses Kapitels aufgeworfen haben. Die dritte und schwierigste Frage – nach der Existenz eines vollkommen immateriellen Wesens – wird im folgenden Kapitel beantwortet.

23

GOTT

Aristoteles sieht das Universum als ewig an – seiner Ansicht nach durchlebt es eine immerwährende Veränderung. Das führt ihn zu der Frage nach der Ursache der immerwährenden Veränderung. Alle Veränderungen, die sich auf der Erde in einem fort vollziehen, führt er auf die Bewegung der Himmelskörper zurück. Aber was hält diese unaufhörlich in Bewegung?

Es kann nichts sein, das selbst in Bewegung ist oder sich in irgendeiner Weise verändert. Wäre es das, bräuchte es selbst auch eine Ursache für seine Bewegung, eine Ursache für seine Veränderung. Da die Zeit unendlich ist, könnte man eine unendliche Reihe von Wirkursachen zurückverfolgen und niemals zu einer ersten Ursache gelangen – einem Beweger in Bewegung, der nicht selbst von etwas anderem, das sich in Bewegung befindet, bewegt wird.

Ein erster Beweger, der alles bewegt, was in Bewegung ist, ohne sich selbst zu bewegen und ohne bewegt zu werden, muss diese Bewegung verursachen, indem er anziehend ist, nicht propulsiv, also vorwärtstreibend. Der Schläger, der den Ball trifft und ihn vorantreibt, ist die Wirkursache oder die aktive Ursache für die Bewegung des Balls. Die Süßigkeiten im Schaufenster, die mich in den Laden locken, um sie zu kaufen und zu essen, verursachen meine Bewegung auf eine andere Weise. Ohne sich selbst zu bewegen, ziehen sie mich an. Sie sind nicht die Wirkursache, sondern die Zweckursache dafür, dass ich den Laden betrete – der Grund, warum ich mich in diese Richtung bewege.

Um alles andere zu bewegen, ohne selbst bewegt zu werden oder in Bewegung zu sein, muss der erste Beweger, so argumentiert Aristoteles, als eine anziehende Ursache oder Zweckursache fungieren. Damit meinte er nicht die Art der Anziehungskraft, die wir auch Gravitationskraft nennen, und wie sie die Erde auf die Körper ausübt, die auf ihre Oberfläche fallen, oder wie sie der Mond auf die Gezeiten ausübt.

Aristoteles' Ansicht nach wirken anziehende Ursachen oder Zweckursachen auf Intelligenzen – vernunftbegabte Wesen –, die auf sie reagieren und sie als Handlungsmotiv annehmen können. Wenn er sagt, dass ein schwerer Körper, der auf die Erde fällt, dort zur Ruhe kommen möchte, so meint er das metaphorisch, nicht wörtlich. Diese Bewegung ist nur *wie* die Bewegung der Person, die – von den Süßigkeiten im Schaufenster angezogen – den Laden betritt.

In diesem Sinne hielt Aristoteles es für notwendig, die Himmelskörper mit Intelligenzen auszustatten, die als ihr Antrieb fungieren. So wie der Motor eines Automobils sein Antrieb ist, so ist eine Intelligenz der Antrieb, der einen Stern in Bewegung hält. Aber im

Gegensatz zum Automotor, der selbst in Bewegung gesetzt werden muss, funktionieren die himmlischen Intelligenzen als Antrieb, indem sie vom ersten Beweger des Universums angezogen werden.

Um ein unbewegter und ewiger Beweger eines Universums zu sein, das sich ständig in Bewegung befindet, muss der erste Beweger unveränderlich sein. Aber um unveränderlich zu sein, muss er nach Aristoteles' Ansicht auch immateriell sein. Alles, was materiell ist, besitzt Potenziale: Es kann verändert oder bewegt werden. Es ist zudem unvollkommen, denn es ist nicht zu jeder Zeit alles, was es sein kann.

Wir haben in vorherigen Kapiteln gesehen, dass etwas absolut Reines, vollständig Potenzielles nicht existieren kann. Es gibt nichts, was nicht in gewisser Hinsicht Aktualität besitzt, also tatsächlich existiert, während es in anderer Hinsicht potenziell ist. Das Gegenteil trifft jedoch nicht zu. Reine Aktualität (Form ohne Materie) kann existieren, auch wenn reine Potenzialität (Materie ohne Form) nicht existieren kann.

Durch diese Argumentation kam Aristoteles zu der Schlussfolgerung, dass der erste Beweger reine Aktualität ist – ein Wesen, das völlig frei von Materie oder Potenzialität ist. Darüber hinaus ist dieses immaterielle Wesen ein vollkommenes Wesen, ein Wesen, dem es an keiner Vollkommenheit fehlt, die es noch zu erreichen hätte. Dieses vollkommene Wesen, das der erste Beweger und damit die treibende Kraft des Universums ist, nannte Aristoteles Gott.

Für Aristoteles ist Gott nicht das einzige immaterielle Wesen im Universum. Die Intelligenzen, die die Sterne in ihrem ewigen Kreislauf halten, weil sie von der Vollkommenheit Gottes angezogen werden, sind ebenfalls immateriell. Aber obwohl auch sie nach Aristoteles' Theorie immateriell sind, betrachtet er sie nicht als vollkommene oder reine Aktualitäten. Das trifft nur auf Gott zu.

Es ist schwierig, wenn nicht gar unmöglich, die Potenzialität zu erklären, die den stellaren Intelligenzen zugeschrieben werden muss, wenn sie keine reinen Aktualitäten sind. Etwas, das sowohl immateriell ist als auch Potenzialität besitzt, passt nicht ohne Weiteres in Aristoteles' Weltanschauung.

Auf Menschen in der heutigen Zeit wirkt Aristoteles' Darstellung dessen, was das Universum unaufhörlich in Bewegung hält, mythisch. Dennoch ist es interessant, die Argumentation zu verfolgen, die ihn dazu brachte, die Existenz des immateriellen und vollkommenen Wesens, das er Gott nannte, zu bejahen. Diese Argumentation diente späteren Denkern als Vorbild bei ihren Bemühungen, die Existenz Gottes zu beweisen – nicht des Gottes von Aristoteles, sondern des Gottes aus dem Buch Genesis, des Gottes, der die Welt aus dem Nichts erschuf.

Die Vorstellung von Gott als erster Beweger und die Vorstellung von Gott als Schöpfer ähneln sich in dreierlei Hinsicht: in der Immaterialität, der Unveränderlichkeit und der Vollkommenheit des göttlichen Wesens. Aber Aristoteles' erster Beweger dient nur dazu, die Ewigkeit des Universums und dessen immerwährende Bewegung zu erklären. Nur die Notwendigkeit, dies zu erläutern, veranlasste Aristoteles dazu, seine Theorie der Bewegung der Himmelskörper und sein Konzept des ersten Bewegers als Zweckursache ihrer Bewegungen zu entwickeln.

Aristoteles hielt es nicht für notwendig, die Existenz des Universums zu erklären. Da es ewig ist, gab es auch keinen Entstehungsprozess, und daher brauchte es seiner Ansicht nach keine Wirkursache, die es ins Leben gerufen hat – eine Ursache, die wie ein menschlicher Schöpfer wirkt, der ein Kunstwerk herstellt. Gewöhnlich bezeichnen wir einen Menschen, der etwas erschafft, als kreativ, oder anders ausgedrückt: schöpferisch. Der menschliche Schöpfer kann jedoch immer auf Materialien, die ihm die Natur zur Verfügung stellt, zurückgreifen und mit diesen arbeiten. Er erschafft nicht etwas aus dem Nichts. Er ist also nicht schöpferisch in dem Sinne, in dem Gott als schöpferisch gilt.

Die Vorstellung von Gott als Schöpfer entstand aus dem Bedürfnis, die Existenz des Universums zu erklären, so wie die Vorstellung von Gott als erster Beweger bei Aristoteles aus dem Bedürfnis entstand, die Ewigkeit des Universums und seine immerwährende Bewegung zu erklären. Es lässt sich nur schwer feststellen, ob die Vorstellung von Gott als Schöpfer in den Köpfen späterer westlicher Denker entstanden wäre, wenn es nicht den ersten Satz im Buch Genesis gegeben hätte, der da lautet: »Am Anfang schuf Gott Himmel und Erde.« Dies wird von den drei großen Religionen des Westens – Judentum, Christentum und Islam – als von Gott offenbarte Wahrheit angesehen.

Es wäre sowohl natürlich als auch vernünftig zu fragen, ob Aristoteles das, was in diesem Satz behauptet wird, akzeptiert oder abgelehnt hätte. Hätte er nicht, da er das Universum für ewig hielt, verneint, dass das Universum einen Anfang hat? Und hätte er, wenn er es verneint hätte, nicht auch die Vorstellung abgelehnt, dass es von einem Gott erschaffen wurde?

Wenn etwas zu erschaffen bedeutet, etwas entstehen zu lassen, das zuvor nicht existierte (vergleichbar mit dem, was der menschliche Künstler bei der Herstellung eines Kunstwerkes tut), dann braucht eine Welt, die keinen Anfang hat, keinen Schöpfer. Aber auch eine Welt, die keinen Anfang hat, kann eine Ursache für ihre weitere Existenz benötigen, wenn ihre Existenz nicht notwendig ist. Etwas, das nicht notwendigerweise existiert, ist nach Aristoteles etwas, das existieren kann oder auch nicht. Wenn die Welt nicht notwendigerweise existiert, kann sie aufhören zu existieren. Und dann stellt sich die Frage: Was sorgt dafür, dass eine Welt, die aufhören kann zu existieren, immerwährend weiterbesteht?

Aristoteles selbst hat diese Frage nicht aufgeworfen oder sich mit ihr beschäftigt. Hätte er das getan, wäre er vielleicht durch Argumentation zu der Schlussfolgerung gekommen, dass es eine Ursache geben muss, damit das Universum unaufhörlich fortbesteht, so wie er durch Argumentation zu der Schlussfolgerung gekommen ist, dass es eine Ursache geben muss, damit das Universum immerwährend in Bewegung bleibt. Durch eine geringfügige Bedeutungsveränderung des Wortes »Schöpfer« hätte die so gezogene Schlussfolgerung zu der Vorstellung von Gott als Schöpfer und nicht nur als erster Beweger führen können.

In einem Sinne des Wortes kann man das Wort Schöpfer auf jemanden anwenden, der etwas erschafft – der etwas entstehen lässt, das zuvor nicht existierte. In einer anderen (vielleicht subtileren) Bedeutung des Wortes kann man jemanden als Schöpfer bezeichnen, der die Existenz von etwas verursacht, das existieren oder nicht existieren kann, ohne auf seine Entstehung zu achten. In diesem letzteren, subtileren Sinn des Wortes könnte Aristoteles Gott sowohl als den ersten Beweger als auch als Schöpfer verstanden haben.

Die in diesem Kapitel beschriebenen aristotelischen Theorien und die von mir dargestellte Theorie, die er im Rahmen seiner Philosophie entwickelt haben könnte, entsprechen nicht der üblichen Auffassung oder dem gesunden Menschenverstand. Sie sind nicht einmal Verfeinerungen des gesunden Menschenverstands, auch wenn sie auf solchen Verfeinerungen beruhen mögen.

In dieser sehr wichtigen Hinsicht unterscheiden sich die in diesem Kapitel behandelten Theorien von den philosophischen Ansichten, die wir in früheren Kapiteln dieses Buches betrachtet haben. Die in diesem Kapitel behandelten Theorien könnte man als Aristoteles' Theologie und nicht als seine Philosophie betrachten. Wenn seine Theologie auch keinen so großen Bezug zu unserem gesunden Menschenverstand hat, wie es bei seiner Philosophie der Fall ist, so ist sie doch zumindest den weitverbreiteten religiösen Überzeugungen ähnlich – religiösen Überzeugungen, die in der westlichen Zivilisation seit mehr als zweitausend Jahren vorherrschen. Diese Tatsache ist der Grund für meine Ansicht, dass Aristoteles' Vorstellung von Gott und die Überlegungen, die ihn zu dieser Vorstellung veranlassten, in diesem Buch vorkommen sollten.

NACHWORT

FÜR DIEJENIGEN, DIE ARISTOTELES GELESEN HABEN ODER LESEN MÖCHTEN

In meiner Einführung zu diesem Buch habe ich allen, die lernen wollen, wie man philosophisch denkt, empfohlen, mit Aristoteles als Lehrmeister zu beginnen. Ich habe jedoch nicht empfohlen, mit der Lektüre der Bücher zu beginnen, die Aristoteles selbst geschrieben hat. Das wäre das Allerletzte, das ich jemandem raten würde.

Die Bücher von Aristoteles sind für Anfänger viel zu schwierig. Selbst in den besten Übersetzungen bleibt vieles im Unklaren. Die

Übersetzer verwenden viele ungewohnte Wörter, die wir in unserer Alltagssprache nicht benutzen. Obwohl einige der griechischen Wörter, die Aristoteles selbst verwendete, auch von seinen griechischen Mitbürgern benutzt wurden, verlieh er ihnen besondere Bedeutungen.

Dennoch werden einige Leser dieses Buches vielleicht die Teile der Werke von Aristoteles lesen wollen, aus denen ich die Inspiration für diese Darstellung seiner Gedanken geschöpft habe. Es ist sogar möglich, dass sich unter den Lesern dieses Buches einige befinden, die die Werke von Aristoteles bereits gelesen haben – wenn nicht in ihrer Gesamtheit, so doch zumindest einige seiner wichtigsten Abhandlungen. Vielleicht möchten sie meine Ausführungen anhand der Texte überprüfen, auf die ich mich für die wichtigsten Lehren des Aristoteles gestützt habe.

Beiden Lesergruppen muss ich gestehen, dass ich vereinfacht habe, wo immer es möglich war. Ich habe ungewöhnliche Wörter durch gebräuchliche ersetzt. Ich habe mich bei den wichtigsten Punkten von Aristoteles' Lehre an seine Hauptaussage gehalten und mich nicht von den Einschränkungen, Verkomplizierungen und Spitzfindigkeiten ablenken lassen, die Aristoteles selbst anführt, was seine Leser oft eher verwirrt als erleuchtet.

Um denjenigen, die Aristoteles gelesen haben oder lesen möchten, einen Leitfaden für die Texte an die Hand zu geben, die mir als Quellen gedient haben, habe ich zusätzlich zum Inhaltsverzeichnis am Anfang dieses Buches ein zweites Inhaltsverzeichnis für dieses Buch erstellt. In diesem zweiten Inhaltsverzeichnis habe ich alle Kapitelüberschriften geändert und die Originalüberschriften (die dem Stil und dem Inhalt meiner Wiedergabe des aristotelischen Denkens angemessen waren) durch Überschriften ersetzt, die die aristotelischen Lehren, die in den fünf Teilen dieses Buches und jedem seiner 23 Kapitel dargelegt werden, genauer beschreiben.

Um für mehr Klarheit zu sorgen, habe ich die Überschriften, die im Inhaltsverzeichnis am Anfang des Buches stehen, in Klammern hinter die genauer beschreibenden Überschriften gesetzt. Unter der Überschrift eines jeden der 23 Kapitel habe ich manchmal kurze Erklärungen zu den Lehren aufgeführt, die in dem entsprechenden Kapitel dargelegt werden. Zudem habe ich jeweils eine Liste von Verweisen auf die entsprechenden Stellen in Aristoteles' Werken angefügt, wobei ich in einigen Fällen die besondere Relevanz eines bestimmten zitierten Abschnitts erwähne.

LITERATURHINWEISE

Teil 1: Aristoteles' Kategorien und sein Schema der Klassifizierung [Der Mensch als philosophisches Tier]

1. Aristoteles' vierteilige Klassifizierung des Materiellen: Anorganische Körper, Pflanzen, Tiere, Menschen [Philosophische Spiele]

In diesem Kapitel geht es um die Kriterien, nach denen Aristoteles zwischen lebenden und leblosen Dingen, innerhalb des Bereichs der lebenden Dinge zwischen Pflanzen und Tieren und innerhalb des Bereichs des tierischen Lebens zwischen tierischen und vernunftbegabten Tieren, das heißt den Menschen, unterscheidet.

Metaphysik, Buch I, Kap. 1.
Über die Seele, Buch I, Kap. 1, 5; Buch II, Kap. 1–3, 5, 9; Buch III, Kap. 3, 12.
Historia animalium (Tierkunde), Buch X, Kap. 1.
Über die Entstehung der Tiere, Buch I, Kap. 1–9; Buch IV, Kap. 4–6.
Über die Teile der Tiere, Buch I, Kap. 4–5.
Es wird auch darauf hingewiesen, dass Aristoteles sich der Schwierigkeiten bei der Anwendung dieses Klassifikationsschemas bewusst war. Die Schwierigkeiten ergeben sich aus Grenzfällen, die die Grenzlinien zwischen dem Lebendigen und dem Leblosen sowie zwischen Pflanzen und Tieren überschreiten.
Historia animalium, Buch VIII, Kap. 1.
Die Unterscheidung zwischen wesentlichen und nebensächlichen Unterschieden wird eingeführt.
Kategorien, Kap. 5.

Metaphysik, Buch V, Kap. 4, 11; Buch IX, Kap. 8.

2. Was alles existieren kann: Die zehn Kategorien [Die tiefe Kluft]

In diesem Kapitel geht es um die Existenz von Objekten, die nicht in der gleichen Weise wie materielle Körper existieren (beispielsweise mathematische Objekte, Fiktionen, der Verstand, Vorstellungen, immaterielle Dinge wie die körperlosen Intelligenzen, die der Antrieb der Himmelskörper sind, und Gott).

Metaphysik, Buch III, Kap. 5–6; Buch XII, Kap. 8; Buch XIII, Kap. 1–5.
Über den Himmel, Buch II, Kap. 1, 12.
Über die Seele, Buch III, Kap. 4–6.
Die Unterscheidung zwischen Substanziellem und Akzidentellem, das heißt zwischen Körpern und ihren Eigenschaften.
Kategorien, Kap. 5–7.
Physik, Buch I, Kap. 2.
Metaphysik, Buch VII, Kap. 4–6.
Die vorstehende Unterscheidung hängt damit zusammen, dass physische Körper das sind, was eine Veränderung durchläuft, und zwar indem sie eine andere Eigenschaft annehmen.
Physik, Buch I, Kap. 6–7; Buch II, Kap. 3.
Das Wesen oder die spezifische Natur von Dingen in Bezug auf ihre substanzielle Form.
Metaphysik, Buch V, Kap. 4, 11; Buch VII, Kap. 16; Buch VIII, Kap. 6; Buch IX, Kap. 8.
Über die Seele, Buch II, Kap. 4.
Die Hierarchie der spezifischen Naturen.
Metaphysik, Buch VIII, Kap. 3.
Über die Seele, Buch II, Kap. 3.
Aristoteles' Liste der verschiedenen Kategorien, unter die die akzidentellen Eigenschaften des Substanziellen fallen.
Kategorien, Kap. 4.
Unter den Eigenschaften physischer Dinge gibt es welche, die dauerhaft gleich bleiben; diese Eigenschaften sind untrennbar mit der wesentlichen Natur der jeweiligen Art von materieller Substanz verbunden.
Die Topik, Buch V, Kap. 1–3.
Aristoteles' Gedanken zur Mehrdeutigkeit von Wörtern.
De interpretatione, Kap. 1.
Die Topik, Buch II, Kap. 4.

3. Schöpferisches, praktisches und theoretisches Denken [Die drei Dimensionen des Menschen]

Dieses Kapitel fasst kurz Aristoteles' Einteilung des menschlichen Denkens in drei Kategorien zusammen: das Denken um der Herstellung von Dingen willen, das Denken um des moralischen und politischen Handelns willen und das Denken um des Wissenserwerbs als Selbstzweck willen.

Nikomachische Ethik, Buch VI, Kap. 2, 4.
Über die Seele, Buch III, Kap. 7.

Teil 2: Aristoteles' Philosophie der Natur und der Kunst [Der Mensch als Schöpfer]

4. Die Natur als Künstler und der menschliche Künstler als Nachahmer der Natur [Aristoteles' Crusoe]

Der Unterschied zwischen natürlichem und künstlich herbeigeführtem Geschehen.
Physik, Buch I, Kap. 7–8; Buch II, Kap. 1–3, 8–9.
Poetik, Kap. 1–4.
Der Unterschied zwischen künstlich herbeigeführtem und zufälligem Geschehen.
Physik, Buch II, Kap. 4–6.
Politik, Buch I, Kap. 11.
Der Unterschied zwischen von der Natur hervorgerufenen Veränderungen und künstlich hervorgerufenen Veränderungen.
Metaphysik, Buch VII, Kap. 7–9
Der Unterschied zwischen der Herstellung von materiellen Dingen durch den Menschen und der Erzeugung oder Fortpflanzung von Lebewesen in der Natur.
Über die Entstehung der Tiere
Metaphysik, Buch VII, Kap. 7.

5. Die drei Hauptarten der akzidentellen Veränderung: Ortsbewegung, Veränderung der Qualität, Veränderung der Quantität [Wandel und Beständigkeit]

Die Unterscheidung zwischen substanzieller Veränderung und akzidenteller Veränderung und die Unterscheidung von drei verschiedenen Arten akzidenteller Veränderung.
Kategorien, Kap. 14.
Physik, Buch III, Kap. 1; Buch V, Kap. 1–2, 5; Buch VII, Kap. 4; Buch VIII, Kap. 7.
Körpersubstanzen als die dauerhaften oder beständigen Stoffe, die alle akzidentellen Veränderungen überdauern.
Physik, Buch I, Kap. 6–7; Buch II, Kap. 1–3.
Metaphysik, Bücher VIII–IX; Buch XII, Kap. 1–5.
Aristoteles' Anfechtung von Parmenides' Leugnung des Wandels und Heraklits Leugnung der Beständigkeit.
Physik, Buch I, Kap. 2–4, 8–9; Buch VI, Kap. 9.
Die aristotelische Unterscheidung zwischen natürlicher und gewaltsamer Bewegung.
Physik, Buch IV, Kap. 1, 8; Buch V, Kap. 6; Buch VIII, Kap. 4.
Über den Himmel, Buch I, Kap. 2–3, 7–8.
Der besondere Charakter des Gegenstandes einer Veränderung beim Entstehen und Vergehen: die Urmaterie als Gegenstand der Veränderung bei der substanziellen Veränderung.
Physik, Buch I, Kap. 7; Buch II, Kap. 1–3.
Metaphysik, Buch VII, Kap. 7–9; Buch XI, Kap. 11; Buch XII, Kap. 2–3.

6. Aristoteles' Lehre von den vier Ursachen: Wirkursache, Materialursache, Formursache und Zweckursache [Die vier Ursachen]

Die Lehre an sich.
Physik, Buch II, Kap. 3–9.
Metaphysik, Buch I, Kap. 3–10; Buch V, Kap. 3; Buch VI, Kap. 2–3; Buch VII, Kap. 17; Buch VIII, Kap. 2–4; Buch IX, Kap. 8; Buch XII, Kap. 4–5.
Die Betrachtung der Zweckursachen in der Natur und in künstlich erschaffenen Dingen.
Physik, Buch II, Kapitel 8–9.
Über die Seele, Buch II, Kap. 12–13.
Über die Teile der Tiere, Bücher II–IV.
Über die Entstehung der Tiere, Buch I, Kap. 4–13.

Die Rolle von Potenzialität und Aktualität bei substanziellen und akzidentellen Veränderungen.
Physik, Buch III, Kap. 1–3.
Metaphysik, Buch I, Kap. 6–7; Buch VII, Kap. 3, 7–17; Buch VIII, Kap. 4–6; Buch XII, Kap. 2–5.
Die Rolle der Substanz als Materialursache und der akzidentellen Form als Formursache bei akzidentellen Veränderungen; und der Urmaterie als Materialursache und der substanziellen Form als Formursache bei substanziellen Veränderungen.
Physik, Buch I, Kap. 4–9; Buch II, Kap. 7; Buch II, Kap. 3.
Metaphysik, Buch I, Kap. 6–7; Buch V, Kap. 8; Buch VII, Kap. 3, 7–17; Buch VIII, Kap. 4–6; Buch IX, Kap. 6–9; Buch XII, Kap. 2–5.

7. Weiterentwicklungen der Theorie der Potenzialität und der Aktualität sowie der Materie und der Form, insbesondere im Hinblick auf die substanzielle Veränderung oder auf Entstehen und Vergehen [Sein und Nichtsein]

Physik, Buch III, Kap. 1–3.
Metaphysik, Buch VII, Kap. 6–9; Buch IX, Kap. 1, 3–9; Bk. XI, Kap. 9, 11; Buch XII, Kap. 2–3, 5.
De generatione et corruptione (Über Entstehen und Vergehen), Buch I, Kap. 1, 3–5; Buch II, Kap. 1, 7, 9.

8. Aristoteles' Analyse der geistigen Faktoren in der künstlerischen Produktion und seine Klassifizierung der Künste [Schöpferische Ideen und Know-how]

Die Tugenden des Geistes – die intellektuellen Tugenden – in der Kunst.
Nikomachische Ethik, Buch VI, Kap. 4.
Der Künstler als Nachahmer.
Poetik, Kap. 1–5.
Der besondere Charakter der drei kooperativen Künste der Landwirtschaft, des Heilens und des Lehrens.
Physik, Buch II, Kap. 1–2, 8.
Die Schönheit von Produkten, die gut gemacht sind.
Poetik, Kap. 7.

Teil 3: Die moralische und politische Philosophie des Aristoteles [Der Mensch als Macher]

9. Der Zweck als erstes Prinzip des praktischen Denkens und der Einsatz von Mitteln als Beginn des Handelns: Der Zweck als Erster in der Reihenfolge der Absicht und als Letzter in der Reihenfolge der Ausführung [Über Ziele und Mittel nachdenken]

Das Gute als das Wünschenswerte und das Wünschenswerte als das Gute.
Nikomachische Ethik, Buch I, Kap. 1–2.
Die Unterscheidung zwischen Zielen und Mitteln als Güter, die um ihrer selbst willen wünschenswert sind, und Güter, die um eines anderen Gutes willen wünschenswert sind.
Nikomachische Ethik, Buch I, Kapitel 5, 7, 9.
Das höchste Ziel im praktischen Denken im Vergleich zu Axiomen oder selbstverständlichen Wahrheiten im theoretischen Denken.
Analytica posteriora (Zweite Analytik), Buch I, Kap. 2.

10. Glückseligkeit verstanden als das, was nichts zu wünschen übrig lässt, und, so verstanden, das höchste Ziel oder Endziel, das man anstrebt [Leben und gut leben]

Der Unterschied zwischen Leben und gutem Leben.
Politik, Buch I, Kap. 1–2, 9.
Die Vorstellung von Glückseligkeit als ein im Ganzen gutes Leben, zusammen mit den verschiedenen Ansichten der Menschen darüber, worin ein gutes Leben besteht.
Nikomachische Ethik, Buch I, Kap. 4–5, 7–10; Buch X, Kap. 2, 6–8.

11. Aristoteles' Unterscheidung zwischen wahrhaften und scheinbaren Gütern, oder zwischen Gütern, die begehrt werden sollten, und Gütern, die tatsächlich begehrt werden, zusammen mit seiner Unterscheidung zwischen natürlichen Bedürfnissen und erworbenem Verlangen [Gut, besser, am besten]

Nikomachische Ethik, Buch II, Kap. 6; Buch III, Kap. 4–5; Buch X, Kap. 5.
Über die Seele, Buch II, Kap. 2–3; Buch III, Kap. 3, 7.
Rhetorik, Buch I, Kap. 6–7.

12. Die wahrhaft guten Dinge als Bestandteile der Gesamtheit der Güter, die die Glückseligkeit ausmachen, und die moralische Tugend als unabdingbar für das Streben nach Glückseligkeit [Wie man nach Glückseligkeit strebt]

Nikomachische Ethik, Buch I, Kap. 4–5, 7–10; Buch VII, Kap. 11–14; Buch IX, Kap. 4, 8–11; Buch X, Kap. 1–8.

13. Moralische Tugend und glückliche Zufälle als die beiden unabdingbaren Faktoren beim Streben nach Glückseligkeit [Gute Gewohnheiten und glückliche Zufälle]

Moralische Tugenden im Allgemeinen und die drei Hauptaspekte der moralischen Tugend: Mäßigung, Tapferkeit und Gerechtigkeit.
Nikomachische Ethik, Bücher II–V.
Das wohlgesonnene Schicksal als unabdingbare Voraussetzung für Glückseligkeit: der Unterschied zwischen dem tugendhaften und dem vom Schicksal verwöhnten Menschen.
Nikomachische Ethik, Buch I, Kap. 10; Buch VII, Kap. 13; Buch X, Kap. 8.
Politik, Buch VII, Kap. 1, 13.
Die Unterscheidung zwischen begrenzten und unbegrenzten Gütern: moralische Tugend, die sich in der Mäßigung in Bezug auf begrenzte Güter zeigt.
Nikomachische Ethik, Buch VII, Kap. 14.
Politik, Buch I, Kap. 8–10; Buch VII, Kap. 1.

14. Die Pflichten des Einzelnen in Bezug auf die Glückseligkeit anderer und in Bezug auf das Wohlergehen der organisierten Gemeinschaft [Was andere zu Recht von uns erwarten dürfen]

Der Mensch als soziales und politisches Tier.
Politik, Buch I, Kap. 1–2.
Die Familie, der Stamm und der Staat beziehungsweise die politische Gesellschaft als organisierte Gemeinschaften.
Politik, Buch I, Kap. 1–2.
Gerechtigkeit als moralische Tugend, die auf das Wohl der anderen ausgerichtet ist.
Nikomachische Ethik, Buch V, Kap. 1–2.
Die Unterscheidung zwischen Gerechtigkeit auf der einen Seite und Freundschaft oder Liebe auf der anderen Seite.
Nikomachische Ethik, Buch VIII, Kap. 1, 9.

Die Arten der Freundschaft.
Nikomachische Ethik, Buch VIII, Kap. 2–6.

15. Die Rolle des Staates bei der Unterstützung oder Erleichterung des Strebens des Einzelnen nach Glückseligkeit [Was wir zu Recht von anderen und vom Staat erwarten dürfen]

Aristoteles' Vorstellung vom guten Staat als einen Staat, der das Streben seiner Bürger nach Glückseligkeit fördert.
Politik, Buch I, Kap. 2; Buch II, Kap. 6; Buch III, Kap. 9–10; Buch VII, Kap. 1–3, 13–14.
Aristoteles' Theorie zu den Regierungsformen und seine Kriterien für die Beurteilung, ob die verschiedenen Regierungsformen gut oder schlecht sind.
Politik, Buch I, Kap. 1, 5, 12–13; Buch III, Kap. 6–7, 11, 15–16; Buch V, Kap. 2–3, 8, 12; Buch VI, Kap. 4; Buch VII, Kap. 2, 14.
Aristoteles' Theorie zu verschiedenen Formen der Sklaverei.
Politik, Buch I, Kap. 4–7, 13.
Aristoteles' Theorie zu verschiedenen Formen der Gerechtigkeit.
Nikomachische Ethik, Buch V, Kap. 7.
Aristoteles' Auffassung von der Rolle der Frau in der Familie und im Staat.
Politik, Buch I, Kap. 13.

Teil 4: Aristoteles' Psychologie, Logik und Erkenntnistheorie [Der Mensch als Wissender]

16. Die Sinne und der Intellekt: Wahrnehmung, Gedächtnis, Vorstellungskraft und konzeptuelles Denken [Wie unser Verstand funktioniert]

Der Zusammenhang von Sprache und Denken.
Kategorien, Kap. 1.
De interpretatione, Kap. 1–2.
Aristoteles' Darstellung der äußeren Sinne und ihrer Unterscheidung von den inneren Sinnen: dem gesunden Menschenverstand, dem Gedächtnis und der Vorstellungskraft.
Über die Seele, Buch II, Kap. 5–12; Buch III, Kap. 1–3.

Kleine naturwissenschaftliche Schriften, »Über die Wahrnehmung und die Gegenstände der Wahrnehmung«.
Über die Entstehung der Tiere, Buch IV, Kap. 8.
Die Unterscheidung zwischen bloßen Sinneseindrücken und Sinneserfahrung.
Metaphysik, Buch I, Kap. 1.
Aristoteles' Lehre, dass Sinneseindrücke und Vorstellungen, für sich genommen oder isoliert betrachtet, weder wahr noch falsch sind.
Kategorien, Kap. 4.
De interpretatione, Kap. 1.
Über die Seele, Buch II, Kap. 6; Buch III, Kap. 3, 6.
Metaphysik, Buch IV, Kap. 5; Buch V, Kap. 29.
Aristoteles' Theorie der Vorstellungen als Formen, die der Intellekt aus der Erfahrung abstrahiert.
Über die Seele, Buch III, Kap. 4, 7–8.
Metaphysik, Buch XIII, Kap. 2–3.

17. Unmittelbare Schlussfolgerung und syllogistische Argumentation [Kleine Worte der Logik]

Das Gesetz des Widerspruchs als ontologisches Prinzip und als Regel des Denkens.
De interpretatione, Kap. 6.
Analytica priora (Erste Analytik), Buch II, Kap. 17.
Analytica posteriora (Zweite Analytik), Buch I, Kap. 11.
Metaphysik, Buch IV, Kap. 3–8; Buch IX, Kap. 5–6.
Das logische Quadrat der Opposition: widersprüchlich, konträr und subkonträr.
De interpretatione, Kap. 6, 10.
Kategorien, Kap. 10.
Analytica priora (Erste Analytik), Buch I, Kap. 2.
Unmittelbare Schlussfolgerung auf der Grundlage des logischen Quadrats der Opposition.
De interpretatione, Kap. 7–10.
Analytica priora (Erste Analytik), Buch I, Kap. 2–3; Buch II, Kap. 8–10, 22.
Die Regeln des Syllogismus.
Analytica priora (Erste Analytik), Buch I.
Analytica posteriora (Zweite Analytik), Buch I, Kap. 12.

Aristoteles' Unterscheidung zwischen logischer Gültigkeit und faktischer Wahrheit.
Analytica priora (Erste Analytik), Buch II, Kap. 2–4.
Analytica posteriora (Zweite Analytik), Buch I, Kap. 12.
Das Enthymem in der rhetorischen Debatte.
Analytica priora (Erste Analytik), Buch II, Kap. 27.
Rhetorik, Buch II, Kap. 20, 22.

18. Theoretische und praktische Wahrheit [Die Wahrheit sagen und denken]

Die Definition von Wahrheit.
Metaphysik, Buch IV, Kap. 7.
Kategorien, Kap. 5.
Die Wahrheit von Axiomen oder ersten Prinzipien: evidente beziehungsweise selbstverständliche Wahrheiten.
Analytica posteriora (Zweite Analytik), Buch I, Kap. 3, 5, 10, 12.
Sätze, die weder wahr noch falsch sind.
De interpretatione, Kap. 2.
Aristoteles' Theorie über den Unterschied zwischen der Wahrheit von faktischen und normativen Aussagen: »Ist-Aussagen« und »Soll-Aussagen«.
Nikomachische Ethik, Buch VI, Kap. 2.
Die Gewissheit oder Wahrscheinlichkeit, mit der eine Aussage bejaht oder verneint wird.
De interpretatione, Kap. 9.
Analytica priora (Erste Analytik), Buch I, Kap. 13; Buch II, Kap. 25.
Analytica posteriora (Zweite Analytik), Buch I, Kapitel 2, 6, 8, 30, 33.
Metaphysik, Buch IV, Kap. 4–6; Buch VI, Kap. 1; Buch IX, Kap. 6–7.

19. Aristoteles' Erkenntnistheorie und seine Unterscheidung zwischen Wissen und richtiger Meinung [Ohne begründeten Zweifel]

Kategorien, Kap. 5.
Analytica priora (Erste Analytik), Buch I, Kap. 13.
Analytica posteriora (Zweite Analytik), Buch I, Kap. 2, 4–8, 30, 33.
Die Topik, Buch I, Kap. 2.
Rhetorik, Buch II, Kap. 25.
Metaphysik, Buch IV, Kap. 4; Buch VI, Kap. 2; Buch VII, Kap. 15; Buch IX, Kap. 10; Buch XI, Kap. 6, 8.
Über die Seele, Buch III, Kap. 3.

Teil 5: Aristoteles' Kosmologie und Theologie [Schwierige philosophische Fragen]

20. Das tatsächlich und das potenziell Unendliche [Unendlichkeit]

Aristoteles' Kritik an der Theorie der Atomisten.
Physik, Buch I, Kap. 2.
Über den Himmel, Buch III, Kap. 4; Buch IV, Kap. 2.
Aristoteles' Lehre in Bezug auf die unendliche Teilbarkeit von kontinuierlicher Materie.
Physik, Buch III, Kap. 1, 6–7; Buch V, Kap. 3; Buch VI, Kap. 1–2.
Metaphysik, Buch III, Kap. 4; Buch V, Kap. 13.
Aristoteles' Verneinung der tatsächlichen Existenz von unendlichen Mengen oder Größen, zusammen mit seiner Bejahung der potenziellen Unendlichkeiten der Addition oder Teilung.
Physik, Buch III, Kap. 4–8.
Metaphysik, Buch XI, Kap. 10.

21. Die Ewigkeit des Universums und der Bewegung beziehungsweise Veränderung [Ewigkeit]

Aristoteles' Vorstellung von der Zeit als Maß für Bewegung.
Physik, Buch IV, Kap. 10–14.
Aristoteles' Argumente für die Unendlichkeit der Zeit und für die Unvergänglichkeit von Bewegung oder Veränderung.
Physik, Buch VII, Kap. 1–2; Buch VIII, Kap. 1–6, 8.
Aristoteles' Theorie des Einflusses der Himmelsbewegungen auf irdische Bewegungen und Veränderungen.
Über den Himmel, Buch I, Kap. 2, 9–12; Buch II, Kap. 3.
De generatione et corruptione (Über Entstehen und Vergehen), Buch II, Kap. 10–11.
Aristoteles' Vorstellung von der Unveränderlichkeit oder Ewigkeit Gottes: die Zeitlosigkeit des Ewigen oder Unveränderlichen.
Metaphysik, Buch XII, Kap. 6–7, 9.

22. Die Immaterialität des menschlichen Intellekts: Konzeptuelles Denken, das die Abstraktion von Formen von der Materie beinhaltet [Die Immaterialität des Geistes]

Analytica posteriora (Zweite Analytik), Buch I, Kap. 3.
Über die Seele, Buch III, Kap. 4–5, 7–8.
Metaphysik, Buch XIII, Kap. 2–3.

23. Der erste Beweger: Das göttliche Wesen als reine Aktualität [Gott]

Aristoteles' Theorie von Intelligenzen als himmlische Motoren.
Über den Himmel, Buch II, Kap. 1, 12.
Metaphysik, Buch XII, Kap. 8.
Aristoteles' Argumente für die Existenz eines ersten Bewegers, der die Himmelsbewegungen in der Art einer Zweckursache, nicht einer Wirkursache, verursacht.
Physik, Buch VIII, Kap. 1–6.
Metaphysik, Buch XII, Kap. 6–9.

Frühstück mit Seneca: Ein philosophischer Leitfaden für ein glückliches Leben

David Fideler

Der Stoizismus, die einflussreichste Philosophie des Römischen Reiches, bietet erfrischend moderne Wege, um unseren Charakter angesichts einer unberechenbaren Welt zu stärken. Lucius Annaeus Seneca, Philosoph, Staatsmann und Erzieher Neros, gilt als einer der wichtigsten Autoren des Stoizismus. Er lehrt uns in den Briefen an Lucilius, wie man mit Widrigkeiten umgeht, Trauer, Angst und Wut überwindet, Rückschläge in Wachstumschancen verwandelt und die wahre Natur der Freundschaft erkennt. Das Buch ist nicht nur eine leicht zugängliche Einführung in Senecas Werk und in die stoische Praxis und Philosophie im Allgemeinen, sondern zeigt: Obwohl Seneca vor 2000 Jahren lebte, spricht er uns heute unmittelbar an und lädt uns ein, über die Herausforderungen des Lebens zu diskutieren.

320 Seiten | Hardcover | 18,00 € (D) | ISBN 978-3-95972-602-3

Der praktizierende Stoiker

Ward Farnsworth

Die Stoiker waren geniale Philosophen und Psychologen und zudem höchst praktisch veranlagt; sie boten Lösungen für die Probleme des Alltagslebens sowie Ratschläge, wie wir unsere Irrationalität überwinden können. All das ist auch heute noch relevant und hilfreich, genauso wie vor 2000 Jahren. Die Weisheiten in diesem Buch stammen aus einer großen Anzahl antiker Quellen. Ward Farnsworth bringt sie alle in einen Zusammenhang, der zeigt, wie die verschiedenen Philosophen helfen, mit wichtigen Themen im Leben umzugehen: Leid oder Trauer bewältigen, Widerstandsfähigkeit und Gelassenheit entwickeln und im Einklang mit sich selbst und anderen leben. Das Ergebnis ist ein Set philosophischer Lektionen für jeden – wertvolle Weisheiten aus dem Altertum praktizierbar gemacht für unser Zeitalter.

480 Seiten | Hardcover | 18,99 € (D) | ISBN 978-3-95972-394-7